LES SECRETS DE LA SPHINXE

Lectures de l'œuvre d'Anne-Marie Alonzo

Sous la direction de
JANINE RICOUART et ROSEANNA DUFAULT

LES SECRETS DE LA SPHINXE

Lectures de l'œuvre
d'Anne-Marie Alonzo

les éditions du remue-ménage

Couverture : Tutti Frutti
Illustration de la couverture : Marie-Claire Blais
Infographie : Claude Bergeron

Catalogage avant publication de Bibliothèque et Archives Canada

Vedette principale au titre :
    Les secrets de la Sphinxe : lectures de l'œuvre d'Anne-Marie Alonzo
    Comprend des réf. bibliogr.
    ISBN 2-89091-227-2
    1. Alonzo, Anne-Marie, 1951- – Critique et interprétation. I. Dufault,
Roseanna Lewis, 1954- . II. Ricouart, Janine.

PS8551.L6Z56 2004   C848'.5409   C2004-941399-6
PS9551.L6Z56 2004

© Les Éditions du remue-ménage
Dépôt légal : quatrième trimestre 2004
Bibliothèque nationale du Canada
Bibliothèque nationale du Québec

Les Éditions du remue-ménage
110, rue Sainte-Thérèse, bureau 501
Montréal (Québec) H2Y 1E6
Tél. : (514) 876-0097 / Téléc. : (514) 876-7951
info@editions-remuemenage.qc.ca
www.editions-remuemenage.qc.ca

Les Éditions du remue-ménage bénéficient de l'aide financière de la SODEC, du
ministère du Patrimoine canadien et du Conseil des Arts du Canada.

Table des matières

Remerciements

Nous remercions sincèrement toutes celles et tous ceux qui nous ont sou-tenues et encouragées à mener à bien cette entreprise, notamment Sylvie Bompis (grâce à qui Janine a pu rencontrer Anne-Marie Alonzo), Ger-maine Dugas, ainsi que la regrettée Madame Héliane Alonzo, qui furent toujours si charmantes et accueillantes, mais aussi et surtout Anne-Marie Alonzo elle-même, qui a partagé avec nous son temps et son sens de l'humour et qui a accepté de répondre patiemment à nos questions.

Nous tenons également à remercier, pour leur soutien financier, Robert Hovis et Anne Lippert de l'Ohio Northern University, et Dennis Moore, consul général du Canada à Détroit, ainsi que Jeff Chamberlain, chef du département des Langues modernes et classiques à l'université George Mason à Fairfax, en Virginie.

Nous remercions enfin les collaboratrices et les collaborateurs qui nous offrent ici le fruit de leurs réflexions sur l'œuvre d'Anne-Marie Alonzo, et tout spécialement Hélène Cixous qui a écrit un texte-surprise pour Anne-Marie. Nous ne voulons pas oublier les lectrices de Remue-ménage, en particulier Rachel Bédard et Élise Bergeron, qui ont relu attentivement chaque texte, ainsi que Marie-Claire Blais, qui a accepté de produire un dessin inédit pour la couverture alors qu'elle devait ter-miner un roman en cours.

Nous dédions ce livre à Anne-Marie Alonzo, qui nous a inspirées tout au long de ce projet.

Janine Ricouart et Roseanna Dufault

Introduction

ROSEANNA DUFAULT et JANINE RICOUART

Avant la parution de ce volume, on comptait très peu d'études approfondies sur l'œuvre d'Anne-Marie Alonzo, le premier travail d'importance étant un dossier publié en 1994 par la revue *Voix et images* et dirigé par Lucie Lequin et Maïr Verthuy[1]. À l'époque, les directrices considéraient leur travail comme un « dossier charnière » dans le sens qu'il annonçait « l'œuvre à venir » et d'Alonzo et de ses critiques.

Une dizaine d'années plus tard, il était temps de refaire le bilan de l'œuvre d'Alonzo, une écrivaine d'une importance capitale au sein de la culture québécoise contemporaine. Le présent volume élargit le champ de recherche inauguré par Lequin et Verthuy. Lucie Lequin elle-même apporte d'ailleurs ici une nouvelle analyse des procédés d'écriture d'Alonzo.

Ce recueil s'ouvre par le très beau texte « Appels », qu'Hélène Cixous offre en cadeau à Anne-Marie Alonzo. Il souligne la relation amicale et l'admiration mutuelle qui lient ces deux poètes. Le texte-hommage de Catherine Mavrikakis, suivi de celui qu'a écrit Anne-Marie Alonzo à la mémoire de sa mère récemment décédée, « Le jardin d'Héliane », font partie des textes personnels de ce recueil. L'entretien qu'Anne-Marie Alonzo a accordé à Janine Ricouart en août 2002 est reproduit ici avec les corrections qu'Anne-Marie a souhaité y apporter.

Lucie Lequin examine les aspects politiques et éthiques de l'écriture dans « Le nœud interrogatif dans l'écriture d'Anne-Marie Alonzo ». Son analyse souligne notamment les interrogations et les remises en question

---

1. On notera aussi la parution du numéro spécial de *Lettres québécoises* sur Anne-Marie Alonzo en 2000.

propres à la poète autant qu'à la lectrice ou au lecteur à qui elle s'adresse, en proposant également un contexte de lecture pour toute l'œuvre d'Alonzo.

L'approche sociocritique de Roseline Tremblay, dans « De la réclusion à l'entrée dans le monde : stratégie d'auteure dans *L'immobile* d'Anne-Marie Alonzo », ouvre une nouvelle perspective à la lecture d'un des textes clés d'Alonzo en faisant ressortir les dimensions sociologique et historique de son œuvre.

L'amour entre femmes est le sujet de l'étude « Écrire la lesbienne immobile », où Roseanna Dufault examine trois textes portant sur le personnage mystérieux de Galia, tour à tour amante, narratrice et alter ego de l'auteure. Elle y explore la contribution importante d'Alonzo à la littérature lesbienne en soulignant la place essentielle que tient le désir féminin dans son œuvre. De plus, à travers les diverses relations entre femmes qu'Alonzo a mises en scène dans l'ensemble de son œuvre, Dufault évoque la métaphore d'un continuum lesbien, une notion essentielle à la compréhension des textes d'Alonzo.

Avec « Le désert dans *Galia qu'elle nommait amour* : arabesques féminines », Michèle Bacholle-Boškovič aborde une œuvre plus récente et examine le rôle métaphorique et symbolique du désert dans l'œuvre d'Alonzo et dans celle de Malika Mokkedem. La lecture postmoderne de Bacholle-Boškovič s'accorde bien au rôle du désert tel qu'elle le conçoit chez Alonzo, comme étant à la fois un lieu d'errance et de refuge, et lui permet également d'aborder le refus de la territorialisation, qui est aussi un désir de mouvement et de liberté.

André Brochu, dans « Dire l'incontournable », étudie les textes liminaires d'Alonzo, *Geste* et *Veille*[2], qu'il rapproche de son dernier texte publié, *...et la nuit*, en évoquant comme d'autres critiques les rapports mère/fille ainsi que l'utilisation du dialogue et le rôle primordial de l'écriture. La poésie a en effet permis à Alonzo de survivre en puisant dans son histoire la force même de sa survie et, grâce aux mots, Alonzo nous fait partager ses batailles et ses réussites personnelles et universelles.

Le corps souffrant est un sujet souvent traité tant par les scientifiques que par les artistes et les écrivains. Comment atténuer la peine des autres ? Comment décrire sa douleur ? Que signifie la souffrance ? Quelle est l'influence de la peine dans la formation de l'identité et dans les rap-

---

2. Toutes les références aux textes d'Anne-Marie Alonzo se trouvent dans la bibliographie à la fin de du livre.

ports aux autres? Carlos Seguin se propose de répondre à ce genre de questions dans son étude centrée sur *Geste*.

Dans son utilisation de l'autobiographie, Alonzo recourt à une écriture réflexive qui s'appuie sur un «je» narratif et un «je» lyrique, comme le signale Louise Forsyth dans «La mise en scène des tensions entre le mouvement et l'immobilité chez Anne-Marie Alonzo». Elle souligne notamment la théâtralité de l'écriture d'Alonzo en explorant le rôle crucial que jouent les dialogues dans tous ses textes, aussi bien de théâtre que de poésie, fictifs ou encore critiques.

Les trois articles suivants abordent le théâtre et la danse. Tout d'abord, la mise en scène de *Veille* au Théâtre expérimental des femmes en 1981, ainsi que la création d'*Une lettre rouge orange et ocre* à Berlin en 1991 inspirent le texte «Prisonnières amoureuses», dans lequel Celita Lamar analyse les relations mère-fille dans le théâtre d'Alonzo. Elle examine de façon convaincante la manière dont Alonzo accorde la parole à la mère dans *Une lettre rouge, orange et ocre*, après avoir privilégié le point de vue de la fille dans *Veille*.

«Alonzo s'est concentrée sur l'être aux prises avec les principaux thèmes de la physique: le corps vis-à-vis du temps, de l'espace, de la matière», affirme Cara Gargano, qui décrit la tension entre le corps figé et l'esprit mobile dominant l'œuvre d'Alonzo. Afin d'explorer le rapport entre la danse et l'écriture, Gargano s'appuie sur les notions de la physique classique établies par Newton et Descartes, qui correspondent au corps immobile, par contraste avec la théorie quantique, qui admet des frontières plus perméables. Par son analyse originale de *La danse des marches*, Gargano démontre que ce sont les principes de la physique quantique qui correspondent le mieux aux mouvements de la danse tels que les décrit Alonzo.

Depuis une douzaine d'années, Anne-Marie Alonzo organise le Festival de Trois. Lucie Joubert a eu la chance de participer à ce festival à deux reprises, Alonzo lui ayant demandé de sélectionner des textes pour *Madeleine Ferron: femme avant... et après la lettre* (2000) et pour *Rires et soupirs: l'humour au féminin* (2001). En faisant part de ses impressions lors de ces spectacles mémorables, Joubert révèle le travail énorme consacré à la préparation d'une seule représentation et loue la vision artistique d'Alonzo, qui sait motiver ses collaborateurs et collaboratrices à livrer le meilleur d'eux-mêmes.

Julie LeBlanc aborde «une poétique de l'écriture épistolaire» dans son étude de la correspondance entre Anne-Marie Alonzo et Denise Desautels, *Lettres à Cassandre*. LeBlanc considère cet échange de lettres comme « un long poème en prose rédigé par deux écrivaines ». Elle attire l'attention sur plusieurs aspects de cette correspondance privilégiée, y compris sa nature métatextuelle, la quête de l'autre, la séduction réciproque, et l'occasion de commenter ses propres œuvres. LeBlanc reconnaît le rôle ambigu du lecteur, de la lectrice, qui essaie de déchiffrer – avec un certain plaisir – le sens d'un texte adressé à une autre.

Et c'est par une lettre, « Lettre à la Sphinxe, le 14 juillet 2002 », que Janine Ricouart conclut ce recueil d'articles sur l'œuvre d'Anne-Marie Alonzo. Ici, Ricouart reprend le motif épistolaire qui revient si souvent chez Alonzo, afin d'exprimer sa réaction personnelle à cette œuvre, ainsi que sa reconnaissance à l'égard d'Alonzo pour leur collaboration et leur amitié. Ricouart évoque le parcours littéraire d'Alonzo en soulignant certaines influences : Cixous, Colette, Duras. En survolant les œuvres d'Alonzo, Ricouart commente certains textes clés, notamment *L'immobile*, *Galia*, et *Bleus de mine*. Elle souligne également l'engagement d'Alonzo dans la vie culturelle du Québec. Exprimant sa propre admiration pour Alonzo, Ricouart parle au nom des collaborateurs et collaboratrices de cet ouvrage collectif ainsi que pour tous ses lecteurs et ses lectrices. Et par ces simples mots : « je suis tellement touchée par ton existence », Ricouart résume bien le sentiment de nombre d'entre nous.

Avec *Les secrets de la Sphinxe*, nous souhaitons, d'une part, inviter de nouveaux lecteurs à découvrir l'œuvre d'Anne-Marie Alonzo, et d'autre part, encourager les lecteurs habitués à son œuvre à reparcourir les sentiers plus ou moins familiers de son jardin secret.

Appels

HÉLÈNE CIXOUS

C'est une œuvre unique à deux forces apparemment contraires : œuvre-ellipse, œuvre retenue, finie, toute en interruptions, et œuvre-appel, œuvre qui appelle l'autre, en appelle à l'autre, fait appel inlassablement contre le sort, la chance, tout en appelant Toi, Toi-Elle, lançant à Elle ces appels qui prient et ordonnent. Elle nous rappelle les merveilleux secrets du mot « appeler », lorsqu'au commencement, latin, *pellere*, il frappait la terre pour danser, frappait la terre pour la repousser, d'un pied dansant en *prenant appel*. Elle, à son tour, Anne-Marie en appelle à la terre, à l'air du texte dans un appel qui attire tout en pressant et poussant et repoussant de toutes ses forces, tirant de l'immobile une mobilité nouvelle.

Jamais personne n'aura écrit telle œuvre, rapporté d'un tel voyage un témoignage aussi puissant qu'émouvant. Si quelqu'un fait l'impossible, c'est bien elle. Sans force escalader la falaise avec la volonté spirituelle haletante, soulever marche à marche ces jambes qui dorment au moment de l'ascension, porter mon corps sur mon dos à moitié écrasée sous le fardeau, c'est une expérience que je ne fais qu'en rêve, et qu'elle fait en réalité, une réalité autre, semblable à un rêve jamais encore rêvé jamais en-corps rêvé qui n'arriverait plus à trouver la porte du réveil, le rêve de ne-pas-pouvoir, l'expérience physique de l'extrême et terrifiante puissance de l'impuissance. Une impuissance-autre, chargée des énergies du vouloir, du regret, de l'appel-au-secours, de la colère-sèche et de la colère-joie.

Elle aura repris les chemins les plus archaïques de la littérature, parlant dès son premier texte en exploration du monde de l'autre côté, juste-à-côté de nous et cependant infiniment éloigné, à portée des mains de la peau et inaccessible. En route vers les confins de la vie humaine. Cela donne une œuvre comme venant de l'Étranger et qui nous parle une langue connue et cependant parlée différemment, une langue de revenance.

Et l'espace est Présence, étendue infinie de ce corps – encore plus corps, plus énuméré, plus dense d'être privé de son mouvement dans l'espace. À la place de la mobilité, les mouvements de l'âme, Mouvement Émouvement fantôme, tremblements des passions. Somme et résumé de tous les mouvements infaits, traduits, retenus, mentalement dessinés. Œuvre colossale du brisement. Ruine ultra-moderne. Œuvre de vie, œuvre qui se plaint de vivre et célèbre le vivre et la plainte.

Œuvre qui dit qu'elle veut mourir et qui disant cela se redonne vie à vivre.

On comprend. On écoute, le cœur secoué par ces immenses déflagrations.

Cela donne une langue.

Cela donne une langue nouvelle, familière pourtant. La langue de nos douleurs, de nos stupéfactions. Lorsque l'être lacéré, désarticulé, démembré, psychiquement, nous approchons la zone des grandes douleurs du corps sans jamais l'atteindre, car à nos douleurs survient toujours une limite.

Ce qui n'arrive pas, là où se tient Anne-Marie, se tient au temps abrupt, c'est une limite, un bord, une rive. Éternel dérivement d'une barque sur mer. On voit la côte, supplice supplémentaire.

Par ce qui est arrivé une fois, un jour, jour de juillet, elle a été jetée dans l'étrange temps où à jamais recommence l'expérience de ne pas arriver à arriver.

Mais par contre voici qu'*Elle* arrive, elle peut arriver, la mère, la femme, elle lui arrive, lui répond, par lettre téléphone, sourire, absence, ressemblance, nécessité, miracle, disparition, retours, distances

Prière et nudité sont la parole qu'elle adresse à *Elle*.

Le courage de dire l'insoutenable – est-ce courage ? est-ce rage ? – m'ébranle. Le Travail titanesque – renverser la passivité en activité, dix fois par jour, faire rouler le corps du monde, lever la herse, l'interdit, désimpossibiliser l'impossible. Peser comme un bélier géant, comme le front d'une baleine contre le mur invisible et le faire plier – le travail titanesque nous dépasse.

Ces travaux elle les fait à l'aide d'une *volonté d'écrire*, à l'aide des Pouvoirs supérieurs de la chose mystérieuse appelée *volonté* : un minuscule levier tenu entre les dents et qui peut soulever une montagne. Vie en cela mystique. On éprouve une terreur sacrée. Et en même temps une tendre reconnaissance : car elle donne aussi un exemple : tenir à force d'âme. Mais il faut avoir développé tous les muscles de l'âme, cela demande une patience et une droiture presque inconcevables à nous qui marchons sans nous savoir ni penser ni sentir marcher. Nous qui marchons aveuglément.

Marcher, le mot, elle le mâche, *marcher*, l'image, elle se représente le miracle qui ne s'accomplira pas pour elle, elle l'appelle, l'hallucine, le jouit, *marcher* : le nom du deuil. Elle invente la marche sur papier, sur le papier ça marche ça grimpe, grave, marque

Ne pas se tromper : marcher, la chose du monde la plus banale, la mieux partagée, et à elle interdite si elle pouvait l'avoir, le faire… elle donnerait tout le papier de l'univers.

Mais on ne choisit pas. On ne lui a pas demandé. À elle on lui a donné en échange un genre de marcher de rêve, un rêve-de-marcher, une sorte d'âme de la marche. Marché inexorable et sublime qu'elle n'accepte pas, qu'elle accepte, qu'elle n'accepte pas sans combat. Échos de la lutte, chacun de ses textes éclats arrachés à elle-même. Fragments furieux, coupes de cris. Elle ne peut pas faire comme si, jamais. Une pureté de roc.

Elle dit, un jour d'illumination, qu'elle est : *une sculpture*. Une sculpture à la fin d'une série d'êtres qu'elle est en succession : une aile, une danse, de la fumée, de la lumière, une ombre chinoise, une toile immaculée, toutes formes en dissolution, des quantités innombrables. «Une sculpture. Je suis cela.» «Je suis cela.» Être «cela», indéfinie, continue. Une sculpture : donc martelée, ciselée, née des coups et du morcellement, tirée du marbre, extraite, levée, façonnée. De cette violence mise au monde, la sculpture garde la gorge gravée de râles : sk, kulp, pt, skizzes, rudes sonances, ruptures de souffles. C'est le portrait de son écriture taillée, écharpée, adamantine.

Pour le lecteur qui ne la connaît pas, pour le lecteur des livres, j'imagine que ces textes sont perçus comme des percussions, une musique inouïe, une puissance psalmodique, j'imagine le lecteur envoûté, emporté dans le tourbillon d'un ressassement scandé révolutionnaire, sans aucun précédent au monde, j'imagine sa jubilation, son émerveillement. Pour la lecture amie qui connaît cet auteur inouï, qui a rencontré cette planète désastrée, cette femme sculptée par la passion, pour moi c'est toujours une expérience de surhumaine grandeur. Comme si je voyais danser une Sculpture, *la* sculpture délivrée. Je ne peux que me réjouir avec tristesse m'affliger avec joie de ce mystère qu'elle aura appelé *Geste* du premier coup de mot. Une geste. Une action de gloire et de révolte, un «récit» héroïque en train de tenter de se reconstituer après la mise en pièces. Le

Reste immense d'un combat. On ne sait jamais si l'écrit est pré-historique ou post-catastrophique, s'il promet ou regrette. Une étrange archéologie magique se mêle à la lecture. On se souvient que partout insiste le motif de l'Égypte ancienne sous ses figures de surenchère mythique. Mais s'il y a Égypte, c'est d'abord celle de la scène primitive d'amour, celle du toutamour, de l'amour comme pulsion de rassemblement, de réparation, de recollement, c'est l'Égypte d'Isis au panier plein de morceaux aimés, Isis amante mère sœur maîtresse de la lecture du corps. *Legere* : ramasser, cueillir, recueillir les traces, jumeau ou jumelle de *legere* : lire. Et lire c'est bien cette opération maternelle de recoudre l'enfant morcelé par une violence de guerre. Avant tout livre il y a le livre d'Anne-Marie, tout livre a pour livre antécédent le livre d'Anne-Marie, elle-même gestatrice, mère et enfant, fille et mère de la mère adorée à laquelle elle retourne en chaque femme ou personne avec laquelle elle fait livre.

Qu'est-ce que la vie, sinon cette vertu qui ne se laisse pas taire, la parole qui respire et désire plus fort que le pire ? Nous ne pouvons pas nous passer de cette force exemplaire et unique qui marche devant nous à grands pas de papier.

Et qu'on ne dise pas que le papier ne fait pas corps. Tout ce qui touche, nous touche, est corps.

Là où elle est, la nuit

CATHERINE MAVRIKAKIS

Dans un rêve

C'est par une nuit noire que je lui parlai pour la première fois.

Je me souviens bien.

Elle était là, au milieu de notre cuisine familiale, parmi mes frères et mes cousins.

Elle était une des miens et joyeuse, elle bavardait avec moi, du repas que nous étions en train de préparer.

Ensemble. Deux sœurs.

Nous étions deux sœurs.

Nous riions fort et vrai et je m'interrompis à peine pour lui reprocher sa dernière folie.

«Tu ne devrais plus marcher encore sur les eaux, il te faut arrêter les miracles, cela chuchote derrière nous, il y a comme un murmure, un bruit étouffé, une rumeur, ça parle, ça piaille, ça dit n'importe quoi, ça nous en veut souvent, tu dois faire attention. S'il te plaît, fais attention.»

Anne-Marie me regarda doucement et haussa les épaules. Elle était simplement impuissante devant ses démesures, ses coups de folie, ses fièvres pythiques qui m'enjoignaient à la suivre. Elle haussa donc les épaules, soumise à notre destin.

C'est alors que nous nous mîmes à rire, elle et moi, et toute la maison en fut secouée. Le monde allait s'écrouler, mais je n'en avais que faire... Elle était là...

C'est dans cet éclat que je me réveillai.

Dans-les-mots-qui-font-ronde

À cette époque, je l'avais lue. Dans la ferveur, l'éblouissement. Mais je n'avais pas encore vu son beau visage. Le visage d'Anne-Marie, aux yeux si tristes parfois.

Je ne connaissais pas d'Anne-Marie la présence, cadence d'un monde réinventé où l'ancien monde et le nouveau font gaiement la noce, où le passé vient épouser en grande pompe le futur, où les mythologies d'ailleurs psalmodient l'Amérique, où le silence s'ébat, libre.

Je ne connaissais que la reine, la pharaonne d'Égypte, la sphinx grecque, la sibylle de Cumes, la prophétesse de Laval, la sirène divine de mon odyssée grotesque à travers la vie.

Je n'entendais que ses légendes, je n'écoutais que le bruit affolé de ses mots.

D'elle, je ne savais rien, mais je la savais vivante, pas très loin de moi, pas très loin d'ici.

C'était assez. C'était peut-être déjà trop.

Une écrivaine existait. Elle disait ceci, signait cela, faisait don du poème et lui redonnait corps.

Sans cesse, elle sculptait, pétrissait la langue. La soufflait comme du verre. La faisait éclater, comme le maïs d'enfant.

Au nom de toutes les miennes.

Parturiente de sens.

D'elle, je volais tout, je gobais tout, je buvais. J'avalais la syntaxe.

En un spasme, je devenais l'outre de ses mots liquoreux.

Et pour elle, seulement pour elle, en la lisant, je murmurais ses mots.

Qu'aurais-je pu inventer ?

> *Lire m'étrenne, je lis toute neuve*
> *et cherche ensemble mots de corps*
> *et corps de maux*
> *J'apprends à lire*
> *Les phrases formées me teignent*
> *Me donnent à lire comme dire*
> *Les feuillets sonnent j'écoute ce pas.*

De son prénom, je faisais chapelet de perles rares, je composais florilège, prière.

Anne-Marie-Hélène-Marguerite-Clarice-Colette-Sultane.
Anne-Marie-Galia-Cassandre-Céline-Raymonde-Denise.

Anne-Marie-Héliane, Anne-Marie-sa-mère, Anne-Marie-*ma-sœur-femme-mère, toute mienne et partagée.*
Anne-Marie, ma-sœur-Anne,
Meine-Schwester

D'elle, je ne voyais que les points de rencontre, les traits d'union du monde, la traversée des sens, les trouées vers l'ailleurs, les va-et-vient cosmiques de prose à poésie.

> *beyrouth-tripoli-jérusalem-bethléem-le-jourdain*

Et

> *Tout au loin naples-rome-gênes-florence-milan-syracuse-marseille pour un jour gibraltar-lisbonne de nuit-la côte*
> *Et l'Atlantique!*

Anne-Marie-vos-mots…
Ariane du labyrinthe mondial. Elle tenait la bobine magique d'«Alexandrie-la fière» à Halifax-la-froide, où elle débarqua un jour glorieux pour nous.
Atlas d'un trop lourd globe. Elle se coltinait l'Allemagne de son école, l'Égypte de son enfance, l'Europe de ses rêves savants et le «fort und da» des cités livresques.
Ulysse de ma vie, elle revenait là toujours, précisément où je ne l'attendais pas.
Et pourtant, la rupture, la séparation. Persistance de la cisaille. Et pourtant en finir. Écrire la dernière lettre, trancher le dernier lien. Du geste sécateur, tricoter l'absence. Tendre le fil rompu pour en montrer la trace.
Et pourtant Anne-Marie, l'étrange Parque du chez soi.
Puisqu'il faut bien :

> *Créer tout lien d'absence.*

Exil, étais-tu là ?
L'exil n'y était pas. Ou alors presque plus. Si l'exil y était, il nous aurait mangées.
L'exil n'était qu'un pont, qu'un enjambement de phrases qui dans un élan faisaient d'Alexandrie une banlieue coquette d'un Montréal si plat, qui du Québec créait un tourbillon de chalets de Bavière.
Faire dans la neige dure éclater les pivoines.

L'exil était souvenance, l'exil, son effacement, mais c'est l'éclipse douce qu'elle me donnait à voir.

C'est le pays perdu qui s'offre en s'épuisant.

De mon exil à moi, Anne-Marie disait tout.

Je ne viens pas d'ailleurs. Pas plus qu'elle du reste.

Mais c'est d'un avant qu'il serait question. D'un paradis filant qui continue à sourdre, d'un paradis fuyant qu'on attrape

À la madrague des silences.

De mon exil à moi, Anne-Marie disait tout.

Les cris du froid et les dunes de neige. L'enfant mort et les livres. Le lointain et l'absent.

C'est l'Histoire qui s'écrivait sous son crayon impossible, c'est l'Histoire qu'elle engrossait avec ses dislocations de la langue, ses déhanchements de l'encre et ses silences lubriques.

C'est l'Histoire qui passait par là, qui faisait une ronde, qui se trémoussait sur les comptines syncopées

qu'elle avait fait crier,

qu'elle avait fait guincher…

Dans le tu, l'indicible

… et puisqu'il le faut, je parlerai de cela. Oui, justement, cela.

Du mouvement tari. De la source asséchée.

Paralysie ou para-quelque-chose.

Paratonnerre de la vie. Parachutage de la catastrophe.

C'est comme cela qu'on en parle. Mais de quoi ?

Du sommeil langoureux qui s'est glissé en elle.

D'un accident terrible ou encore d'un cauchemar.

Du rêve absurde dont on ne se réveille pas. Ou dont on se réveille bleue.

Puisqu'il le faut, je parlerai de cela. De la chaise de la reine. De son trône sans fin.

De la cour qui pousse, de la cour qui l'aime.

De la folie des jours, du pénible des gestes.

Je parlerai de ce que je ne sais pas. De ce que je devine.

De ce que chaque mot en elle me permet d'impenser.

De l'arrêt sur image. De la pause infinie. Du gel, du froid. De la carpe-souffrance.

Des doigts qui pointent à peine ce qui ne se donnent pas.

Je parlerai de cela. Parce que je parle d'elle.

De ne plus pouvoir être seule et de tutti quanti.
De mon regard sur cette absurdité. Mais sur le sens aussi. L'impossibilité.
Je parlerai comme elle, de ce qu'elle me dit d'elle. Des miracles qu'elle
fait. Et de mon premier rêve.
Celui où elle était mon guide.
Glissant sur les eaux violentes des jours avides…
Celui de cette nuit noire où nous riions de tout.
Celui où elle était tout ce qui sait mouvoir.

Devant moi, apparue

Il y eut Sainte-Marguerite-du-Lac-Masson. Peu après. Bord de l'eau sur
la frange des rêves.
Elle était là, ama. Et je vous écoutais. C'était la deuxième fois donc que je
la rencontrais. La première fois en fait. Sortie de nos éclats. Sortie de tous
ses livres. Sortie de sa propre cuisse et de sa propre tête. Cuirassée de
paroles.
Anne-Marie dans la vie.
Anne-Marie, la palpable.
Elle parlait écriture. Elle parlait…
Je ne lui dis pas un mot. Souvent je la revis, dans mon silence prise, lovée
dans son aura.
Souvent je l'entendis sur les ondes, les canaux. Télévisions. Radios.
Mais timide, je continuais à lire ses éclats, ses douleurs, ses amours trans-
crites.
Je lui parlai enfin. Cassandre me tendit le téléphone, un matin et me voilà
forcée.
Comment lui dire non ?
Nous bavardâmes un peu, de tout et puis de rien. Des lycées dans le
monde, des cadeaux que l'on fait et de l'avenir qui cède et du futur qui
va.
De temps à autre, ainsi, nous tissions nos voix.
Un jour, je la revis de visu, *de visou*, écrit-elle.
Mais c'était simplement.
Nous nous reconnaissions.
Je ne lui dis jamais le plaisir de ses phrases, la joie de son visage.
Je ne lui dis pas mes rêves où ses génies m'agaçaient tendrement et me
forçaient à mieux. Je ne lui avouai pas que le chemin, c'est elle.
Grâce à elle, on écrit.

Grâce à elle, on adresse.

Mon premier livre, je le lui envoyai.

Parce que c'était comme ça,

Même si c'était trop peu, même si c'était si pauvre.

Dans ses pas, il est impossible de marcher. Dans ses pas, je me noie, dans ses pas, disparais.

Mais si elle est là, et si elle me soutient, j'avance rapidement et écris la colère.

Anne-Marie la poète, celle que je ne peux être.

Anne-Marie, la poète, celle qui prête à mes chairs éparses, disséminées l'ossature d'un corps, l'armure…

Anne-Marie dans la vie.

Avec elle, être un peu.

Et puis, il y a manger.

Partager son repas.

Faire de l'impromptu. Mexicain, arthurien, belge et margarita.

Dresser les tables.

Et puis il y a bombance. En grande compagnie.

> *Cailles et faisans et coqs sans oranges mais crevettes*
> *surtout homards et pattes de crabes langoustes d'huîtres*
> *fraîches fromages et tous cœurs de palmiers artichauts*
> *betteraves et marinades de ce genre asperges et gratins*
> *grenouilles et parfois pieuvres salades et feuilles de*
> *menthe, fenouil, pâtés*
> *Et tomate.*
> *Ces plats comme des mots.*

Ses mots comme chair.

La voir se nourrir et connaître l'intime, sa vraie sœur à elle. Sa cousine germaine. Celle qui veille encore sur le destin des plats. La compagne qui rompt vraiment la miche, la baguette et qui fait d'Anne-Marie un oiseau affamé qui mange dans la main. Un condor magnifique qui ne rate pas ses proies.

Et puis il y a les rires, les fous rires contenus. Les potins, les amis, les détails des choses. Les gamins et puis l'un. Le gamin. L'enfant qui la fait sourire et peut-être aussi pleurer.

Bavarder sans effort. Écouter. La faire rire. L'étonner.

Oui, tenter par tous les moyens de la surprendre encore.

Dans la prière

Et puis, il y a la mère.
Et puis encore la mère.
Comment vous dire cela ?
Car comment vivre sans ?
Parler de l'amour fou, de l'amour pas limite,
De l'émerveillement, de la grandeur du vivre.
La mère, dans tout écrit, tout mot, toute petite lettre.
La mère, comme la nuit, et toujours qui revient.
Avant sa mort, souvent, à cela, je pensais.
À son absence, un jour. Aux douleurs à venir.
À cet exil-là.
À ma mère à moi, à cet amour si dingue qu'Anne-Marie seule écrit. Sans
jamais le savoir.
Parce que ce sont ses mots qui savent dire cela.
La mère qui s'efface en étant toujours là.
La mère, comme la nuit, qui tous les jours nous hante.
Dans les poèmes-prières,
les poèmes bleu noir.
Et la nuit, Anne-Marie, où vous m'apparaissez, habitée par vous-même,
et puis aussi par elle,
Je ne vous vois que marche, dévalant le noir.
Toujours la nuit, vous êtes, ma petite veilleuse,
Celle qui me fait écrire et croire dans les mots.
Tirésias moderne, vous dessinez du monde, un berceau.
Anne-Marie, encore l'avenir. Encore…
Prédire. Écrire.
S'il vous plaît.
Dans la nuit qui me gobe.
Ça ira, bien sûr.
Puisqu'avec vous, je vais.

Le jardin d'Héliane

ANNE-MARIE ALONZO

> « *chaque fois que j'ai voulu recommencer à écrire et je voulais*
> *à tout prix écrire je suis sortie du livre, je suis sortie de ma vie même...* »
> Hélène Cixous

Assise à mon bureau en cette fin d'après-midi où la chaleur m'enveloppe, je regarde fleurir les pivoines. Blanches d'un côté du muret grenat de l'autre. Les fleurs sont belles ouvertes sauvages. Ballerines dansant sur leurs tiges penchées.

Ailleurs, là où je ne peux les apercevoir de ma fenêtre, fleurissent éphémères les pavots.

À l'arrière dans la roseraie le rosier blanc rustique s'épanouit de roses en roses. Les autres, timides, ouvrent une fleur au compte-gouttes. Là, une rouge, ici une jaune ou bien encore une rose thé.

Je sors voir.

Il est déjà bien tard pour le magnolia nain dont les feuilles ont succédé aux fleurs depuis un bon moment. Le jardinier, par contre, vient de planter les tomates et les plantes aromatiques.

Le jardin.

Autrement nommé *bonheur*.

Carrément installée parmi les fleurs comme une enfant dans son carré de sable, je lis. Je m'arrête alors, pour regarder autour de moi ce jardin de ma mère comme Colette regardait celui de Sido.

Je regarde, je hume, je respire. Je suis là. Je ne fais rien. J'écris sans écrire. Je laisse venir les mots. Je laisse venir.

Dans ce jardin.

Mon lieu d'écrire sans.

Je passe mes plantes en revue. Les delphiniums commencent à éclore, les dahlias sont en retard, il n'y aura pas de capucines cet été.

Je lis. L'œil ouvert. Aux aguets. Moka, ma chatte, somnole à l'ombre du lilas. Langoureuse, elle se lèche une patte, se mordille le ventre, se frotte une oreille. Souvent elle me regarde lire.

Elle me surveille depuis la mort d'Héliane.

Moka.

Également nommée *bonheur*.

Et puis sans trop savoir comment tout commence à prendre forme, un livre se fait là, tout seul, un livre s'écrit, devient texte. Ainsi est né *Geste*, mon livre premier. Entre mon jardin et les longues promenades dans les rues du quartier où j'habite.

De longues rues aux arbres robustes, érables de Norvège, érables rouges, marronniers, tilleuls, merisiers. Et çà et là quelques pins, des épinettes et des sapins. Des haies de cèdres séparent les maisons. Des bouleaux décorent certains jardins.

Parfois mes promenades se prolongent jusqu'en début de soirée. Je reviens alors chez Héliane la tête pleine de fleurs d'arbres et de mots. De phrases éparses que je note en arrivant.

Un livre se fait.

Au gré des rencontres, des feuilles et des branches.

Un livre s'écrit en dehors de moi. Souvent sans moi. Ou tout à côté. Et moi qui lis j'écris. Sans vraiment le savoir et tout en le sachant. Et moi qui vis j'écris. Ce livre qui hors de moi prend forme.

Car ce livre existe en réalité.

Bientôt les pages se tourneront comme se tourneront les feuilles de l'érable à l'approche de l'orage. Bientôt quelqu'un qui n'est plus moi le lira voudra le lire bien assis dans son jardin au bord d'un étang tout près d'un arbre fruitier.

Entre le livre et moi, entre mon livre et moi s'installera alors bien confortablement le nouveau lecteur la nouvelle lectrice dans sa chaise longue au fond du jardin où le livre mon livre naît pour la première fois.

Car il naîtra à nouveau chaque fois que ce lecteur que cette lectrice prendra place dans un jardin où les arbres où les fleurs célèbrent ensemble et enfin ces lieux d'écriture ces lieux aussi nommés *bonheur*.

Entretien avec Anne-Marie Alonzo
le 15 août 2002 à Laval

JANINE RICOUART

Janine Ricouart : Tu viens de me donner un texte très émouvant intitulé « Le jardin d'Héliane ». Pourquoi le jardin d'Héliane ?

Anne-Marie Alonzo : À cause de ma mère ; dans les dernières années de sa vie, son jardin était devenu très important pour elle. Peu avant sa mort, elle m'a demandé de prendre bien soin de sa maison et de son jardin, d'y planter beaucoup de rosiers et de suspendre des petites cabanes pour les oiseaux. J'ai donc continué le jardin.

JR : Est-ce que tu continues Héliane en même temps ?

AMA : Sûrement. Héliane a toujours été là depuis *Geste*. Elle a toujours été dans mes livres, surtout dans *Veille*. Dans *Une lettre rouge orange et ocre*, entre autres. Plusieurs de mes livres lui sont dédiés muettement, tacitement.

JR : Est-ce que tu peux encore écrire quand Héliane n'est plus là ?

AMA : Héliane m'a dit une phrase extraordinaire quand j'ai écrit *Une lettre*. Une de ses amies l'avait lu et lui avait dit : « C'est épouvantable ce livre-là, elle vous démolit, elle parle de vous d'une façon épouvantable, elle dit que vous êtes possessive. » Je lui ai dit : « Mais enfin, c'est l'inverse, c'est la fille qui est possessive, ce n'est pas la mère ! » Finalement, elle ne l'a pas lu, parce qu'elle en avait trop peur. Je lui ai dit, un jour, que je n'arrivais plus à écrire parce que j'avais trop peur de la blesser après la réaction de cette dame-là. Et elle m'a répondu : « De toute façon, tu écris ce que tu veux et moi je ne suis pas obligée de te lire. » À partir de ce moment, elle me donnait le feu vert.

JR : Si cela t'est supportable, pourrais-tu parler de *... et la nuit*, qui a dû s'écrire dans la douleur ? Peux-tu expliquer comment ce livre s'est fait ? Penses-tu que ton écriture va être différente avec la disparition d'Héliane ? Ou est-ce tout, comme Duras dans son dernier livre *C'est tout* ?

AMA : Il y a eu sept années de silence entre la publication de *Tout au loin la lumière* et l'écriture de *... et la nuit*. Je n'arrivais plus à écrire pour toutes sortes de raisons. Le surplus de travail aux éditions et au festival, la fatigue, le tournant de la quarantaine mais surtout l'impression d'avoir tout dit et la peur de se répéter... En 1999, ma mère meurt presque subitement. Je perds tout avec elle. Je ne me retrouve plus. Le monde ne se retrouve plus, il y a les guerres, les bombes, les terroristes. J'écris donc, en première partie du livre, la fin du monde tel que nous l'avons connu et cela bien avant le 11 septembre. En deuxième et troisième partie, j'écris ma mère, l'agonie et la mort de ma mère. Jamais je n'avais écrit sur ma mère avec autant de vérité et de simplicité. À partir de ce livre, je sais que je vais continuer.

JR : Que représente l'écriture pour toi ?

AMA : Au départ, je n'avais pas l'intention d'écrire. Je n'avais pas l'intention de devenir écrivaine. Je voulais être journaliste, éventuellement. Je voulais faire plein d'autres choses dans la vie. L'écriture n'était pas pour moi un rêve d'enfance, ni d'adolescence. C'est venu avec l'accident... J'étais en ergothérapie, on m'a donné une machine à écrire et on m'a obligée à taper à la machine des textes insignifiants. Je me suis dit : « Je ne vais quand même pas taper cela ! »

Il m'était déjà difficile de me tenir droite pour taper. J'ai donc commencé à taper des lettres à moi, que j'adressais à des ami/e/s, et à partir de ce moment-là, tranquillement, l'écriture est venue. J'avais fait un seul poème à l'école secondaire, par défi, parce qu'on m'avait dit : « Est-ce que vous savez faire des poèmes ? » C'était quelqu'un devant qui j'étais en admiration... Je n'avais jamais écrit de ma vie ! Et là, j'ai fait un petit poème et je le lui ai montré et elle a beaucoup aimé. J'ai été accidentée tout de suite après, je n'ai plus pensé à l'écriture ; mais quand on m'a donné ces devoirs à faire à la machine, j'ai commencé à écrire des lettres. Dans la même journée, je commençais par écrire une lettre, et ensuite venait l'écriture.

JR : Sur quoi travailles-tu en ce moment ?

AMA : Je ne travaille sur rien présentement, parce que je n'y arrive pas, parce que j'ai trop de travail. J'espère, bientôt, commencer un livre sur Héliane, justement, mais un livre en prose. J'essayerai. Je ne sais pas si je réussirai à faire un roman.

JR : Un jour, tu m'as dit que tu travaillais peu l'été. As-tu toujours du mal à travailler en été ?

AMA : Oui, depuis toujours, parce que j'aime rester à l'extérieur. Comme je l'ai écrit dans « Le jardin d'Héliane », je m'imbibe de toutes sortes de projets d'écriture, je regarde autour de moi, je regarde les arbres. Il y a *Geste* que j'ai terminé en été. Je commence toujours en septembre-octobre. Là, ce sera en janvier. Depuis quelques années, le festival prend beaucoup de place l'été ; j'ai donc moins de temps pour écrire, pour penser.

JR : Tu as beaucoup de contacts avec les gens aussi, ce qui doit te distraire, non ? Des gens qui viennent l'après-midi pour te rencontrer.

AMA : Non, c'est plus rare qu'avant ; tout le monde vieillit ! J'avais beaucoup plus de visites quand j'étais plus jeune. Depuis quelques années, chacun a sa vie, chacun a son travail. Je m'applique ainsi un peu plus à mon travail…

JR : Est-ce que cela te manque, les visites, les rencontres ?

AMA : Ça dépend : le festival a pris tellement de place l'été, les éditions ont aussi pris tellement de place que je n'ai plus vraiment le temps de m'occuper de la visite, mais j'aime bien, une fois de temps à autre ! L'arrivée de l'ordinateur a vraiment été extraordinaire pour moi. J'ai pu écrire facilement et, grâce au courriel, je n'ai pas besoin d'attendre qu'on me mette les lettres dans des enveloppes, qu'on les affranchisse. Je suis beaucoup plus indépendante. En revanche, le courriel prend énormément de temps, et ça m'enlève du temps pour écrire.

JR : Peux-tu me parler de *Bleus de mine* ? Qu'est-ce que le titre signifie exactement pour toi ? Je pense au titre anglais, *Lead Blues*, avec le plomb et la mine.

AMA : Quand j'ai écrit *Bleus de mine*, j'écrivais beaucoup avec la bouche. « Bleu », c'est l'encre, c'est également la mer, Alexandrie, parce que je parle beaucoup de l'Égypte dans ce livre-là. Le bleu est la couleur que je préfère aussi. « Mine », c'est le plomb, évidemment, c'est le crayon, et c'est aussi la mine du visage. J'ai mis tout cela ensemble. L'encre, la mine et le plomb, ça allait de la bouche au papier, directement…

JR : Et en anglais ?

AMA : C'est le traducteur qui l'a choisi. Je trouve que le titre est peut-être plus beau en anglais qu'en français.

JR : Pourquoi as-tu entrepris ce projet dans *Bleus de mine* ? Qu'as-tu essayé de communiquer par ce retour à l'enfance, à l'Égypte ? Ce texte ne fait-il pas partie d'une trilogie orientale ?

AMA : Ce texte fait en effet partie d'une trilogie orientale commencée par *Droite et de profil*, suivie de *Bleus de mine*, terminée par *Écoute, Sultane*. Il était important à ce stade-là de faire un retour à l'enfance, aux origines, afin de pouvoir continuer à écrire...

JR : Tu évoques souvent ce pays d'avant, mais dans tes textes « autobiographiques », tu ne parles pas de toi en tant qu'enfant, ou alors très rarement. Est-ce voulu ?

AMA : Il me semble pourtant que j'ai beaucoup écrit sur mon enfance dans *Écoute, Sultane*. J'y reviendrai.

JR : Par ailleurs, voudrais-tu expliquer l'influence d'Hélène Cixous sur ta vie et sur ton écriture ?

AMA : Ce fut une rencontre extraordinaire. Je l'ai rencontrée par l'intermédiaire de Monique Bosco, en 1979, alors que je venais de terminer *Geste* et qu'il avait été accepté par les Éditions des femmes. En 1979, donc, elle vient au Québec pour une série de rencontres, de conférences. Elle avait lu *Geste*. J'étais invitée à Paris en novembre, ce qui nous a permis d'avoir une rencontre vraiment importante. Son livre *Préparatifs de noces au-delà de l'abîme* a beaucoup marqué mon écriture. Si j'avais lu *Préparatifs* avant d'écrire *Geste*, je n'aurais jamais écrit *Geste*. Dans *Préparatifs*, elle aborde l'immobilité comme jamais personne de mobile ne l'avait fait auparavant. Ça m'a totalement bouleversée. J'ai ce livre en deux exemplaires, je l'ai lu je ne sais plus combien de fois. J'ai commencé à me retrouver dans presque tous ses livres. Je me suis mise à la citer, cela commençait mon écriture. Je m'inspirais de cette citation que j'inscrivais au début de mes textes.

JR : Comment a-t-elle pu écrire un livre pareil, en étant mobile ?

AMA : C'est-à-dire que, pour elle, c'était tout naturel. Elle s'est inspirée de quelqu'un qu'elle connaissait, comme elle s'inspire entre autres de sa mère dans les derniers livres, et elle le fait d'une façon tellement, tellement magnifique. Je pense que c'est un écrivain majeur et un de nos très grands écrivains vivants.

JR : Qui compte beaucoup pour toi ?

AMA : Oui. Tout autant que Proust ou Colette...

JR : Est-ce que ta voix est influencée par elle ?

AMA : Pas au début. Pendant des années, je crois que mes inspirations venaient plus de Duras. Encore maintenant, j'ai un style que je reconnais chez Duras. Par contre, depuis quelque temps, il y a une inspiration très voulue, très consciente ; par exemple, dans le texte que je t'ai donné sur le jardin. Quand je dis « mon lieu d'écrire sans », c'est tout à fait Cixous. J'aurais même pu écrire « écrire sans » en un seul mot, et puis ça aurait été tout à fait Cixous.

JR : Tu la lis constamment…

AMA : En effet. Là, j'ai lu ses deux livres d'affilée. Le dernier, je l'ai lu aussitôt parce que j'avais un peu plus de temps, mais en général, j'aime faire durer les livres d'Hélène ; comme ça, dès que j'en finis un, il y en a un autre qui arrive. Et j'aime prendre le temps de les lire. J'en lis dix pages, quinze pages à la fois.

JR : Quels autres livres de Cixous aimes-tu lire, ceux qui t'ont le plus touchée ?

AMA : Je pense à *Préparatifs*, le premier qui m'a le plus touchée. Ensuite, tous ses livres sur sa mère, c'est-à-dire *Osnabrück*, ainsi que *Les rêveries de la femme sauvage*. Ensuite, les plus récents, *Benjamin à Montaigne*, *Le jour où je n'étais pas là*, *Manhattan*, tous les derniers[1].

JR : Très peu de critiques ont parlé de l'influence d'Hélène Cixous chez toi. Le seul commentaire que j'aie lu est celui de Louise Dupré, dans l'entrevue que tu as eue avec elle en 1994 ; elle appelle Cixous une « auteure-fétiche » pour toi (1994 : 240). Les gens lisent très vite et, en général, les exergues, on laisse passer. On se dit qu'un auteur commente ou explique, mais surtout qu'il se fait plaisir, et on passe.

AMA : Dans *L'immobile*, chaque lettre a un exergue d'Hélène Cixous[2].

JR : En effet, et tous tirés de *Préparatifs*.

AMA : *L'immobile* est un texte sur l'immobilité et *Préparatifs* en a été le livre inspiratoire.

JR : Dans l'entrevue avec Dupré, tu dis que Cixous t'a directement influencée, de même pour *Le livre des ruptures* et pour *Galia qu'elle nommait amour* (1994 : 241). Par ailleurs, quand *L'immobile* est paru, tu as déclaré que c'était la fin d'un cycle ? Pourquoi ?

AMA : C'était mon treizième livre, mon anniversaire est un treize, ce n'était pas loin non plus du nombre d'années écoulées depuis que j'avais été accidentée [1966, année de l'accident et 1990, date de publication de *L'immobile*]. J'ai mis du temps à écrire ce livre-là. J'ai écrit chaque lettre en pensant à des amies très chères, à part Colette, évidemment. C'étaient

---

1. Hélène Cixous, *Osnabrück* (Paris, des femmes, 1999), *Les rêveries de la femme sauvage. Scènes primitives* (Paris, Galilée, 2000), *Benjamin à Montaigne. Il ne faut pas le dire* (Paris, Galilée, 2001), *Le jour où je n'étais pas là* (Paris, Galilée, 2001), *Manhattan. Lettres de la préhistoire* (Paris, Galilée, 2002).

2. Dans de nombreux autres livres aussi, par exemple, *Dans la vitesse du regard. Autour de quatre tableaux de Louise Robert* (Laval, Trois, 1990).

des amies très chères et j'ai voulu leur écrire. Et pour moi, c'était une façon de me retrouver, de comprendre pourquoi j'étais immobile et comment je l'étais. Et c'est comme ça que j'ai pu retrouver mon écriture, parce que j'étais dans une période où je la trouvais difficile, l'écriture.

Je trouvais ça douloureux et je m'étais fait dire : « Vous n'allez pas toujours parler de l'immobilité toute votre vie... » Proust écrivait toujours la même chose. Colette aussi. On parle toujours des mêmes choses, on écrit toujours sur les mêmes choses...

JR : Duras aussi...

AMA : Duras aussi, Bosco aussi, Cixous aussi, on ne s'en sort pas. Et je me suis dit, au fond, pourquoi ne pas continuer. J'ai donc commencé à écrire *Galia*, et Galia avait un âne au lieu d'avoir un fauteuil roulant. C'était intéressant d'écrire une suite, mais en changeant de véhicule.

JR : Tu aurais pu prendre un chameau ou un cheval.

AMA : J'aurais pu, mais un âne, j'en avais un dans mon enfance, que je partageais avec une petite Bédouine. Et pour moi, c'était un souvenir important.

JR : Et un âne peut être têtu, obstiné, il s'accroche. S'il n'a pas envie de bouger, il ne bougera pas, il restera là.

AMA : Oui, mais je n'avais pas pensé à ça. Un cheval, c'est majestueux ; je ne vois pas un cheval comme représentatif d'une immobilité. Mais un âne, c'est moins majestueux, c'est plus... ça peut être le pendant d'un fauteuil roulant. Et puis c'était mon enfance, quand je marchais...

JR : Et Galia ? Qu'est-ce que ce personnage, finalement, avec sa traversée du désert ? Est-ce aussi un personnage d'enfance ? Un retour à l'enfance ?

AMA : C'est un retour à l'enfance, mais c'est aussi un choix d'aller dans le désert, c'est-à-dire de le traverser, de la même façon que je traverse la vie en fauteuil roulant, de traverser la vie, le désert, avec un âne, et puis d'aller chercher cette orchidée un peu partout sans jamais la trouver, donc, de chercher l'écriture, de chercher l'être aimé sans jamais le trouver, c'est un peu ça.

JR : On a l'impression que, pour ce personnage, c'est dans la quête que le bonheur se trouve.

AMA : Absolument, c'est dans le désir qu'on aime le mieux, finalement.

JR : Pourrait-on discuter des personnes à qui tu as écrit dans *L'immobile* ? Commençons avec Françoise Loranger, le 10 mars 1990 : « Une maison ».

AMA : C'est une dramaturge qui a marqué les années soixante-dix, au Québec, avec des pièces révolutionnaires[3], *Médium saignant*[4], entre autres, mais aussi *Double jeu*[5], qui m'avait beaucoup frappée à l'époque. *Double jeu* raconte l'histoire d'un groupe d'adultes qui suivent des cours du soir et qui jouent un psychodrame. Et à partir de ce psychodrame, ils se découvrent. Un soir de représentation, il y a eu un happening, parce qu'on proposait au public de participer, de venir jouer le psychodrame sur scène ; ce soir-là, quatre jeunes sont montés sur scène, se sont déshabillés et ont égorgé des colombes. Ça a bouleversé tout le monde. Cette pièce, je l'ai vue trois fois. J'ai rencontré Françoise Loranger à partir de ce moment-là. En 1968-1969, j'avais dix-sept, dix-huit ans, elle a commencé à lire mes textes. Et elle a été très, très sévère avec moi. Quand elle a lu *Geste*, elle a trouvé que c'était tout à fait ce qu'elle attendait de moi depuis longtemps. Françoise Loranger a vraiment été mon premier mentor.

JR : La lettre à Françoise Loranger, est-ce une lettre réelle ?

AMA : Toutes les lettres sont réelles. Je les ai écrites, je les leur ai montrées à toutes, et puis je leur ai demandé si je pouvais la publier.

JR : Et il n'y a pas eu de problèmes avec aucune ?

AMA : Non.

JR : Dans la lettre à Françoise Loranger, tu écris : « Aujourd'hui j'écris pour que ma respiration prenne son temps » (p. 41). Et souvent, tu parles de souffle dans tes écrits. Donc, tu écris aussi pour survivre, pour continuer à vivre ? Qu'est-ce que tu ferais si tu n'écrivais pas ?

AMA : Oh, je pense que j'aurais des problèmes de survie. Il y a deux choses qui existent pour ne pas que je devienne folle : l'écriture et les rêves. Sinon, je crois que je ne survivrais pas. Et en ce moment, je crois que j'ai beaucoup de mal parce que j'écris moins. Je n'y arrive pas, parce que je n'ai pas autant de temps. Et ça me dérange beaucoup.

JR : Est-ce que tu pourrais consigner tes rêves ou tes idées autrement que par l'écriture ?

---

3. Dans les années soixante-dix, Françoise Loranger a publié trois pièces contestataires qui ont donné lieu à de nombreuses controverses à l'époque. Par la suite, elle a rompu avec le théâtre psychologique et s'est plutôt inspirée de l'histoire et de la politique. Parmi ses pièces, on compte *Une maison, un jour* (Montréal, Cercle du livre de France, 1965) et *Encore cinq minutes* (Montréal, Cercle du livre de France, 1967). Elle a aussi publié un roman, *Mathieu* (Montréal, Cercle du livre de France, 1949).

4. Montréal, Leméac, 1970.

5. Montréal, Leméac, 1969.

AMA : Non. Il faut vraiment que je voie le texte, que je voie ce que j'écris. Il faut dire aussi que j'ai du mal à respirer dans la vie ; écrire m'aide donc à trouver mon souffle.

JR : Et la lettre à Dyne Mousso, le 29 janvier 1990 : « *Double jeu* »…

AMA : C'est dans cette pièce-là que j'ai rencontré Dyne Mousso, qui était la comédienne principale.

JR : Très souvent, tu travailles avec d'autres personnes, avec des danseurs, des peintres… Comment vous organisez-vous ? Tu contactes des personnes que tu connais et tu les invites à faire un projet avec toi ?

AMA : Pas du tout. Par exemple, j'ai fait un livre sur Margie Gillis, une danseuse qui a quelque chose d'Isadora Duncan. Je l'ai vue danser plusieurs fois. J'ai été éblouie. Margie a une sorte d'immobilité quand elle danse. Elle est très immobile, elle est très fracturée. Ça m'a beaucoup troublée. J'ai écrit le livre [*La danse des marches*] et puis après, je le lui ai montré.

JR : Et les photos, comment les as-tu choisies ? Pour ma part, je trouve ces photos très dérangeantes, dans les postures, dans les gestes. C'est la même chose pour la photo sur la couverture de *Galia*. Je trouve que ces corps musclés représentent des mouvements très douloureux, en fait. C'est bien cela que tu veux représenter ?

AMA : Pour bien montrer la souplesse du corps de Margie Gillis, il aurait fallu une vidéo. On ne peut pas voir à quel point sa danse est fracturée, à quel point elle est immobile. Mais elle a un corps très musclé, contrairement au mien, et c'est très important. Tandis que Galia, le corps n'est pas musclé. Il est peint, il est montré dans une espèce de… comment dire, dans une espèce de surcharge…

JR : Quant à moi, je ressens plutôt un contraste entre ce que le personnage évoque et la photo de la couverture.

AMA : Tandis que pour moi, c'est vraiment Galia, parce que Galia ne peut pas être un personnage tout simple, qui marche dans le désert, habillée comme tout le monde. Il faut qu'elle ait des voiles, il faut qu'elle ait des cafetans. Il faut qu'elle ait de la couleur sur elle. Il faut qu'elle ait l'air de sortir du Moyen Âge. Et je pense que la photo donne cette impression-là.

JR : C'est très visuel, en fait. Est-ce que tu écris toujours de façon aussi visuelle ?

AMA : Oui, beaucoup. D'ailleurs, France Castel aimerait un jour faire un film avec *Galia*. Elle en a déjà fait deux mises en scène au Festival de Trois, en 1992 ou 1993 et en 2000. C'était très visuel.

JR : Lizette Gervais, le 8 juin 1986 : « Et la nuit ».

AMA : Lizette Gervais, c'était une journaliste radiophonique que j'ai connue à la sortie de *Geste*. Tout de suite après, j'ai fait une entrevue avec elle[6]. Et c'est une entrevue qui m'avait beaucoup troublée. J'aimais beaucoup Lizette Gervais. Elle avait des yeux d'un bleu qui était un peu comme la mer d'Alexandrie, et très profonds. C'était vraiment une écoute. Elle avait des yeux qui écoutaient, et j'étais très troublée, parce que j'avais très peur de cette entrevue-là. J'en ai même vomi, tellement j'étais nerveuse et angoissée. C'était ma première vraie entrevue sur l'écriture, et ça a duré vingt minutes. Elle avait demandé la veille à Marie-Claire Blais comment j'étais, et Marie-Claire lui avait dit que j'étais très calme !

JR : Mais tu es très calme… en apparence…

AMA : Oui, mais très angoissée. On a continué à se parler au fil des ans, et puis je l'ai perdue de vue, car elle avait été nommée à un poste gouvernemental, dans le domaine de l'enfance, de l'adoption internationale… Un jour, j'achète *La vie en rose*, une revue féministe dans les années quatre-vingt, et il y a une entrevue avec elle. Je commence à lire l'entrevue et je découvre qu'elle a un cancer et qu'elle est en phase terminale[7].

Je l'appelle et je lui dis : « Bonjour Lizette, c'est Anne-Marie Alonzo. » Et elle répond : « Ah mon dieu, comme c'est gentil ! » On parle un peu, et elle me demande : « Allez-vous venir me voir ? » Je réponds : « Mais certainement. » Arrivée chez elle, je découvre qu'il y a des marches ! Alors, on a fait le pied de grue, on a ramassé des hommes dehors, et nous sommes montés. J'ai passé l'après-midi avec elle. C'était très charmant, très touchant. Elle est morte six mois plus tard.

Tous les soirs, de onze heures à minuit, on se téléphonait, on parlait de tout et de rien, et c'est là qu'une fois nous avons parlé de suicide. Ses ami/e/s ne voulaient pas aborder ce sujet-là avec elle et avec moi, non plus, mes ami/e/s ne veulent pas aborder ce sujet-là.

JR : Tu y penses, au suicide ?

AMA : J'y ai pensé et j'y penserai toujours. C'est ma seule porte de sortie. Si je n'en parle pas, j'étouffe. Ça ne veut pas dire que je suis excessivement déprimée quand j'en parle. Mais il faut que j'en parle. Je n'ai pas d'autre porte de sortie. Et je me dis : « Si un jour je veux finir ma vie, si je veux en sortir, si je me tue, c'est la seule façon de m'en sortir. » Mais il faut accepter d'en parler avec moi, ou alors, on ne peut pas vraiment être des amies.

6. À « La vie quotidienne », le 24 janvier 1980, à la radio de Radio-Canada.
7. « La survie quotidienne », *La vie en rose*, n° 35 (avril 1986), p. 16-20.

JR : Il faut accepter de te perdre.

AMA : Il faut accepter d'en parler. Ça ne veut pas dire que je vais le faire. Mais si on me connaît bien, on peut comprendre aussi que c'est très possible que je ne le fasse jamais. Quand je suis dans une salle, il faut que je m'assoie près d'une porte ; j'ai besoin de savoir que je peux sortir.

JR : Dans la lettre à Lizette Gervais, tu dis quelque chose qui me touche : « *Ne pas s'écrire, vouloir la destinataire, la chercher, l'inventer* » (p. 60, en italiques dans le texte). Quand tu écris, est-ce que tu penses à l'autre ? Est-ce que tu as l'idée d'une lectrice ?

AMA : Non, parce que j'écris généralement à des gens que je connais.

JR : *Galia*, tu l'as écrit à quelqu'un que tu connaissais ?

AMA : Oui, à la personne qui a inspiré *Galia*.

JR : Tu dis aussi : « *La lettre EST geste vers l'autre posé* » (p. 60, en italiques dans le texte). Est-ce qu'il y a une différence entre la lettre et un texte comme *Galia* ou *Geste* ?

AMA : Oui. La lettre est vraiment une main tendue vers quelqu'un, mais le livre est différent, c'est une main tendue vers tout le monde, donc vers personne en particulier.

JR : Ces lettres, tu les as écrites à Françoise, à Lizette, à Colette..., mais l'objet-livre va aussi paraître en public.

AMA : Oui, mais avant que ça ne devienne un objet-livre, je les fais lire aux destinataires.

JR : C'est plus personnalisé ?

AMA : Oui, pour moi, ça l'est beaucoup plus. D'où le fait d'avoir choisi des personnes connues du public, pour que le public imagine la réponse. Si on écrit à Colette, on sait qui est Colette, donc on sait quel genre de caractère elle a, et on imagine quelle réponse elle pourrait donner.

JR : Ludmilla Chiriaeff, le 21 mars 1989 : « Pas de deux ».

AMA : La fondatrice des Grands Ballets Canadiens, danseuse et chorégraphe, que j'ai aussi rencontrée en 1969.

JR : Tu sembles moins intime avec elle, car tu l'appelles Madame.

AMA : C'est son titre. C'est comme si elle s'appelait comtesse. Dans le domaine du ballet, on appelle toujours les grandes directrices Madame. Comme si c'était son prénom.

Je l'ai rencontrée quand j'avais dix-sept ans. Ça faisait trois ans que j'étais handicapée. Je lui ai téléphoné un jour, parce qu'elle me fascinait, parce que j'avais fait de la danse quand j'étais plus jeune, et j'avais envie d'un contact au niveau de la danse. Alors, je lui ai téléphoné, elle m'a invitée à aller voir un ballet. J'ai refusé, parce que cela me faisait trop mal aux jambes, mais j'y suis allée quand même, parce qu'elle a insisté. Elle m'a laissée libre, mais elle a insisté. J'ai été très bouleversée par le ballet [*Carmina Burana*], et c'est comme ça que j'ai commencé à passer toutes mes semaines, ou presque, aux spectacles de danse.

Un peu plus tard, son bureau m'a demandé si je voulais travailler pour eux, comme journaliste, pour un journal interne, et c'est comme ça que j'ai commencé ma carrière de journaliste.

JR : Céline Beaudoin, le 14 juin 1988 : « Veille ».

AMA : Céline Beaudoin est la comédienne qui a joué *Veille*, quand on l'a monté au théâtre[8]. J'ai connu Céline à l'école secondaire. Nous étions très amies, et quand elle est partie pour l'école de théâtre, je suis allée au collège et à l'université. On s'écrivait beaucoup, elle disait que j'étais son auteure et qu'elle était ma comédienne. Quand on a monté *Veille*, on a pensé à elle. C'était tout naturel. C'est comme ça qu'on a commencé à travailler ensemble. Elle est morte très peu de temps après, d'un cancer généralisé. Alors, j'ai perdu à la fois une grande comédienne et une grande amie.

JR : Tu lui écris : « *Veille* s'est fait pièce où tu m'as jouée, m'es devenue, mobile dans ma toute immobilité » (p. 78). J'ai souvent l'impression que, de cette façon, quelqu'un prend corps pour toi.

AMA : Au point où Céline a paralysé pendant les jours où elle jouait la pièce. Un matin, au réveil, elle n'arrivait plus à bouger, tellement c'était fort pour elle. Elle était bouleversante dans cette pièce.

JR : Louise Marleau, le 13 novembre 1988 : « Lettre à Louise ».

AMA : C'est une grande comédienne québécoise, qui a joué récemment au Festival de Trois. À l'époque, elle jouait *Duo pour une soliste*, sur la vie de Jacqueline DuPré. L'équipe m'avait demandé si je voulais aller lui donner des conseils au niveau de la posture, dans le fauteuil roulant, comment s'habiller, comment se tenir… Louise était excellente, on avait vraiment l'impression qu'elle était paralysée. Quand, à la fin de la pièce, elle s'est levée, ça a été un choc pour moi. Pendant les répétitions, ce n'est pas pareil : elle se lève tout le temps, elle s'assoit, elle se relève, elle tombe, elle se relève… Quand j'ai vu la pièce, sur scène, et qu'à la toute fin elle s'est levée, ça a été comme une gifle.

JR : Tu avais été prise à son jeu.

AMA : Tout à fait. C'était extraordinaire.

---

8. On peut lire un compte-rendu de cette pièce par Martine Dumont, « Le corps vécu : *Veille* d'Anne-Marie Alonzo, au Théâtre expérimental ces femmes, du 10 au 28 juin » (*Spirale*, n° 21, septembre 1981, p. 15).

JR : Tu dis dans cette lettre : « *La fiction est jeu dangereux. À présent, la fiction n'est plus. La fiction est/devient biographie. Autobiographie* » (p. 90, en italiques dans le texte). Est-ce toujours toi que tu mets en scène ? Quelle est la part de l'autobiographie ?

AMA : Elle est très grande. C'est du travail sur l'autobiographie que je fais. En même temps, c'est un pacte que j'établis, avec moi-même, avec le lecteur.

JR : Tu demandes au lecteur de te croire. Ainsi, tu t'engages, tu engages quelque chose d'intime ?

AMA : Absolument.

JR : Andrée Lachapelle, le 9 mars 1989 : « Hôtel Hilton Pékin ».

AMA : C'est également une grande comédienne québécoise que j'ai connue en 1969. Je l'avais vue au théâtre où elle était splendide dans un rôle insipide. Elle jouait une cocotte et elle était toujours assise. Mais elle avait un cou, un cou dont les veines remuaient. On avait l'impression que le cou bougeait. J'ai été très bouleversée, alors je lui ai écrit. Elle m'a invitée à la voir dans une autre pièce et nous sommes devenues de très grandes amies. Après cela, elle m'a lue plusieurs fois, à la radio, à la télévision. J'ai écrit *Une lettre rouge orange et ocre* pour elle et pour Céline Beaudoin, mais malheureusement cette pièce n'a jamais été jouée, à la suite de la mort de Céline.

JR : Françoise Faucher, le 15 mars 1990 : « Oh ! les beaux jours ».

AMA : Françoise Faucher, c'est aussi une grande dame du théâtre. Françoise fait du festival presque son pain quotidien. Elle y participe tous les ans. Je crois qu'en douze ans, elle n'a manqué qu'une seule année. Et puis, elle a lu plusieurs de mes textes aussi à la radio. Je pense qu'elle comprend très bien mes textes. Nous sommes très proches l'une de l'autre. Elle aime beaucoup Colette, également, sur qui j'ai fait ma thèse de doctorat.

JR : Dans cette lettre à Françoise Faucher, je vois le mot « masquer » (p. 111). Dans l'autobiographie, tu parles beaucoup de ce que tu fais, de ce que tu lis, vis, ressens. Par ailleurs, l'idée de masque, de voile se retrouve souvent chez toi. Ne joues-tu pas un jeu avec le lecteur ?

AMA : Je jouais plus avant que maintenant. À partir de *Geste*, je me suis dévoilée, beaucoup, puis ensuite, je me suis recachée. Et puis maintenant, je pense que ça s'imbrique l'un dans l'autre. Le masque et l'autobiographie, ça se ressemble beaucoup.

JR : Monique Bosco, le 3 mars 1990 : « La femme de Loth ».

AMA : Monique Bosco est à la fois une prof extraordinaire et une grande auteure[9]. Elle a écrit beaucoup de poèmes, la plupart édités aux éditions Trois ; elle a aussi publié de nombreux romans, des essais. Elle a été éditée chez Gallimard, et surtout au Québec, après. Monique a été ma professeure à l'Université de Montréal au premier cycle, la dernière année, en 1975, pour des cours qu'aujourd'hui on appelle *Women's Studies*. À ce moment-là, ça n'existait pas encore. Ensuite, elle a été ma directrice de mémoire pour la maîtrise que j'ai faite sur Violette Leduc et elle a été ma directrice de thèse pour le doctorat sur Colette.

JR : Comment as-tu pu survivre à ton travail sur Violette Leduc ? C'est tellement douloureux de la lire.

AMA : D'ailleurs, aujourd'hui, je ne peux plus la lire.

JR : Ensuite, tu as choisi de travailler sur Colette, avec Monique Bosco encore. Et Colette, penses-tu retravailler sur elle ?

AMA : Non, parce que ce fut un travail ardu qui m'a pris huit ans. J'ai travaillé très fort, physiquement, parce qu'à ce moment-là je n'avais pas d'ordinateur ; je faisais donc beaucoup de collages, de montages. Ce fut vraiment très difficile et je n'ai pas envie de m'y remettre. On a fait trop de thèses sur Colette, j'aimerais faire autre chose.

JR : Pour en revenir à Monique Bosco, elle t'a sûrement accompagnée dans l'écriture.

AMA : Oui, beaucoup. J'ai suivi des cours de création avec elle, où j'ai lu les premières pages de *Geste*, entre autres. Ma lettre à Monique Bosco est probablement la plus « vraie » du livre, en ce sens où je n'ai pas peur d'avouer mes craintes pour l'avenir, pour tout ce qui peut et va éventuellement m'arriver.

Monique a toujours été et restera toujours une excellente conseillère. Elle m'aide dans mes choix pour le Festival de Trois, entre autres. Je publie aussi ses recueils de poèmes aux éditions Trois…

JR : France Castel, le 16 janvier 1990 : « À propos de Galia ».

AMA : France Castel est une comédienne, chanteuse, rockeuse, animatrice québécoise que j'ai connue en 1986 ou 1987, en préparant un livre

---

9. D'origine juive autrichienne, Monique Bosco a passé son enfance en France et a émigré au Québec en 1948. Son premier roman, *Un amour maladroit* (1961), lui a valu le prix américain First Novel Award. *La femme de Loth* (1970) lui a valu le prix du Gouverneur général du Canada en 1971 et elle a reçu le prix de poésie Alain-Grandbois pour *Miserere* (1991). Elle a publié de nombreux autres romans et recueils de poésie.

sur les comédiens[10] dans lequel je leur demandais quelle était leur passion du jeu théâtral. France avait refusé, mais sa lettre était tellement touchante que j'ai demandé si je pouvais la publier telle quelle. À partir de ce moment-là, nous sommes devenues amies. France est la personne qui m'a inspiré *Galia*, cette femme blonde, chanteuse aux yeux bleus, à la voix très rauque et qui vient du fond des sables. Elle a fait ses premières mises en lecture au Festival de Trois. Elle a monté *Galia* en 1992, puis elle a monté *Geste* en 2000, un spectacle magnifique lui aussi.

JR : Il y a aussi deux lettres intrigantes dans *L'immobile* : l'une au début de ce livre, « Cuir-et-chrome », et l'autre à la fin, « Pour Galia ». Ces deux lettres sont tout à fait différentes, car elles n'ont pas de destinataire comme les autres.

AMA : « Cuir-et-chrome » n'est pas une lettre mais un texte écrit en réponse à une commande de *La vie en rose*, que j'ai repris dans *L'immobile*. Je trouvais que ce court texte était une bonne introduction au livre. Par ailleurs, la lettre « Pour Galia » devenait, quant à elle, un retour à la fiction et annonçait le début du prochain livre, *Galia qu'elle nommait amour*.

JR : Quand tu te mets à l'écriture, que tu es plongée dans ton texte, est-ce que le lieu où tu écris a une importance ?

AMA : J'écrivais beaucoup mieux dans ma chambre. Maintenant, j'ai un bureau, qui est pourtant intime, mais je trouve que j'écris un peu moins bien dans ce bureau-là. Je me sentais plus enveloppée dans ma chambre.

JR : La chambre est un lieu plus intime qui correspondrait donc mieux au genre de livres que tu écris ?

AMA : C'est ça, mais je me sens aussi très inspirée par le jardin, par l'été, au fond ce qui rappelle mon enfance. Même si je n'écris pas pendant l'été en général.

JR : L'été au Québec et l'été que tu vivais dans ton enfance ne sont pas du tout pareils cependant.

AMA : Non, mais il y a des arbres, et là où j'habitais, à Alexandrie, c'était près de l'eau, il y avait aussi des arbres. Chez ma grand-mère, il y avait un beau jardin. On pouvait y aller facilement. J'avais aussi une grand-mère qui habitait Le Caire, et ça n'est pas du tout la même chose, mais ça me rappelle quand même une enfance estivale.

JR : On revient à l'enfance. C'est un lieu privilégié pour toi ?

---

10. *La passion du jeu, Livre-théâtre écrit par 54 comédiens et comédiennes du Québec* (Laval, Trois, 1989).

AMA : Oui, beaucoup. Pas l'enfance en tant que telle, mais le pays d'enfance. J'ai fait un livre qui s'intitule *Bleus de mine* sur une Égypte que je n'ai jamais connue, au fond, une Égypte tout à fait mythique.

JR : Tout comme *Écoute, Sultane* ou *Galia* ?

AMA : *Écoute, Sultane* aussi. Mais *Galia* est un livre différent, ça pourrait se passer dans un désert n'importe où. L'important, c'est l'idée du désert. C'est ça qui importe. Parce qu'au fond j'ai très peu connu le désert, sauf que, pendant quatre ou cinq ans, tous les étés, nous traversions le désert pour aller sur une plage en Égypte, et donc nous faisions des kilomètres et des kilomètres dans le désert, et on ne voyait que du sable.

JR : Tu parles de désert réel, mais peut-on parler de désert symbolique, du désert que tu trouves ici, par exemple ?

AMA : Sûrement, le désert m'intéresse beaucoup. Comme lieu d'écriture. C'est-à-dire autant le désert de sable que le désert de neige.

JR : Penses-tu que ce soit important pour l'écriture de se retrouver dans le désert, dans la solitude ?

AMA : J'ai toujours pensé que ça devrait être important, mais je ne l'ai pas encore vécu facilement.

JR : Tu racontes des histoires pleines de détails, mais dans tes textes, tout est beaucoup plus fragmenté.

AMA : J'ai plus de facilité oralement que lorsque j'écris, parce que, physiquement, ça m'épuise de taper à l'ordinateur. Ça donne un style très télégraphique. Mais j'ai l'impression qu'avec l'âge mon style devient plus rond ; j'écris peut-être moins longtemps, des livres moins longs, mais des phrases plus longues.

J'aime bien aussi lire un livre et travailler un peu. Je n'aime pas lire un livre qui se lit d'un trait. Tu vois, ce que j'aime beaucoup chez Hélène Cixous, c'est que ses livres sont touffus et ont tellement de niveaux de lecture différents qu'on ne peut pas simplement les lire et dire, c'est fini. On peut – et on doit – les lire et les relire, comme je l'ai fait avec *Préparatifs*. C'est pourquoi, en général, je lis une dizaine ou une quinzaine de pages et puis je m'arrête et le lendemain, j'en lis d'autres ou même le surlendemain. Je n'aime pas la lire d'un trait.

JR : C'est également de cette façon que tu crées ton propre texte.

AMA : C'est ce que je fais, et puis en général, les auteurs que j'aime, que ce soit Duras, ou Bosco, ou Cixous, ou même Flaubert ou Proust ou Colette, je ne les lis pas d'un trait.

JR : Quels sont les critiques, les pensées littéraires qui t'ont influencée, qui te marquent encore ?

AMA : Hélène Cixous, bien sûr, mais aussi Philippe Lejeune, Gérard Genette, Jacques Derrida…

JR : As-tu envie de refaire de la critique littéraire ?

AMA : Non, je pense que tout ça, c'est fini pour moi. J'ai fait, à *La vie en rose*, du travail de critique littéraire, je dirais plutôt de chronique littéraire ; ça m'intéresse moins maintenant.

JR : Et parler de ce que tu penses de la critique littéraire, de l'écriture, ne t'intéresserait pas ?

AMA : Plus tard, et plus par entrevue, plutôt que de le faire toute seule. J'aime être stimulée pour ce genre de réflexion. Et cela ne vient pas nécessairement tout seul.

Le nœud interrogatif dans l'écriture
d'Anne-Marie Alonzo

LUCIE LEQUIN

> *Que le langage ne soit pas seulement la maison de l'Être,*
> *qu'il soit aussi la maison de l'être humain, le lieu où celui-ci habite,*
> *s'installe, se rencontre, se rencontre dans l'Autre, et que l'un des espaces*
> *les plus habitables de cette maison soit l'espace de la poésie,*
> *de l'Art, voilà qui me paraît toujours vrai.*
> Gadamer, cité dans Abel (2000 : 7).

Pourquoi écrire ? Comment écrire ? Quoi écrire ? Questions fondamentales qui sous-tendent l'écriture d'Anne-Marie Alonzo. Mais aussi, entrelacée à ces interrogations, une tentative d'élaborer un « art de vivre » (Savater 1994 : 34), c'est-à-dire de penser la cohérence du monde en interrogeant « le semblable dans le différent, et tout ensemble le différent dans le semblable » (Abel 2000 : 1), de trouver le bon rythme et d'apprivoiser le monde. En d'autres mots, l'œuvre d'Alonzo prend sa source dans l'interrogation ; elle est un lieu de questions, un lieu où la voix narrative cherche à faire voir qui elle est et quel est son monde. Cette voix multiple et complexe, en effet, répond à la question « Qui suis-je ? » (*Bleus de mine*, 46), réplique par l'action-écriture, l'initiative, la rupture et commence elle-même quelque chose de neuf. Elle interprète, mot dont une racine latine ancienne « indique l'action de démêler, de se distinguer » (Abel 2000 : 2). Ce travail d'interprète traverse l'écriture d'Alonzo depuis *Geste*. Ainsi, dans *… et la nuit*, son dernier recueil publié en 2001, Alonzo revient sur la question essentielle de la vie qu'elle met en question :

partir rester se poser en avant comme une question où part-on et
que fait-on de vivre quand nul en nous ne tient ni même par un
fil les icônes se déposent il faut un art brut il faut une place pour
tout arbre un règne de silence... (13)

Loin de n'être qu'une voix solitaire ou encore intime, limitée à la
sphère du privé (ce recueil est à la fois un hommage et un adieu à la
mère), la voix poétique de ... *et la nuit* s'inscrit dans un contexte social et
suppose le mouvement par «où part-on» et l'action «que fait-on de
vivre», questions que l'on pose autant en amont qu'en aval, questions
qui présentent un monde problématisé parce que bouleversé par l'interrogation, questions qui confrontent deux mondes, celui d'avant et celui
d'après, le monde de la poète (du texte) et celui du lectorat, le monde
tout court. Le filigrane du social est aussi présent sous d'autres images
du recueil. Notons, entre autres, les «hôpitaux surpeuplés» où l'on se
contente d'offrir «un calmant pour attendre» la mort (... *et la nuit*, 18) ;
les «enfants gémissent sur la place publique les fous vivent la lumière les
visions se heurtent aux cadres» (19) ; «la terre ferme les yeux sur les
guerres et les bûchers fument encore sous les femmes ardentes» (17).
Alonzo pense donc à l'épreuve de son deuil en faisant parfois surgir
d'autres douleurs, occupant encore la position de l'interprète. Elle pose
des questions qui ébranlent et laissent place à l'inédit, car elles appellent
l'imaginaire à la rescousse, préfigurant autrement le soi et le monde.

Ce nœud interrogatif et interprétatif participe de l'éthique, dans le
sens actuel du terme ; l'ouvrage du philosophe Olivier Abel, *L'éthique
interrogative. Herméneutique et problématologie de notre condition langagière*,
est, en ce sens, fort probant. Selon Abel, l'éthique ne règle pas les com-
portements, ne prescrit pas, n'interdit pas, elle est avant tout un lieu de
questions. Abel consacre d'ailleurs tout un chapitre à la littérature et
montre l'influence réciproque entre la réflexion philosophique et l'expression littéraire relative aux mêmes questions fondamentales sur soi et sur
l'autre, des questions qui permettent au sujet de se révéler et d'entrer en
rapport avec l'Autre et avec le monde. De même, Alonzo, parlant de son
écriture : «Me donne à lire comme dire» (*Bleus de mine*, 16), inscrit son
œuvre du côté de la révélation du soi. Quelque quinze ans plus tard, la
poète continue de s'approprier, de se ressaisir à répétition, malgré, au fil
du temps, des moments confortants de cohésion, car au fond la révélation de soi est toujours en aval, en perpétuel devenir. Le moi, comme le
monde, est ductile et malléable, lourd et léger, grave et joyeux, tout étant
à la fois plus simple et plus compliqué que les mots le disent : «écrire *je*

suis au dernier siècle connu c'est dire *j'étais* effrayée sonner l'alarme faire tinter les cloches la terre se fend les arbres coulent les pas se perdent il y a la mort au creux du sang il y a les ombres il y a les voix et les mots du poème qui se lisent fragiles » (*... et la nuit,* 11). La narratrice dévoile donc la peur sous-jacente à l'affirmation de soi comme si le « je suis » n'avait été qu'une détermination provisoire, cachant une indécision inavouable. Se révéler à nouveau, même par l'aveu de l'effroi, intensifie la présence à soi, moins aliénée, plus juste parce que mettre au jour sa vulnérabilité, sa peur, rend les possibles plus vibrants. De plus, elle réinscrit l'urgence de dire : ses interrogations présentent un monde qui s'autodétruit, comme le soulignent les mots « se fend » et « coulent », un monde qui tue l'être humain, aimé ou inconnu, un monde cruel où pourtant l'ouverture poétique est encore possible, quoique fragile, où l'interprétation peut se prolonger.

Dans sa réflexion philosophique, Abel valorise le sens de la responsabilité et les interrogations continues, qui, selon lui, doivent en découler ; il tente ainsi de replacer « les convictions en face de la nécessaire pluralité de réponses possibles » (2000 : 17). C'est ce qu'il appelle l'éthique de l'interrogativité. L'œuvre d'Alonzo tresse aussi questions, convictions, responsabilité et suggère des réponses fugaces, contradictoires parfois, mais toujours fécondes, en ce sens qu'elles invitent au mouvement et à la pluralité.

Les analystes littéraires d'Alonzo (voir notamment *Voix et images* n° 56[1]) ont peu étudié cette empreinte de l'interrogativité représentée, en partie, par la présence récurrente d'éléments politiques et éthiques se glissant sous les préoccupations esthétiques et émotives qui font battre le cœur de son œuvre. Retracer ce filigrane et le suivre dans ses méandres complexes ajoutera sans aucun doute à la connaissance de son œuvre. L'intime et le poétique se conjuguent alors avec le politique ; la teneur sociale de son écriture est ainsi prise en compte. Sans doute pourrait-on dire que cette appréhension éthique et interrogative de la vie n'est qu'un détail dans l'œuvre d'Alonzo. En effet ! Cependant, ainsi que l'a montré Naomi Schor, l'étude du détail enrichit la lecture :

---

1. Ce numéro spécial traite des sujets suivants : la mise en évidence de l'intertextualité (Verthuy), le rôle des indices paratextuels (Joubert), la mise-en-scène de l'Autre (Picard), le travail visuel dans la poésie d'Alonzo (Potvin), la théorisation de l'écriture (Lequin) et constitue en quelque sorte un dossier charnière qui fait le point sur l'œuvre d'Alonzo jusqu'en 1994.

> Ce qui peut être le plus menaçant dans le détail c'est qu'il tend à subvertir la hiérarchie interne d'une œuvre d'art qui subordonne la périphérie au centre, l'accessoire à l'important [...]. (Schor 1987 : 20[2])

En me reportant à quelques ouvrages d'Alonzo, en particulier *Écoute, Sultane* qui a déclenché mon intérêt pour les détails politiques et sociaux qui, d'ailleurs, se manifestent encore dans le dernier recueil *... et la nuit*, je tenterai de montrer ici qu'Alonzo écrit aussi le politique avec passion.

Le droit de réinterpréter

La voix narrative d'Alonzo explore le ressouvenir et fait parler le passé, non pas un passé documentaire, exact, mais un passé interprété qui répond à des questions actuelles propres au moment de l'écriture, un passé qui s'écoule d'une « mémoire ajustée » (*Bleus de mine*, 25). C'est ainsi que la « souvenance souvenue » (45) d'Alexandrie meurt avec Alexandrie, qui, elle, meurt sous le coup de la misère, de la pauvreté et de la « pointe au fusil » (45). Le « je » superpose ici le souvenir personnel et le pays, et également le passé et le présent, donc superposition de l'intime et du public, ici politique, et superposition du temps. La voix narrative tisse ainsi un nouveau domaine spatiotemporel, interprétant et déplaçant les cadres restrictifs du temps et de l'espace. Elle donne à apprendre non seulement sur elle-même, mais aussi sur le monde. C'est l'imaginaire participant du savoir, savoir en fait impossible, mais néanmoins dynamique :

> Apprendre pharaonne tous sens de signes
> et sens de mots apprendre qu'autres triment
> esclavent s'esquintent perdent l'œil du regard (68)

La voix narrative de *Bleus de mine* fait ici entendre clairement un souci de l'autre (triment, esclavent...), au-delà des appartenances politiques et culturelles, une voix qui mesure ce qui éloigne ou rapproche les humains, à l'écoute des désaccords, des règlements, dans le double sens

---

2. What is perhaps the most threatening about the detail, is its tendency to subvert an internal hierarchic ordering of the work of art which clearly subordinates the periphery to the center, the accessory to the principal [...]. Notre traduction.

de règlements de comptes ou de solutions, attitudes s'enroulant au dévidoir du savoir humaniste. Ce savoir se construit dans la sédimentation, par fragments ou encore par l'accumulation de strates, de génération en génération. Anne-Marie Alonzo ne tient pas de discours, n'exhorte pas à l'action, elle montre plutôt par des éléments parsemés dans son œuvre une conscience politique en éveil, soucieuse d'interroger et d'interpréter autant le monde réel que le monde de l'écriture. Ainsi, elle se préoccupe du sort de femmes inconnues mises à mort parce que la famille les soupçonne d'avoir une sexualité active : « Vierge souvent pas la mort vient sûre et certaine » (66) ou encore de toutes ces femmes privées de liberté : « Ni jouer sortir ou rire un voile sur ces bouches / visages baisse paupières et regard affolé. / D'ores cette cage dort cadenassée » (67). Toutefois, l'univers d'Alonzo ne se limite pas au monde des femmes, comme l'indiquent, entre autres, les références au « peuple misère » et aux « enfants pauvres » (45).

L'angle politique et éthique, rarement à l'avant-scène, marque néanmoins de façon certaine l'œuvre d'Alonzo, tel un filigrane sous les mots. Plusieurs images fugaces mais prégnantes le soulignent avec force. La guerre et la paix, notamment, constituent une telle empreinte récurrente qui accompagne d'autres préoccupations. *Bleus de mine*, on l'a vu, parle de violence, celle de la guerre surtout : « La guerre alors. Saccages quelles forces gardes pour que pays se tienne et tienne » (42). Cet état de guerre, « Pire que geôle pays qui se ferme aux naissants pays (qui) se damne ! » (55), que la poète ne peut expliquer : « Où commence la faille où la faute » (55) est tout de suite interrogé en fonction de l'être – les naissants – plutôt qu'à partir des enjeux politiques et économiques, entre autres. Ces êtres naissent malgré tout, peu importe le degré d'amour éprouvé dans le privé, du côté de la privation : sécurité, mouvement, spontanéité et espoir, surtout. Le public s'immisce déjà dans le privé et le tatoue de la peur. Comment « les naissants » peuvent-ils accepter de naître dans un tel lieu mortifère, semble insinuer la poète, mais aussi pourquoi des « naissants » si on n'a que la guerre à offrir, « De loin la paix et doux principes / de près les charges » (29) ?

Dans *Lettres à Cassandre*, la poète déplore l'inexactitude des mots, jamais tout à fait adéquats pour exprimer le sens ou les sentiments, et, partant, la difficulté du dialogue véritable entre deux êtres. Elle prolonge aussitôt l'intime et le privé vers le collectif : « qui ne sait se taire comme on ne sait parler. Même pour éviter la guerre » (39). Elle s'interroge aussi sur la pertinence de la vie devant le mal :

... comment vit-on *après* Barbie la guerre les camps la mort.
Comment vit-on *après* sans simplement mourir. (68)

Alonzo se déplace du temps historique dûment documenté – les camps de la mort, Barbie – à un espace imprécis et intemporel, l'espace de l'incommunicabilité qui joue entre les peuples et les cultures comme entre les êtres, de façon répétitive et non évolutive, l'expérience du mal passé, de la guerre en particulier, s'annulant à chaque nouvelle génération, pour ne conserver que la rancœur et le ressentiment. Alonzo représente ce mal politique et public sans toutefois laisser croire qu'il est éventuellement remédiable. C'est plutôt un constat : Babel se répète à jamais. Quand il s'agit du mal, le savoir, même fugace, est écarté, comme s'il fallait jouer à ne pas savoir et se taire devant le mal pour s'en mieux protéger. La poète, elle, au contraire, l'expose, souvent implicitement, et force le regard ; avec elle, on voit le mal et on l'éprouve.

En effet, dans l'œuvre d'Alonzo, les questions politiques relèvent surtout de l'implicite ; la poète n'explicite pas et laisse ainsi les vraies questions se poser par rapport à la société. Elle pose tout simplement une question à partir de laquelle on vient au texte, question différente d'une lecture à l'autre, selon les (ses) préoccupations du moment (Abel 2000 : 39-42). Ainsi, *Écoute, Sultane* parle surtout de l'écriture-pays par le double biais du récit d'enfance et de la lettre d'amour. Mais ce récit poétique s'écrit aussi sur une toile de fond politique, toile mise en place à partir de *Bleus de mine*, où les conséquences de la guerre sont tout aussi bouleversantes et terrifiantes. De mémoire, la poète en dresse une liste qui, ici encore, comprend des événements publics, l'incendie du Caire, des drames humains, la mort d'une fillette, et des malheurs intimes, la possibilité du divorce des parents, par exemple (46). Tout le vécu humain est ainsi réuni, en raccourci et mis en corrélation. Rien n'est neutre. Tout compte et transgresse le découpage temporel : « Ni d'un instant passé-comme-présent-à-venir » (47).

Outre la guerre, l'écriture d'Alonzo prend acte d'autres impressions-sensations formant le contexte sociopolitique et s'éprouvant dans l'intime. C'est là, en partie, que se dessine à traits plus ou moins estompés, plus ou moins marqués, la portée sociale de l'œuvre d'Alonzo. La communion forcée, notamment, rend palpable l'autorité abusive des religieuses, de l'école et de la religion ; cette donne sociale n'a rien à voir ni avec l'éducation ni avec la spiritualité : « la-mort-se-nomme-*schwester* » (35). Effrayée, l'enfant se sent prisonnière et cet abus laisse une empreinte indélébile qui éloigne toute possibilité de foi, une cicatrice toujours douloureuse des dizaines d'années plus tard lorsque la poète raconte son enfance à Sultane. De même, l'obligation de fréquenter une école allemande, ici un choix de la famille, rappelle les pressions sociales favorables à un certain type d'éducation mais, chez l'enfant devenue adulte qui se souvient, un fort sentiment de solitude domine : «Suis seule en langue étrangère» (25). Le rejet de l'accent français à l'école coranique (25) laisse entendre une discrimination basée sur la langue, voire sur le nom et l'appartenance culturelle. La femme folle presque nue (52) qui hante les rues du voisinage, un personnage à peine esquissé, fait voir le peu d'intérêt que la société porte à ceux et celles qui ont besoin d'assistance. Les éléments relatifs à la «fille-de-bonne» (66-67) – notamment un logement d'une seule pièce, cinq personnes dans un même lit, le grand frère dérobant peu à peu le trousseau de la fille-de-bonne – mettent en image l'exploitation des pauvres et montrent une conscience aiguë des effets négatifs inhérents à la classe sociale, particulièrement si elle est assujettie.

Toutes ces images parlent politique, qu'il s'agisse des méfaits de la guerre, du racisme, des petites discriminations ou des *petites violences*, pour reprendre le titre du roman de Madeleine Monette, qui ne soulèvent plus l'indignation parce que passées du côté de la normalité. Ici, aussi, Alonzo évite la dénonciation primaire ostensible comme la tentative de persuasion ; elle ne démontre pas, elle montre des situations et met à nu les blessures plus ou moins profondes en résultant, «tant pauvres à nourrir et trahis» (125), à prendre dans le sens premier, sans argent, mais aussi au figuré, sans espace pour le rêve. Il importe de noter que dans *Écoute, Sultane*, cette dernière allusion directe à la pauvreté est placée à la fin du recueil. Certes, la narratrice a principalement écrit l'intime, le pays, l'exil, en réfléchissant à l'écriture, mais elle n'a toutefois pas oublié la collectivité, l'humain inconnu pour qui elle a de la compassion, avec qui elle se compare, dont elle se distingue, mais aussi à qui elle ressemble.

La peur, le dégoût, la jalousie, l'angoisse, la solitude, autant de sentiments labiles, parfois presque innommables, complètent la mise en scène du contexte social et politique. La poète analyse ainsi, en raccourci, à peine quelques mots, le milieu politique, culturel ou religieux. Elle ne dit pas : « "ceci est le problème" et "ceci est la solution" ; [elle] fictionnalise les deux» (Meyer 1986 : 254). Ce regard interrogatif éthique nous invite à nous poser des questions, les mêmes questions peut-être, et à regarder et le texte et le monde autrement, à déplacer notre propre regard sur nous-mêmes et sur le monde. Une invitation ouverte à l'interprétation, certes faillible, mais souvent fertile.

Le droit à l'interprétation implicitement réclamé par Alonzo ne se confine pas au politique ni ne s'en sépare de façon nette. En effet, le « je » de la narration entre-tisse privé et politique, va et vient entre les deux. Il s'agit non pas de deux sphères séparées mais d'un seul monde qui se forme par l'accumulation de strates, chacune constituant à la fois un élément singulier et codépendant. Dans *Écoute, Sultane,* par exemple, la narratrice revoit son enfance et interprète à nouveau la famille : l'inquiétude de la mère, une mésentente inexpliquée entre le père et la mère, l'avant et l'après-naissance du frère, le secret, le départ pour le Canada, la peur de l'enfant, sa jalousie de sœur qui n'est plus enfant unique. Cette interprétation relève cependant d'un mouvement complexe, la voix narrative qui se retrouve ou s'invente comme « isis effrayée perdue » (13) nomme à rebours ses émotions : « Tout le jour d'attente angoisse ne sais pas / nommer à cet âge mais l'angoisse / certainement et certainement sage » (61). La narratrice ne se borne pas à refléter une situation, elle la modifie, lui donne une épaisseur émotive et ouvre un monde d'interprétations possibles. D'une part, elle entend lever le silence de l'enfant « sagement tue » (60) afin d'en dénouer le nœud oppressant : « Muette ! Jamais prononcé le mal jamais dit mais / depuis et des années de rancœur » (59). Elle transmet ainsi des émotions qui demandent à être dites, elle introduit en Sultane, son interlocutrice complice, de l'empathie interrogative, la met en état de suivre des traces qui sont les siennes, éveille en elle, en dépit du décalage temporel irréversible entre l'enfance et le présent de la narration, une conscience de la douleur de l'enfant. D'autre part, simultanément, le « je » laisse aussi voir l'enfance comme espace de joie et de plaisirs. Notamment, avec le frère, elle s'imagine « en partance safari ! » ; les deux enfants s'inventent passionnément un monde d'aventures (66-68). L'histoire de son enfance est aussi racontée comme « histoire d'enfance heureuse choyée-aimée-presque-adulée » (77). L'histoire de son enfance « re/commence » (77) à plusieurs reprises au début ; elle n'est jamais contée une fois pour toutes.

Par ces fragments contradictoires d'une enfance heureuse-malheureuse, le « je » fraye une voie autre, une nouvelle compréhension possible de l'enfance, et une nouvelle représentation de la réalité, une réalité en mouvement et en perpétuelle réinterprétation. Cette refiguration de l'enfance, comme de la réalité, insiste sur l'idée de strates qui s'ajoutent, au fil du temps, les unes aux autres ; l'enfance est sédimentée, jamais tout à fait résolue et révolue.

Cette insistance d'Alonzo sur l'interprétation des traces se fait à la manière de l'archéologue. *Esmaï* est en ce sens significatif. « Sur le sable f(l)ou des pas » (9), la narratrice de ce recueil et son amante-archéologue examinent des fragments trouvés au cœur du désert. Ensemble, dans les sables mouvants, elles fabulent, « Châteaux en orient » (41), et cherchent, par cet imaginaire en effervescence, leurs origines incertaines. Elles creusent, scrutent, s'expliquent mutuellement la signification des fragments qu'elles n'arrivent pas à saisir ; c'est dans l'hésitation, soulignée par les nombreux rappels du sable mouvant et insaisissable, qu'elles en imaginent la signification, tout à fait conscientes d'être en pleine interprétation, loin des certitudes, sans autorité réelle. En effet, elles soupçonnent que les réponses qu'elles inventent recomposent les questions, les relancent, les réorientent. Bref, la compréhension se forme à partir de présuppositions émanant autant de l'histoire personnelle que de connaissances codifiées, mais aussi à partir de l'imaginaire et de l'inédit. D'ailleurs, de façon implicite, la figuration du travail de l'archéologue traverse l'œuvre d'Alonzo qui, telle l'archéologue, sonde le passé et la terre à la recherche de fragments à examiner, à interpréter pour faire avancer le savoir, public comme privé (Lequin 1997). L'acte d'écrire serait ainsi la fouille de ce terreau archéologique imaginaire. Dans le dossier de *Lettres québécoises* qui lui est consacré à l'été 2000, Alonzo souligne bien que dans *Bleus de mine* elle s'est construit un pays d'enfance (13), un pays, ses livres le disent, fait à partir de la mémoire des odeurs, des images, des couleurs et de fragments de la vie familiale et sociale, un pays en grande partie imaginaire. Il faut « se ré-inventer si on veut survivre » (14), affirme-t-elle dans cette entrevue.

La passion de l'interprétation

En effet, Anne-Marie Alonzo recrée ses mots, sa vie et les autres, un monde où elle veut établir une connivence dans le dérangement : « Ne sachant pas, j'invente » (*Lettres à Cassandre*, 54), déclare-t-elle. La vivacité de ce désir est représentée de plus d'une façon : « Alors comme-avalanche-et-sans-penser n'arrête le fil je cours-file-monte-descends » (*Écoute, Sultane*, 23). Son écriture même, on l'a dit souvent, maintient en éveil par les élisions, les ruptures syntaxiques, les inversions, les parenthèses, les traits d'union, les barres obliques et d'autres signes d'usage rendus inusuels pour créer un dépaysement langagier. Elle produit ainsi un rythme et une sonorité autres, un «respire» (23) différent. Elle laisse «la rage effrénée» s'écouler «pour parler le poème» (... *et la nuit*, 13). Loin de vouloir uniquement provoquer, c'est l'intensité qu'elle veut rendre, intensité de la douleur, de l'amour et, plus rarement, de la joie.

L'écriture brisée inscrit dans la langue de nouvelles règles insolentes et participe d'une forme d'émancipation ; c'est l'enfant qui manque de respect, qui veut couper les liens. Cette insolence se retrouve sous d'autres formes parfois contradictoires : la rencontre des arts, écriture et danse dans *Margie Gillis. La danse des marches*, peinture et écriture dans *La vitesse du regard*, la mobilité dans l'immobilité, la douleur explicitée devenant ainsi impudique, douleur physique mais aussi émotive, notamment la mise en mots des ruptures amoureuses, des amitiés difficiles, même du trop-plein d'amour maternel : «Texte se dit peu s'écrit comme lutte à jaillir s'écrit lutte et désir et désir se fait long doux et long encore de tous temps oubliés» (*Écoute, Sultane*, 119). Toute l'écriture d'Alonzo tresse ainsi lutte et désir. D'une part, lutte contre les frontières, que celles-ci soient intimes, comme l'immobilité incontournable, artistiques par les différentes formes d'accès à la création – peinture, danse, photographie, etc. –, langagières à cause des différentes langues et de leurs syntaxe et grammaire respectives, affectives par les possibles de l'amour tantôt maternel, tantôt amical, tantôt relevant du sentiment amoureux ou par l'ampleur des émotions telle la «rage effrénée». D'autre part, désir pluriel : désir de vivre, d'amour, de compréhension mutuelle, de sens, désir de surpassement et de passion, «détour par lequel le dispositif amoureux peut être redistribué dans toute l'ampleur de la variété de son champ» (Collin 192 : 103).

En effet, la passion dans son sens le plus vaste alimente la quête d'Alonzo. Dans la passion, elle écrit et interprète le monde, relançant sous de multiples formes les mêmes questions essentielles sur la vie et la mort, au fond deux aspects d'une seule interrogation. Elle réapprend ainsi constamment à manœuvrer la langue et les images pour les libérer de l'emploi paresseux et prévisible que tout un chacun en fait.

Encore ici, comme les questions se posent l'une sur l'autre, l'intensité se pense et s'écrit par fragments, lentement, les uns se posant sur les autres : «J'écris mais n'arrête ni temps ni vent qui passent t'écris sur fleur d'eau te dis tout par morceaux puis assemble feuille-sur-feuille pour faire livre relié» (*Écoute, Sultane*, 118). L'état de quête ainsi maintenu coule d'un livre à l'autre et laisse les mots advenir, des «mots qui [la] percent traversent [ses] doigts» (69). Les feuilles-fragments prennent sens dans l'accumulation, le recommencement d'une histoire à conter, une histoire unique mais aux récits multiples. Cette écriture fragmentée, cette réinterprétation de la langue, cette contre-langue, entend rejoindre l'autre qui, souvent chez Alonzo, se manifeste sous la figure d'une femme : mère, amante ou amie, comme en témoignent deux de ses récits qui inscrivent l'autre au féminin dans le titre même, soit *Écoute, Sultane* et *Esmaï*. Écrire et écouter exigent de la poète et de son interlocutrice d'être vigilantes et disponibles à l'inattendu. Ces deux gestes simultanés impliquent le partage et le dialogue, « J'écris tu chantes » (*Écoute, Sultane*, 116), chacune adressant à l'autre un encouragement à être.

Pour avancer dans son combat acharné du sens, la voix narrative d'Alonzo a besoin de ce mouvement de soi vers l'autre et de l'autre vers soi, d'une interlocutrice qui l'accompagne dans sa traversée du « désert assombri(e) » (*Écoute, Sultane*, 116). Si, souvent, la destinataire première est une femme aimée et proche, chacune tentant de se protéger et « d'accueillir l'autre, sans être pour autant expulsée de soi » (Collin 1992 : 102), l'autre est aussi souvent une amie créatrice, Louise Robert, Denise Desautels, Margie Gillis, notamment. Alonzo soumet alors à d'autres formes de création des questions qui sont les siennes, celles essentiellement d'une écrivaine qui tente de comprendre le geste même d'écrire au-delà et en dehors de l'écriture.

Dans cet échange avec l'autre, *… et la nuit* est en quelque sorte un dernier acte où la mère joue encore, au-delà de la mort, le rôle d'interlocutrice privilégiée. Malgré le deuil cruel, malgré la mort si achevée et si horrible, la narratrice continue à partager avec sa mère sa quête du sens : « il faut à présent simplement vivre » (12). Alonzo sait que seuls les mots ont quelque pouvoir contre le vide, contre la douleur éternelle du monde : « quand l'art est maître rien ne sauve le monde sinon le poème » (19). La passion de l'interprétation continue de l'habiter, tant au niveau intime que social. Elle sait que le deuil est vécu par d'autres, ailleurs, tous les jours. Elle tente donc d'appréhender aussi leur mal pour replacer sa propre douleur en perspective dans un contexte plus large. En dépit du chagrin, elle peut encore rêver : « et savoir enfin qu'en soi réside la force qu'en soi se tait la peur le vin est bon les olives tendres et le pain frais les heures s'étirent lentement au jardin l'été rayonne déjà sous les fleurs blanches du catalpa » (32). Sans doute ne peut-il y avoir de paix ou de bonheur, mais il y a la vie et la poésie, et dans l'espace qui les entrelace, des moments de détachement, voire de joie.

Ces incursions du côté des mots, des fragments, des souvenirs, du rêve et des autres arts favorisent le dépassement, le déplacement, un recul, un détour, pour ensuite aller plus loin dans le sens et l'interprétation éthique. C'est l'apprentissage du respect de l'autre, autre femme ou autre création ; il s'agit d'être ainsi provoquée à penser, à agir et à parler par soi-même au sein de la pluralité. Dans ce travail de réélaboration, l'écriture ne disparaît pas, elle se transforme, s'enrichissant de nouvelles strates. De même, dans la rencontre plus intime de l'amour, chacune se transforme, prend et reçoit de l'autre, déplace, change de place : « Prions de cœurs plions d'âmes je lis tu écris faisons l'une de l'autre portraits d'intérieur » (*Écoute, Sultane*, 120). Ce jeu réfléchissant élargit le sens, donnant la primauté à l'imagination, une primauté passagère mais récurrente. De la réalité à l'imaginaire, de l'imaginaire à la réalité, un va-et-vient incessant. Ce double mouvement de l'autre en soi, de soi en l'autre, imaginé et réel, favorise la levée des silences trop longtemps retenus. La voix narrative prend et reprend le fil de son histoire qui ne finira jamais, qui ne peut pas finir puisque l'écriture est vie et pays.

Bibliographie

Abel, Olivier (2000). *L'éthique interrogative. Herméneutique et problématologie de notre condition langagière*, Paris, PUF.

Collin, Françoise (1992). « Inconnu à l'adresse », *L'amour et les femmes*, Bruxelles, Éditions Complexe, p. 95-103.

Lequin, Lucie (1997). « Anne-Marie Alonzo : Archeologist and Cartographer », dans Roseanna Lewis Dufault (dir.), *Women by Women. The Treament of Female Characters by Women Writers of Fiction in Québec since 1980*, Madison, Fairleigh Dickinson University Press.

Lettres québécoises (2000), n° 98 (été), p. 11-19.

Meyer, Michel (1986). *De la problématique*, Bruxelles, Mardaga.

Savater, Fernando (1994). *Éthique à l'usage de mon fils*, traduit de l'espagnol par Claude Bleton, Paris, Seuil, coll. Points.

Schor, Naomi (1987). *Reading in Details. Aesthetics and the Feminine*, New York, Methuen.

Voix et images (1994), « Anne-Marie Alonzo », n° 56 (hiver), p. 228-342.

De la réclusion à l'entrée dans le monde : stratégie d'auteure dans *L'immobile* d'Anne-Marie Alonzo

ROSELINE TREMBLAY

Que ceux et celles qui marchent nous jettent la première pierre !
L'immobile

L'importance infinie conférée au mouvement, alors que l'inaction est posée comme prémisse, est ce qui frappe le lecteur de l'œuvre d'Anne-Marie Alonzo. Le rythme du texte est dès le départ marqué par l'éclatement du tragique accident, ancien mais constamment remémoré. À l'instant même où il entreprend la lecture de *L'immobile*, l'appareil para-textuel agit comme un moteur qui le propulse jusqu'à la quatrième de couverture. Il y sera guidé par une Joconde coincée dans son fauteuil roulant et qui, du fond de la Renaissance, offre un sourire énigmatique à la postérité, les mains délicatement posées sur le cuir de l'appuie-bras. Cuir comme « Cuir-et-chrome », titre du chapitre inaugurant ce recueil de lettres-fiction adressées aux amies de l'auteure, femmes connues pour leur talent d'actrice (Louise Marleau et Françoise Faucher), de chorégraphe (Ludmilla Chiriaeff) ou encore de journaliste (Lizette Gervais).

La lecture des lettres n'est pas encore commencée que nous éprouvons le désir de nous immobiliser là, sur-le-champ, afin de rentrer plus profondément dans ce monde intrigant où les limites physiques de l'écrivaine *linked alive* favoriseront peut-être le « mouvement » de la pensée et de l'âme. « *Si j'ai été graciée de la peine de mort, j'ai écopé d'une sentence à vie* » : l'exergue fait déjà chavirer le lecteur qui, par effet d'osmose, veut s'arrêter lui aussi pour lire. Cloué à sa chaise ainsi que l'auteure, il entend partager l'«état de siège» de la scribe égyptienne, de la pharaonne (*Immobile*, 18-19, dorénavant désigné par l'abréviation *I*).

L'œuvre d'Anne-Marie Alonzo a fait l'objet de lectures lacanienne (Anne-Marie Picard), intertextuelle (Maïr Verthuy) et paratextuelle (Lucie Joubert). Pour ma part, je désire procéder à une lecture sociocritique de *L'immobile*, afin de montrer que l'écriture d'Anne-Marie Alonzo, même si elle est définie par l'introspectif et le poétique – dont *Galia qu'elle nommait amour* représente certes un des points culminants –, demeure profondément ancrée dans un contexte sociologique et historique spécifique[1]. Pour cerner les contours de cette écriture, je me suis intéressée aux occurrences textuelles ayant comme résultat de créer un effet de réel puissant, à ces traces de hors-texte qui inscrivent le personnage au cœur d'une société donnée. Ce qui en ressort se propose comme l'affirmation d'une stratégie ou d'un «scénario auctorial», pour reprendre les termes de José Luis Diaz (1993, 1997), avec ses postures, ses influences et son imaginaire propres, une manière de portrait de l'écrivaine dont les signes cotextuels racontent les origines et les projets. Comme l'affirme Lucie Lequin, «par leur pouvoir de gestation, les mots, malgré le fragmentaire, donnent naissance au moi et dessinent un espace d'appartenance» (1994 : 309).

S'agissant d'un recueil de lettres, on pourrait penser que *L'immobile* se prête aisément à une lecture sociocritique. Radiographie d'une jeune fille, puis d'une femme qui combat l'irréversible et décrit l'insoutenable, l'œuvre ne facilite pourtant pas la recherche de signes d'identité. L'épistolière dévoile bon nombre de détails liés à sa vie de recluse, tout en demeurant mystérieuse sur plusieurs réalités essentielles.

La profonde identification de l'écrivaine à l'intimité de l'activité scripturaire, clairement présentée comme un remède, particularise le point de vue. Le personnage se présente de l'intérieur, au centre d'un corps prisonnier, à la frontière de la réalité et de la fiction. Rappelons en effet le paradoxe posé par ces lettres fictives qui, à l'exception de celles qui s'adressent à Colette et à Galia, sont destinées à des personnes réelles : de surcroît, ces personnes sont profondément inscrites dans l'agir sociétal. Ce fait n'est pas anodin. Il ne faut pas se laisser duper par l'emploi des

---

1. Je me réfère à la sociocritique pratiquée par Claude Duchet, dont les énoncés sont présentés notamment dans les articles suivants : «Pour une socio-critique ou variations sur un incipit» (1971), «Une écriture de la socialité» (1973) et «Positions et perspectives» (1979).

noms véritables des destinataires et admettre le puissant désir d'affiliation qui définit *L'immobile* : « [...] un désir d'affiliation qui se traduit par un
recours soutenu aux dédicaces, épigraphes, ou autres formes d'expression. Toutes ces contraintes sont autant de manifestations d'une volonté
de se rattacher à un monde sans cesse en mouvance » (Joubert 1994 : 297).
Il faut voir à travers ces choix formels une volonté d'intégrer dans une
réalité explicitement définie une œuvre marquée jusque-là au sceau de
l'intériorité. Anne-Marie Alonzo commente ainsi l'expérience de *L'immobile* :

> Je me suis concentrée, à tort ou à raison, l'avenir le jugera, sur
> mon état physique et ses conséquences morales. Ceci dit, il y a eu
> des escapades. On a le droit de s'échapper d'une prison. *L'immo-
> bile* pour moi a été une des premières escapades sérieuses que
> j'ai tenté de faire. Je parle de l'immobilité, c'est-à-dire d'un état
> beaucoup plus clément, beaucoup plus acceptable que la paraly-
> sie, tout en étant quand même... enfin il n'y a pas de mots pour
> expliquer qu'on puisse passer une vie dans un corps immobile.
> Et ce qui est très important dans ce texte-là, c'est le partage, le
> fait d'accepter de dire à ses amies l'état de la douleur dans des
> mots simples. (Dupré 1994 : 243)

Épousant le même mouvement d'ouverture, Alonzo publie, presque
en même temps que *L'immobile, La vitesse du regard : Autour de quatre
tableaux de Louise Robert* et, plus tard, *Margie Gillis : La danse des marches*,
deux œuvres dans lesquelles un dialogue s'engage avec des femmes
artistes.

Voyons d'un peu plus près l'identité civile de l'épistolière. Ses nom
et prénom sont omis. Le lecteur et la lectrice les associent à ceux de
l'auteure du recueil par pure convention littéraire, même si les lettres ne
sont pas signées et même si les pistes sont brouillées : alors que la première de couverture annonce des « lettres », le résumé de la quatrième de
couverture parle de « fiction épistolaire ». Une femme de trente-huit ans
écrit vingt-quatre ans de vie « assise » depuis l'été de 1966, et le projet littéraire est celui de toujours : « En parler encore ! L'écrire, dire, inévitablement ce qui déjà, sous toutes formes d'articles, livres, rencontres, débats,
a été dit. En parler encore » (I, 17). L'écriture est une ambition : jeune fille,
Alonzo voulait devenir journaliste, puis poète. Au moment de la publication de *L'immobile*, l'écrivaine est théoriquement dans la force de l'âge.

Mais la fatigue est là, écrasante, qui bloque tout espoir, laissant la passion derrière. La démission est imminente.

Le fait qu'Alonzo s'adresse généralement à des femmes plus âgées ne l'empêche pas de se poser en égale, sauf dans les lettres destinées à Monique Bosco et à Françoise Loranger, où elle emprunte le rôle de disciple. Le lien avec la mère, indispensable, est très étroit. De *Geste*, « Je voudrais être seule ne le suis jamais le serai toujours » (29), à « La mort d'Héliane », le texte est traversé par cette dépendance.

Les éléments de psychopathologie, directement influencés par ce qui constitue le cœur de la démarche littéraire – le handicap – , envahissent le texte. L'origine sociale est inconnue, mais le statut d'immigrante est revendiqué. La résidence est située dans la région montréalaise. La génération est celle de la contre-culture et du féminisme. L'orientation politique n'est pas précisée. Affiliations culturelles : québécoises et étrangères. Pratique religieuse : aucune. Position dans le champ littéraire : après plus de dix ans de carrière et malgré les difficultés, l'auteure a atteint un degré élevé de sociabilité dans la vie des lettres.

« Femme, immigrante, handicapée » (I, 26) : voilà trois appels à la création. Louise Dupré fait remarquer que « le désir de mettre en mots cette douleur, de la faire partager, est le principal moteur de l'écriture » (Dupré 1992-1993 : 51). Le style même en est affecté. « Assise à perpétuité », « forteresse encerclée, sanglée, attachée » (I, 19), la solitude du cœur et de l'esprit est son lot. La jeune sportive de quatorze ans, après l'accident de voiture du 5 juillet 1966, est dépossédée de son corps comme du pouvoir de plaire. Ainsi, l'écriture sauve du naufrage. Mais sans l'accident, aurait-elle choisi cette forme d'expression ? Question sans réponse, mais question qui court dans un texte où le souvenir du drame s'imbrique dans le récit des lendemains qui déchantent.

L'identité civile du personnage ne saurait être établie sans tenir compte également de son identité textuelle. S'agissant de lettres, l'énonciation à la première personne met l'accent sur le personnel, l'individuel. Personnage principal, Alonzo se raconte, et tout le volume textuel est occupé par sa figure, présence constante. Le handicap, en plus de constituer un quasi-statut particulier – il lui faut « pour l'impôt, des preuves, annuelles » (I, 20) – , tient lieu d'opposant dans la logique actantielle du récit. La prise de parole par le sujet est totale, les lettres mêmes restent sans réponse. L'immobilité est transcendée par une énonciation directe qui fait de chaque destinataire une complice.

Sur le plan de l'intertextualité, autre important indice d'identité textuelle qui nous renseigne sur l'univers culturel de référence de l'écrivaine, la première place est réservée à Hélène Cixous, auteure des épigraphes mises en exergue à chaque lettre. Seconde parenté, Alonzo réserve sa première lettre à Colette, elle aussi prisonnière, d'abord de Willy, puis, dans les dernières années, d'une fracture qui la force à garder le lit. En choisissant cette célèbre dédicataire, Alonzo entre dans le monde, légitime son activité artistique en l'associant à une figure marquante de la littérature du XXe siècle. Marcel Proust est aussi appelé à témoigner, écrivain cloîtré, victime de l'asthme, du bruit et de la confusion du jour, amant de la nuit et de l'inspiration qu'elle procure. Enfin, des compositeurs sont convoqués, Brahms et Bellini, qui rappellent le rêve ancien de devenir chef d'orchestre, entrouvrant cette fenêtre de la vie alternative, celle qui aurait été vécue sans le fatal accident.

Le paratexte est riche d'évocations. Les titres, les dédicaces et les épigraphes sont autant de «décors» qui contribuent non seulement à la mise en scène mais à la mise au monde du texte.

L'appareil paratextuel joue un rôle primordial dans la stratégie publicitaire du texte. Pourquoi se taire, lorsque se taire veut dire mourir? Il faut miser sur la publicité, et il faut le faire avec audace: «*Ne pas être limitée. Pas dans un genre seul. Faire surgir l'écrit. Le faire exploser du roman au récit au théâtre au cinéma. Habile mélange de lettres et de fiction. L'habile mise en place. Mais où s'arrête le désir de l'écrivain à devenir public*» (I, 32; en italiques dans le texte). Voilà le projet de ce personnage quatre fois marginalisé, femme, immigrante, handicapée et écrivaine, qui vient rejoindre une catégorie particulièrement nombreuse des écrivains fictifs québécois, celle des laissés-pour-compte, des inadaptés, des «écorchés vifs»[2]. Pensons à Angéline de Montbrun, au narrateur de *Prochain épisode*, à Pauline Archange, à Abel Beauchemin, à Jack Waterman, à la narratrice de *La Québécoite*[3]. L'écriture n'est-elle pas une forme d'art particulièrement apte à dénoncer l'injustice, l'absurde, l'intenable – moral ou physique, réel ou imaginaire?

Chez Alonzo, il n'y a qu'un pas du témoignage à la fiction. De fait, à quoi bon demander des comptes à l'auteure sur l'appartenance générique de ses écrits? Louise Dupré montre que, dans *Geste*, l'élimination de la distinction entre fiction et réalité installe un pacte poétique où le métissage des genres traduit des problèmes d'affirmation et d'expression du

---

2. Voir la typologie du personnage de l'écrivain dans le texte romanesque québécois (Tremblay 2004).
3. Voir les romans de Laure Conan, Hubert Aquin, Marie-Claire Blais, Victor-Lévy Beaulieu, Jacques Poulin et Régine Robin.

moi (Dupré 1992-1993). La matière autobiographique servirait à la structuration du sujet, puisqu'elle se trouve réifiée par un langage poétique subversif. Anne-Marie Picard voit de son côté dans *L'immobile* la « mise-en-marche d'un corps symbolique au lieu du corps réel immobile », corps symbolique capable d'entrer en relation avec les autres (Lequin et Verthuy [1994 : 233], en référence à Picard). L'Autre fait son entrée dans l'œuvre, aussi bien dans les lettres-fiction de *L'immobile* que dans *Galia*, où le poème, fait de chair ou de son absence, se détache de toutes contingences.

La fonction salvatrice de l'écriture, même une fois la passion en allée, est explicite dans la belle lettre adressée à Françoise Loranger, à qui l'écrivaine en herbe faisait lire ses textes : « J'étais folle, sûrement, exaltée comme toutes les adolescentes, prête à tout, confondant vie et mort, pourvu que j'y trouve un brin de passion. J'étais follement vivante. Aujourd'hui, j'écris pour que ma respiration prenne son temps » (*I*, 41). On retrouve la même motivation plus loin, ramenée cette fois à une survie essentiellement physique : « Aujourd'hui je lis pour stabiliser mon pouls » (*I*, 42). La forme choisie des lettres-fiction supplée à l'impossibilité de se rendre chez les destinataires. Tantôt l'absence de voiture, tantôt la présence d'un escalier, chaque obstacle force l'auteure à choisir la communication épistolaire.

Anne-Marie Alonzo se confesse sur la part d'ombre de son écriture, sur la fonction sacrificielle, punitive, voire mortifère qu'elle a pu assumer, entre autres dans *Geste* :

> *J'ai écrit d'un jet comme pour salir, souiller les pages, les rendre témoins, lourdes de toutes les conséquences, les attaquer, ces feuilles, faire des mots, des armes, les aiguiser, armes blanches, muettes, tranchantes, efficaces. Offrir, en sacrifice, cette douleur au livre-à-venir et par lui, punir qui le lira : prenez et lisez, ceci est mon corps lacéré, il n'est plus utile ni agréable à regarder, détournez-vous et lisez, vous ne m'échapperez pas.* (*I*, 59 ; en italiques dans le texte)

Toutefois, dans *L'immobile*, l'auteure entre aussi en contact avec ses amies pour rappeler, célébrer la complicité passée. Ces lettres déclenchent le souvenir de coups de téléphone, le soir, main tendue dans la nuit. À celles qui traversent à leur tour une période difficile – séparation, maladie, immobilisation forcée – elle offre, empathique, compréhension et consolation. Un voile se lève sur les destinataires : « Chaque lettre met en scène la douleur de celle qui l'écrit ; chaque lettre pourtant se fait selon la personnalité de la destinataire, comme si chaque fois une réponse allait surgir » (Verthuy 1994 : 276). L'auteure rend hommage à celles qui, jadis, l'invitaient à s'attarder sous leur toit. Elle les remercie. L'entière vulnérabilité avec laquelle la « femme assise » s'offre au regard du lecteur, de la lectrice, encore bien plus qu'à ces destinataires « fictives », est émouvante. Que reste-t-il sinon l'amitié, lorsqu'on voudrait être à la place des morts, lorsque même la foi est chancelante : « Parfois je me dis : "Si je pouvais apprendre à prier." Parfois je me dis cela. À force de tomber, la croix tue » (*I*, 110).

Des « semelles encore neuves dans vingt ans » (*Geste*, 47) jusqu'à la « languimage » de *La vitesse du regard*, d'un train à un autre, celui de « Twenty-Seven Hours » qui transporte la famille de Halifax à Montréal jusqu'à celui qui passait au moment de l'accident, l'œuvre d'Alonzo répète sa litanie, son unique sujet : « Écrire de douleur » (*Veille*, 81). L'analyse de l'identité textuelle, c'est-à-dire de la mise en texte de ce portrait d'écrivain, montre une écriture hachurée, souffrante, battue par l'émotion pure. L'écriture sauve pourtant, puisque *L'immobile* clôt le cycle de la paralysie par une *Lettera d'amore* qui s'ouvre à la Poésie. *Galia qu'elle nommait amour* représentera la naissance du corps volant, corps qui peut soutenir le regard de l'autre, corps dansant, quintessence de cette liberté dont l'auteure est si jalouse. Ainsi, *L'immobile* aura servi de tremplin, d'échappée belle, préfigurant l'envol lyrique de *Galia*.

Bibliographie

Aquin, Hubert (1995). *Prochain épisode*, édition critique établie par Jacques Allard, ÉDAQ, tome VIII, vol. 3, Montréal, Bibliothèque québécoise [Paris, Cercle du livre de France, 1965].

Beaulieu, Victor-Lévy (1974). *Don Quichotte de la Démanche*, Montréal, Éditions de l'Aurore.

Blais, Marie-Claire (1968-1970). *Manuscrits de Pauline Archange*, Montréal, Éditions du Jour, 3 volumes.

Conan, Laure [1884] (1988). *Angéline de Montbrun*, Montréal, Bibliothèque québécoise.

Diaz, José Luis (1993). « L'écrivain comme fantasme », dans Catherine Coquio et Régis Salado (dir.), *Barthes après Barthes : Une actualité en questions*, Actes du *colloque international de Pau*, Pau, Publications de l'Université de Pau, p. 77-87.

_____ (1997). *L'écrivain imaginaire: Scénographies auctoriales à l'époque romantique (1770-1850)*, thèse d'État de lettres, Université de Paris VIII.

Duchet, Claude (1971). «Pour une socio-critique ou variations sur un incipit», *Littérature*, n° 1 (février), p. 5-14.

_____ (1973). «Une écriture de la socialité», *Poétique*, n° 16, p. 446-454.

_____ (1979). «Positions et perspectives», *Sociocritique*, Paris, Nathan, coll. Nathan-Université, p. 3-8.

Dupré, Louise (1992-1993). «La prose métisse du poème: sur Anne-Marie Alonzo», *Québec Studies*, n° 5 (automne-hiver), p. 51-56.

_____ (1994). «Écrire comme vivre: dans l'hybridité. Entretien avec Anne-Marie Alonzo», *Voix et images*, n° 56 (hiver), p. 238-249.

Joubert, Lucie (1994). «Le paratexte chez Anne-Marie Alonzo: invitation à une lecture de la complicité», *Voix et images*, n° 56 (hiver), p. 297-308.

Lequin, Lucie (1994). «Du mot surgit l'écriture: Anne-Marie Alonzo, au pays des merveilles», *Voix et images*, n° 56 (hiver), p. 309-317.

Lequin, Lucie et Maïr Verthuy (1994). «Présentation», *Voix et images*, n° 56 (hiver), p. 232-234.

Picard, Anne-Marie (1994). «L'Autre à *Tu*-tête: la lettre de *L'immobile*», *Voix et images*, n° 56 (hiver), p. 250-267.

Poulin, Jacques (1984). *Volkswagen Blues*, Montréal, Québec/Amérique.

Robin, Régine (1993). *La Québécoite*, Montréal, Typo [Québec/Amérique, 1983].

Tremblay, Roseline (2004). *L'Écrivain imaginaire: essai sur le roman québécois (1960-1995)*, Montréal, Hurtubise HMH, coll. «Cahiers du Québec: Littérature».

Verthuy, Maïr (1994). «Aujourd'hui Schéhérazade a appris à écrire: Anne-Marie Alonzo et l'entreprise de vivre», *Voix et images*, n° 56 (hiver), p. 268-278.

Écrire la lesbienne immobile

ROSEANNA DUFAULT

À travers son œuvre impressionnante, Anne-Marie Alonzo a consacré un grande part de sa poésie et de sa fiction à explorer en profondeur les rapports entre femmes : mère-fille, collaborations artistiques, amitiés, amitiés amoureuses. C'est surtout la vie des femmes qui l'intéresse, comme elle l'a dit, « je choisis de parler des femmes : c'est un monde que j'aime représenter » (Dupré 1994 : 245). En évoquant l'intimité où les amantes expriment leur tendresse mutuelle, l'auteure a recours à un lyrisme exceptionnel. En même temps, elle laisse entrevoir les difficultés éprouvées par une femme qui ne peut se déplacer qu'en fauteuil roulant. Cet article vise à examiner comment elle traite de l'amour, surtout dans trois textes portant sur Galia, un personnage ambigu et métaphorique, tour à tour narratrice, amante, et alter ego de l'auteure. Il s'agit de *Galia qu'elle nommait amour*, un conte lyrique paru en 1992, et de deux lettres fictives, « À propos de Galia », adressée à l'actrice France Castel, et « Lettera d'amore », intitulée « Pour Galia », publiées dans *L'immobile* en 1990. Comme nous allons le voir, ces trois textes révélateurs éclairent la contribution importante d'Anne-Marie Alonzo à la littérature lesbienne.

Comment définir la littérature lesbienne ?

Tout d'abord, il serait peut-être utile d'établir une définition pratique de ce qui caractérise la littérature lesbienne afin d'examiner dans quelle mesure l'œuvre d'Alonzo s'y inscrit. Comme plusieurs critiques l'ont constaté (voir Farwell, Bennett, et Faderman, par exemple), établir une telle définition s'avère difficile si on tient compte des différents contextes historiques et culturels des textes et de leurs auteures. On peut soutenir, cependant, qu'il importe que l'auteure soit considérée comme lesbienne, de préférence à partir de sa propre affirmation (quand les conditions historiques et culturelles le permettent). « Il est fort possible que seule une écrivaine lesbienne féministe engagée puisse, dans le contexte de notre culture, réussir à transmettre une image convaincante des femmes non domestiquées (c'est-à-dire, des vraies lesbiennes) », comme l'écrit Elaine Marks (1979 : 373, ma traduction[1]).

Il faut également considérer la qualité littéraire des récits que, selon ces paramètres, l'on pourrait qualifier de lesbiens. Adoptant une perspective historique, Lillian Faderman a signalé un certain nombre de textes lesbiens dont la valeur littéraire se trouve affaiblie par une regrettable insistance sur des notions préconçues au sujet des personnages lesbiens. Faderman déplore quant à elle que la lesbienne soit si souvent dépeinte comme une personne diabolique, maladive, ou brillante. À son avis, les meilleurs textes évitent les débats et préjugés conventionnels et montrent la lesbienne franchement, « comme une personne qui fait face à une panoplie de problèmes dans la vie » (1995 : 56).

C'est aussi l'opinion de Marilyn Farwell, qui propose une définition universelle qui convient bien au contexte de notre étude :

> À mon avis, le récit lesbien n'est pas forcément une histoire écrite par une lesbienne au sujet des lesbiennes, mais plutôt une intrigue où s'affirme un espace pour la subjectivité lesbienne, un espace narratif où des personnages lesbiens et d'autres personnages féminins peuvent évoluer en tant qu'agentes actives et désirantes. (1995 : 157)

Comment inscrire l'œuvre d'Alonzo dans la littérature lesbienne ?

Selon les critères esquissés ci-dessus, nous pouvons constater que l'œuvre d'Alonzo apporte un élément riche et de la plus haute qualité au corpus littéraire lesbien, d'autant que c'est avant tout le désir féminin qui domine ses textes.

---

1. Toutes les traductions sont de l'auteure.

En ce qui concerne l'amour des femmes, Alonzo affirme que des femmes fortes, surtout sa mère, sa grand-mère, ses tantes et ses amies (qu'elle considère comme sa famille), « ont influencé [sa] vision des choses » (Dupré 1994 : 245). C'est pour cela qu'elle choisit délibérément de représenter uniquement la voix des femmes dans son œuvre : « C'est un geste politique », dit-elle (Dupré 1994 : 245).

Écrire en tant que lesbienne est assurément une entreprise radicale, d'autant plus pour une lesbienne quadriplégique. Shelley Tremain a d'ailleurs bien fait ressortir l'importance de ce fait dans son introduction à l'anthologie *Pushing the Limits, Disabled Dykes Produce Culture*. Toutes les collaboratrices de cet ouvrage – y compris Alonzo, qui signe deux textes – « veulent être reconnues comme lesbiennes, et personnes handicapées. Parce que ces écrivaines, artistes, et musiciennes refusent de demeurer ignorées, elles repoussent les limites » (1996 : 21). Comme Tremain l'explique, écrire en tant que lesbienne handicapée constitue une activité « transgressive » essentielle, au sens où l'on « conteste certains mythes au sujet de la qualité de la vie des personnes handicapées ». En exprimant le désir entre femmes aussi bien que le supplice de l'immobilité, Alonzo se rend doublement visible face à des institutions et à des attitudes sociales vouées à occulter son existence. Elle occupe ainsi un espace unique et significatif dans la littérature francophone : elle subvertit la marginalité sociale de la lesbienne handicapée en lui accordant une voix désirante et désirée.

Néanmoins, tout en s'identifiant comme lesbienne et handicapée, Alonzo évite les déclarations polémiques. L'identité lesbienne est loin d'être l'aspect dominant de sa personnalité, bien qu'elle ait son importance, surtout pour son travail littéraire :

> Moi, dit-elle parfois, je suis différente, subversive, regardez mes vies au pluriel, regardez mes qualifications – suis femme immigrée handicapée poète éditrice et [...] – un mot seul ne sera pas écrit. [...] et cependant ce petit mot écrit ce texte [...]. (133)

De même, Alonzo écrit dans sa lettre à France Castel : « Je ne suis pas – tu as raison – qu'immobile. Je le suis aussi, le suis surtout » (*Immobile*, 144). En exprimant ces deux réalités elle se garde bien de « faire des livres-pamphlets » : « Je n'ai pas envie qu'on me prenne pour une militante pour les droits des personnes handicapées. L'écriture est un travail. Si ce travail fait avancer quelque chose, tant mieux. Si mon écriture permet à d'autres femmes d'y voir un féminisme, un lesbianisme non radical, une prise de position sérieuse et sévère pour l'écriture d'abord et avant tout, bravo » (Dupré 1994 : 245-246).

Comment exprimer l'amour lesbien ?

Comme le rappelle Faderman dans *Surpassing the Love of Men*, l'essentiel de l'amour lesbien, c'est « l'affection, la réciprocité, le soutien mutuel, la fidélité, et surtout l'amitié » (1981 : 329-330). Marks affirme également que rien ne dépasse « l'harmonie totale » ni « le plaisir constant » éprouvés par les amantes (1979 : 359). Pour sa part, Alonzo témoigne de ces aspects des relations lesbiennes à plusieurs reprises dans *Galia*, où les amantes expriment une extrême tendresse l'une pour l'autre. Elles veillent, attentives, prêtes à répondre aux besoins de l'autre. Par exemple, les « doux yeux de Galia voient tout, ne ratent rien, ni le geste intérieur » (50), et encore, « je suis là et là, dors, appelle-moi, l'amie répondait à tout, ne cessait d'être là » (43). Il est souvent question de consolation : « Galia lui sourit, puis l'embrassa sur les paupières closes, lécha, une à une, les larmes, avant de les voir couler » (61). La joie surgit aussi, et l'auteure évoque alors le rire de Galia. Avant tout, les amantes se comprennent : « tu me connais mieux que toi-même. / Et moi, toi. » (78). Dans la lettre « À propos de Galia », Alonzo réitère l'importance de la compréhension mutuelle : « Galia n'a pas besoin d'explication », et plus loin, « Elle vit avec Galia tant leurs âmes se jumellent » (*Immobile*, 136).

Non seulement Alonzo souligne-t-elle les liens étroits tissés par l'amitié amoureuse, mais elle met aussi en évidence la passion sensuelle. Dans les passages où elle parle spécifiquement de l'expression physique de l'amour, elle évoque surtout la nourriture, l'ambiance, la musique, les paroles, et les caresses. Au-delà de ces éléments traditionnellement associés à la séduction, ce qui importe ici, c'est la manière dont l'auteure s'en sert pour créer son propre univers érotique. Une manière d'exprimer l'amour, c'est de nourrir la bien-aimée. Dans *Galia*, Alonzo décrit la préparation d'un régal de délices exotiques : elle « chercha de l'eau, fit du thé, sortit les dattes et raisins secs, sortit de petits biscuits de son sac, éplucha des mandarines, mit des morceaux de fromage sur les biscuits et attendit que, de lourd sommeil, Galia se tire » (62). Un passage semblable de *Bleus de mine* exprime le partage d'une façon encore plus explicitement sensuelle : « mes lèvres tendent / n'attendent de nourriture que baiser. / De toi naît alors tout appétit. / Ainsi de la langue à la mienne et autrement se posent / tous aliments tu bois et moi par ta bouche » (22).

Chez Alonzo, la tente, espace intime évoquant l'exotisme du Moyen-Orient et de l'Égypte, constitue un lieu idéal pour la séduction. Aussi, dans *Seul, le désir*, un arbre sert de tente : la scène de séduction se déroule « Sous un catalpa en fleurs » (23). De même, *Galia* se conclut par une réconciliation : « elles se couchèrent sous la tente et le ciel n'en sut rien » (109).

La musique est aussi un élément essentiel à l'expression de l'amour. Dans *Galia*, c'est la musique de l'Égyptienne Om Kalsoum qui séduit : « Galia sentit la voix la happer, l'avaler, elle sentit la voix la lécher, la mordiller, lui faire la cour, elle sentit la voix entrer en elle de toutes ses forces, la sentit la frôler, la caresser, poser ses doigts sur ses âmes, les envelopper, les pétrir » (108). La musique classique intervient aussi ; les amantes écoutent les voix des cantatrices du *Stabat Mater* de Pergolèse qui semblent se faire la cour par le jeu des contrastes entre les deux registres, « l'alte et la légère » : « les voix montaient, se touchaient, se quittaient, s'affrontaient tandis qu'elle écoutait recueillie, Galia tout contre elle » (59). Alonzo reprend ici un motif déjà introduit dans *Bleus de mine* : « Tu chantes / en moi retient l'écho / ainsi se lient / de voix registres ainsi s'allient de voies » (17). Et encore : « Ta voix surtout / d'alte profonde ou soprane tu vibres commences / cesses soudain alors je dis supplie ne cesse ! / enchantée » (44).

La voix semble être la meilleure arme de séduction de Galia. Son amante se souvient des débuts de leur relation : « Un appel, une voix, un chant tout d'abord – toi, parachutée » (75), et encore, « depuis le premier souffle de ta voix, je t'aime toute et entière » (79), puis « Ta voix me courtise, je chavire Galia » (82). Une formule dans *L'immobile* résume à elle seule l'importance des paroles, conversations et chansons : « Nous faisons l'amour des voix » (147). Tandis que, dans *Seul, le désir*, la narratrice déclare : « Tu appelles et ta voix d'*alte* chaude voix d'alcool voix grillée me fait ce qui se dit d'amour » (35).

La séduction de la voix se lie tout naturellement à la parole. « Galia était femme de paroles » (*Galia*, 47). Dans *L'immobile*, Alonzo écrit, dans une lettre à Galia, « tu es insatiable de lettres, de phrases, de mots » (147). Ses personnages expriment leur amour « en langues nouvelles et langues étrangères » (*Galia*, 87), en italien surtout. Ce vers concis dans *Bleus de mine* évoque l'intimité des amantes unies : « Ta main ma joue et tous les langages » (10).

Associées à la nourriture, à la voix et à la parole, les lèvres jouent un rôle essentiel dans l'expression physique de l'amour, comme on le voit dans l'extrait suivant : « Elle souleva alors les soieries, dénuda le ventre blanc, y posa si légèrement ses lèvres que Galia frémit, y posa ses lèvres, puis sa joue et ses lèvres encore, tant elle se sentait bénie » (*Galia*, 73). Un passage similaire dans *Bleus de mine* souligne la douceur et la tendresse des lèvres : « Par instants alors mes lèvres te frôlent effleurent / mes lèvres plongent et pleurent du doux plaisir » (42).

Comment exprimer l'amour chez la lesbienne immobile ?

Toutes ces expressions d'amour (les soins attentifs, la nourriture sensuel-lement partagée, l'appréciation mutuelle de la musique, les nuances de la voix, les paroles d'amour et l'effleurement des lèvres) sont à la dispo-sition de l'amante dont les mouvements sont limités.

Dans le quotidien, une personne sévèrement handicapée fait face à de nombreux défis, d'ordre physique et psychique, et Alonzo exprime à sa manière des préoccupations partagées par d'autres femmes qui vivent une situation semblable. Plusieurs des auteures réunies dans l'antholo-gie *Pushing the Limits* se soucient des difficultés liées au maintien d'une relation, à la perte éventuelle de l'amante, à la rencontre d'une nouvelle amante, et aussi de trouver des manières satisfaisantes de faire l'amour.

On a amplement démontré comment la société tend à considérer les personnes handicapées comme étant asexuées, sinon invisibles (Tremain 1996 : 15). Ayant assimilé ces perceptions négatives, ces dernières ont souvent du mal à accepter leur propre corps, douloureux pour elles-mêmes, craint et rejeté par les autres. Elles doivent surmonter le rejet de soi afin d'être en mesure d'accepter les marques d'attention sexuelle et amoureuse (Loulan 1984 : 152-153).

Pour sa part, Alonzo fait écho aux inquiétudes exprimées par d'autres lesbiennes handicapées, en les abordant directement dans cer-taines lettres de *L'immobile* et à travers les émotions contradictoires des personnages de *Galia*.

Dans *Galia*, « Elle » ou la narratrice cherche ardemment à se remettre d'une rupture, désire aimer et être aimée à nouveau, mais éprouve une extrême difficulté à franchir le seuil d'une nouvelle relation. Sa détresse s'exprime par des énoncés contradictoires : « Tu me sauves » puis tout de suite après, « Tu me noies de chagrin » (82). Même après avoir fait son deuil, elle hésite et vacille avant de s'engager à nouveau : « Je n'ai plus l'âge des amourettes » (85). Elle a beaucoup à perdre : « la blessure pouvait tuer, elle mourait de la perte de Galia » (91). Elle provoque son amante en lui lançant une série d'accusations : « Tu triches, fabriques entre nous » (84), « Tu veux le cœur d'une femme, le corps d'un homme » (80), « tu voudrais autre que moi » (84), « Tu ne sais plus ce que tu veux » (80). De cette manière, elle l'oblige à lui déclarer son amour, à la convaincre. Ces conversations imitent en quelque sorte le jeu des voix du *Stabat Mater* : « les voix montaient, se touchaient, se quittaient, s'affrontaient » (59).

Ce besoin extraordinaire d'être rassurée révèle à quel point l'immobilité constitue un obstacle à l'amour. Dans *L'immobile*, dans une lettre adressée à Françoise Faucher, Alonzo affirme : « J'ai fait le deuil d'une vie amoureuse, [...] le quotidien tue toute forme de passion » (112). Dans sa « Lettera d'amore » à Galia, elle avertit celle-ci : « Il est impossible, sache-le, d'aimer l'immobile en moi, impossible de saisir, de toucher, frôler. Je suis intouchable, ne suis palpable ni offerte » (144). Cette lettre exprime la même ambivalence que chez la narratrice de *Galia*, qui repousse son amante puis la rappelle. L'épistolière écrit « Suis immobile, paralytique, je ne veux pas de toi », avant de se rétracter : « Ne pars pas, reste, comprends, accepte [...] garde-moi ! » (144). Elle poursuit avec une supplication : « Je te demande de jauger, de juger si je suis digne d'amour même – surtout – immobile » (144). Dans *Galia*, l'auteure fait allusion à l'immobilité à plusieurs reprises. À un moment, dans une évocation frappante de la paralysie, « elle se vit enterrée dans le sable, la tête, seule, dépassant » (95). Au début du conte, « Elle » exprime son désespoir en rappelant l'immobilité : « Elle n'avait de si longtemps bougé, ni danse, ni chant, ni marche, n'avait de réel état » (31). La possibilité de trouver l'amour lui semble aussi invraisemblable que de voir pousser un arbre dans le désert : « c'est comme pour les arbres ! il ne peut y avoir d'arbres dans ce désert, ni arbre, ni fleur » (31). Lorsqu'elle croit apercevoir un arbre, réel ou imaginaire, elle s'en effraie (28), comme plus tard elle aura peur de se lier avec Galia, à qui elle déclare : « Tu m'es danger, amour » (81).

Les personnages ne trouveront pas de solution facile. Blessée, Galia quitte la narratrice après avoir reçu une lettre de rejet trop dure. Heureusement, Galia « aimait la lutte » (104) et se montre à la hauteur du défi. Après une pénible séparation, elle se réconcilie avec « Elle », qui réussit enfin à surmonter ses difficultés et s'abandonne à l'amour. Dans ses textes, Alonzo réussit admirablement bien à évoquer le corps lesbien désirant et désiré, « immobile » ou en mouvement.

Dans *Pushing the Limits*, Tremain affirme que la lesbienne handica-pée est doublement niée ; son existence même « est inconcevable » (1996 : 15) selon les constructions sociales conventionnelles. De ce point de vue, nous pouvons conclure que, dans la mesure où Alonzo exprime le désir entre femmes aussi bien que le supplice de l'immobilité, elle se rend dou-blement visible face à des institutions et à des normes sociales vouées à nier son existence. Bien qu'elle se considère comme étant ni radicale ni militante, son œuvre demeure politique du fait même qu'elle traite de l'amour lesbien dans le contexte du corps immobile. En se donnant ainsi du pouvoir à elle-même ainsi qu'à ses lectrices et à ses lecteurs grâce à sa parole audacieuse, elle occupe un espace unique et significatif dans la lit-térature.

Bibliographie

Bennett, Paula (1995). « Lesbian Poetry in the United States, 1890-1990 », dans George Haggerty et Bonnie Zimmerman (dir.), *Professions of Desire : Lesbian and Gay Studies in Literature*, New York, MLA, p. 98-110.

Dupré, Louise (1994). « Écrire comme vivre : dans l'hybridité. Entretien avec Anne-Marie Alonzo », *Voix et images*, n° 56 (hiver), p. 238-249.

Faderman, Lillian (1981). *Surpassing the Love of Men*, New York, Morrow.

———— (1995). « What is Lesbian Literature ? Forming a Historical Canon », dans George Haggerty et Bonnie Zimmerman (dir.), *Professions of Desire : Les-bian and Gay Studies in Literature*, New York, MLA, p. 49-59.

Farwell, Marilyn (1995). « The Lesbian Narrative : The Pursuit of the Inedible by the Unspeakable », dans George Haggerty et Bonnie Zimmerman (dir.), *Pro-fessions of Desire : Lesbian and Gay Studies in Literature*, New York, MLA, p. 156-168.

Lequin, Lucie (1994). « Du mot surgit l'écriture : Anne-Marie Alonzo, au pays des merveilles », *Voix et images*, n° 56 (hiver), p. 309-317.

Loulan, JoAnn (1984). *Lesbian Sex*, San Francisco, Spinsters / Aunt Lute.

Marks, Elaine (1979). « Lesbian Intertextuality », dans Elaine Marks et George Stambolian (dir.), *Homosexualities and French Literature*, Ithaca (New York), Cornell University Press, p. 353-377.

Tremain, Shelley (1996). « We're Here. We're Disabled and Queer. Get Used to It », dans Shelley Tremain (dir.), *Pushing the Limits : Disabled Dykes Produce Cul-ture*, Toronto, Women's Press, p. 15-23.

Verthuy, Maïr (1994). « Aujourd'hui Schéhérazade a appris à écrire : Anne-Marie Alonzo et l'entreprise de vivre », *Voix et images*, n° 56 (hiver), p. 268-278.

Le désert dans *Galia qu'elle nommait amour*: arabesques féminines

MICHÈLE BACHOLLE-BOŠKOVIČ

Dans *Les hommes qui marchent*, premier roman de l'écrivaine algérienne Malika Mokeddem, Zohra, descendante de nomades, conjure par ses contes l'immobilisme auquel elle est forcée. Par les mots, elle perpétue le désert. Si, comme nous allons le voir, le désert dans *Galia qu'elle nommait amour* (1992) diffère de celui mis en mots par Mokeddem, désert et mots sont ici également liés à la tentative d'Anne-Marie Alonzo de vaincre l'immobilisme[1]. Comme Zohra et comme Mokeddem, Alonzo est une conteuse – sous le titre de son texte figure la mention « un conte » – et ces paroles de Zohra pourraient tout autant s'appliquer à elle:

> J'ai à présent l'âge de mes contes. J'ai la tête lestée de mots. [...] [Les mots] tourbillonnent en nous et cinglent nos mémoires. Je voudrais vous dire leurs joies et leurs peines. Je voudrais me décharger avant le dernier sommeil. Cependant, sachez qu'un conteur est un être fantasque. Il se joue de tout. Même de sa propre histoire. Il la trafique, la refaçonne entre ses rêves et les perditions de la réalité. Il n'existe que dans cet entre-deux. Un « entre » sans cesse déplacé. Toujours réinventé. (Mokeddem 1997: 11-12)

Dans *Galia*, Alonzo est cet être fantasque qui manipule son histoire, qui fait fi de son immobilisme, qui, comme Mokeddem et ses personnages,

---

1. Rappelons que par suite d'un accident de voiture, Alonzo est depuis l'âge de quatorze ans « immobile » – terme qu'elle préfère à celui de « paralysée ».

investit le désert – espace réel, imaginaire ou mythique, nous y reviendrons –, qui raconte et, par les mots, marche : « elle se mit sur pied, posa le gauche le droit reprit le gauche tourna, pointa, fit une arabesque » (*Galia*, 30), qui se déplace et se réinvente. Comme l'arabesque ornementale, les arabesques d'Alonzo présentent un entrelacement de lettres, de lignes (de fuite) et de feuilles, le littéraire rejoignant le végétal. Le mot contient, de surcroît, ses origines arabes[2] : « [elle] fit une arabesque, se dit […] qu'il ne pouvait y avoir plus arabe, prononça *a r a b e s q u e* en traînant » (30). Dans sa poésie (ou prose poétique) en mouvement, les thèmes qui la hantent s'entrelacent eux aussi : « la douleur, la brisure, l'autobiographie, l'exil, le "je" fluctuant de la narration, les "tu" multiples, le rapport réel/fiction, la mémoire, la cohabitation de la poésie et de la prose ou du pictural et de l'écrit » (Lequin 1994 : 309). Si ces thèmes persistent d'œuvre en œuvre, on a dit de *L'immobile* (1990) qu'il achève « le cycle de l'immobilité et de la paralysie » entamé avec *Geste* en 1979 (Picard 1994 : 251), et *Margie Gillis* (texte immédiatement postérieur à *Galia*) révèle Alonzo non plus comme « spectatrice du mouvement des autres » mais comme « dans[ant] à travers son écriture » (Joubert 1994 : 300). *Galia* est le lieu où s'entrelacent les différentes significations du désert, où se discerne l'élan postmoderne de l'auteure, où est célébré son nomadisme des mots. Après examen de ces diverses significations, le présent article se penchera sur deux éléments en particulier, l'orchidée et le noir, et conclura sur le désert comme locus de la fuite postmoderne et comme célébration fondamentale du féminin[3].

Dans *Galia*, le désert est avant tout lieu d'errance et de fuite pour la narratrice, jamais nommée, se dissimulant sous un « elle » toujours fuyant, placée dès la première page sous l'emprise du mal d'amour : « Amour la hantait, ne la laissait en paix plus d'une seconde, je ne vais bien, docteur, que par fragments, capsules de ce temps émietté, je vais fort mal ! » (19). À son mal, elle ne peut répondre que par la marche :

> Elle marchait.
>
> Elle avait marché depuis plus de trois lunes, s'était assise une fois par jour-de-marche et une fois par nuit, n'y restait que douze

---

2. N'oublions pas qu'Alonzo est arrivée au Québec à l'âge de douze ans, qu'elle avait jusqu'alors vécu en Égypte, à Alexandrie, où elle est née de parents palestiniens et syro-maltais.

3. Sur la couverture de *Galia* figure une photographie des jambes ensablées de la comédienne France Castel à qui le conte est dédié et qui en a fait l'adaptation scénique le 31 août 1992 à la Maison des Arts de Laval.

minutes, les comptait en secondes pour allonger, ne trouvait pas le temps long, [...] la route était longue, et loin son amour à abattre. (27)

Marche dans le désert où vit également Amour (qu'elle nomme Galia dans la deuxième partie de ce conte): «Elle avait planté sa tente loin de celle d'Amour, elle avait trouvé un creux entre les dunes, y avait installé l'abri, [...] si loin de l'autre tente où vivait Amour et sa reine» (29). Mais l'abri ne la protège pas, malgré ses efforts (débiter une litanie de noms d'arbres [32] pour oublier) et ses dires: «elle avait dit: pars, puisqu'ainsi promis, cette fois pars!» (25). Sa marche dans les mots la ramène constamment à Amour. Dans *Galia*, le désert est non seulement le lieu où «l'amour inquiet, troublé, difficile ou inassouvi s'écrit» (Lequin 1994: 315), c'est également le lieu où s'inscrit la douleur liée à l'autre – qui fait son entrée dans l'œuvre d'Alonzo avec *L'immobile* (Picard 1994: 251) – et la narratrice ne peut que ressentir cette douleur et espérer oublier Amour:

Elle touchait son cœur, palpait sa poitrine, sentait la douleur s'étaler en elle, craintive affolée.

Elle ramassait de ses deux mains tout ce qui pouvait, de son cœur couler, elle [...] disait: ne coule, ne pleure plus, Amour est morte ne vit plus ici Amour n'est plus, ses mains épongeaient, lavaient, replongeaient le mal dans ses ténèbres, Amour ne se laissait pas oublier, elle l'y obligerait, la repousserait dans ses terres, la rejetterait, lui demanderait seulement de la laisser tranquille.

Elle lui redemanderait cela. (38-39)

Mais formulée au conditionnel, cette demande reste du domaine du virtuel, de l'irréalisé. Multiple, la douleur est d'abord liée à l'abandon[4]:

[«elle»] croyait sentir la lame sur la peau de son cou, sentait la lame ouvrir ses chairs; la sentait fendre, lente, sûre de ce qu'elle tranchait, se sentit défaillir, crut qu'elle perdait sang et âme lorsqu'elle vit Amour marcher loin d'elle, la vit si bien s'éloigner [...] elle pria son regard de suivre Amour, de la garder, n'osa

---

4. Lucie Joubert remarque que *Geste* contient «en germe une obsession d'être abandonnée qui trouvera écho dans plusieurs autres recueils» (1994: 301).

dire, *protéger*, Amour aurait pensé *surveiller* [...] mieux valait cette lame de départ, elle pencha la tête à nouveau, son regard perdit Amour et sa tête tomba, roula loin d'elle, roula, se perdit dans les dunes, se perdit comme elle perdit Amour pour de bon. (26)

Douleur de l'abandon, douleur de l'absence, la douleur naît de la fin de la liaison avec Amour, une liaison rapportée au temps du passé – imparfait du titre et passé simple du texte fragmenté – , et de la trahison d'Amour. Amour a en effet reçu d'«une amie autre» (46) un bracelet de cristaux brillants qu'elle n'enlève que pour dormir, «le bracelet tissé [donné par «elle»] ne lui manquait pas, comme ne lui manquait plus le corps mort de celle avec qui elle partageait la tente» (46). La trahison d'Amour n'est cependant pas si simple, car elle ne se confine pas à l'amour féminin. Dans la lettre qu'«elle» lui adresse dans l'avant-dernière partie, la duplicité d'Amour s'affirme : «Tu ne peux m'aimer cherchant l'homme – invisible[5] – en moi» (86). «Elle» tente de lui faire regarder son désir en face : «Regarde-moi, je ne suis pas ce mari tant cherché, je suis femme aimant une femme qui veut un corps d'homme où s'épancher, regarde Galia» (87). Cette duplicité ne fait que confirmer qu'Amour est véritablement autre et la narratrice ne peut que lui assurer : «Les femmes, je te le jure, s'aiment autrement» (86). Mais, dans *Galia*, qui est cette autre dont Maïr Verthuy dit que sa présence est constante dans l'œuvre alonzienne (1994 : 276) ?

Jouant double jeu, cette autre est également double, à la fois étrangère et même, et demeure ainsi impossible à fixer. Serait-elle italienne ? À plusieurs reprises, «elle» lui parle, la cajole et la berce en italien : «**dormi piccolina sono qui dormi dormi**» et l'appelle «**dolce dolce Galia**» (51, en caractères gras dans le texte original). Alonzo a confié à Louise Dupré que ses grands-parents maternels parlaient l'italien, qu'elle considère cette langue comme la plus belle après le français, que pour elle c'est «la langue de la sensualité, de la musicalité» (Dupré 1994 : 238). Contrairement à «elle», cette femme aime «le bruit de fête et la fureur» (47). Comme «elle», elle est femme et méditerranéenne : «il restait [à Galia] l'odeur de mer et de café turc de son enfance» (Dupré 1994 : 105). Ainsi, comme la narratrice, cette femme, l'identité de cette femme demeure fuyante. Même son nom, double, empêche de la fixer et reflète son ambivalence : elle est Amour (nom masculin) et Galia (nom féminin). Notons

---

5. Que signifie cet adjectif écarté, ou rendu invisible, de la phrase, de la déclaration, par les parenthèses ? Pourquoi *invisible* et non *inexistant* ? Le masculin est-il présent mais nié ?

en outre qu'amour est un nom masculin au singulier mais féminin au pluriel[6].

Dans *Galia*, le désert ne se réduit pas à un lieu où s'inscrivent des actions ou sentiments négatifs ou néfastes. À travers la douleur attachée au départ et à l'absence de l'aimée perce le désir de la narratrice qui ne parvient pas à l'oublier, qui ne veut pas l'oublier, qui, alors qu'elle lui demande de la laisser tranquille, entretient le désir de l'autre. *Galia* est un conte où le désir circule, où le désir ne peut être entravé, où il brise les chaînes qui l'immobiliseraient, où la douleur ne peut fixer, « territorialiser » les êtres. Si la douleur obscurcit le début du conte, elle fait place assez vite à des souvenirs plus heureux entre Galia et son amie. Alors que l'écriture devient plus fragmentée (les paragraphes de plus de sept lignes sont rares après la deuxième partie et, plus on avance dans le conte, plus ceux d'une ligne deviennent nombreux), le texte s'aère et, avec la fragmentation, la narratrice va mieux (19). Véhicules du désir, évoqués en termes sensuels, la voix et les chants résonnent alors, allant crescendo :

> Elle chanta en murmures, se fit arabe en mélopée, laissa le souffle monter, sentit sa voix s'étendre comme l'arbre en rêve, la vit pousser et grandir, la sentit charnue, ample, la sentit sourire puis gronder, gratter le coin de sa bouche avant de s'élever au delà des lèvres. (30)

C'est par le chant que la narratrice et Alonzo retrouvent leurs origines méditerranéennes et tracent des *arabe*sques : « chants de perse et chants de grèce, elle chanta chants d'orient pour les dunes, la rose, la vit faire ricochets pensa : la rose hoquette » (23). La rose n'apparaît seule que dans cet unique passage du conte. Rose perdue au milieu du désert, désert de sable ou désert de mots, elle fait immanquablement penser à la rose du *Petit Prince* de Saint-Exupéry, cet être tant aimé que l'enfant chérit et protège, cet objet du désir. La rose réapparaît sous une forme hybride quatorze pages plus loin : cet amour « se trouvait là comme elle avait tant et tant cherché cette rose orchidée, l'avait enfin trouvée, la

---

6. Selon Anne-Marie Picard, le fait que la femme qui souffre puisse appeler l'autre femme et dire sa souffrance sublime la déchirure (1994 : 252). Si sublimation il y a, elle ne réside pas uniquement dans l'appel et dans les mots, mais dans la structure du texte, en l'occurrence, dans *Galia*, dans le fait de parler de la douleur, de l'abandon, de l'absence au début du conte pour conclure avec l'étreinte des deux femmes.

regardait sans trop y toucher » (37). La rose orchidée tant désirée symbo-
liserait l'amour idéal, un amour où les deux termes sont à la fois autres
et mêmes.

Gilles Deleuze et Félix Guattari considèrent le désir comme positif et
producteur, dynamique et fragmenté par nature. Révolutionnaire, le désir
renverse les tabous et les lois de la société. La « déterritorialisation » permet au désir d'échapper aux limites spatiales et psychiques, aux valeurs
ou pratiques étouffantes, emprisonnantes, « territorialisantes » pour
l'individu. Nous avons signalé précédemment que les deux personnages
dans *Galia* étaient impossibles à fixer – par leur identité floue[7] et leur
mouvance –, rejetant ainsi la territorialisation. Ce refus ne fait que refléter celui d'Alonzo elle-même. À ce propos, l'entretien réalisé par Dupré
fournit des informations intéressantes. Lorsque Dupré lui demande
quelle est sa langue maternelle, Alonzo répond : « Voilà une question
complexe. Si on s'arrête sur le mot *maternelle*, c'est-à-dire *de la mère*, c'est
le français, puisque c'est la langue de ma mère. Par contre, étant née dans
un pays arabe, je parlais arabe avec les gens du pays. Et j'ai fréquenté une
école allemande [...] donc à vous de décider » (Dupré 1994 : 238). Cet
éparpillement, même si spontanément elle répond « le français », contribue à son insaisissabilité, à son désir d'insaisissabilité[8]. Vers la fin de
l'entretien, à propos de la question de l'ethnicité – question d'actualité
alors au Québec (1993-1994) –, Alonzo explique la complexité de sa situation : en Égypte, elle ne s'est jamais sentie égyptienne, au Québec, elle n'a
jamais été considérée comme québécoise ou canadienne et avoir été
classée néo-québécoise (quand elle a obtenu le prix Émile-Nelligan) l'a
embarrassée. Elle conclut : « Tout m'a poussée vers la marginalité, qu'elle
soit physique, parlée ou ethnique. Je n'ai jamais su d'où j'étais » (Dupré
1994 : 247). Alonzo s'insurge contre ce qu'on appelle *affirmative action* :
« Je ne voudrais pas qu'on me considère comme quelqu'un d'intéressant
à cause de mon origine ethnique, de ma position physique ou de mon

---

7. La narratrice, dans sa seule et longue lettre adressée à Galia, lui demande : « Quel nom
    me donnes-tu, me nommes-tu parfois ? » (81).
8. Alonzo est-elle, comme se qualifie la Libanaise Vénus Khoury-Ghata, « bigame » – voire
    polygame, puisque dans *Galia* figure de l'italien : « Je passe de la première [la langue
    française], rigoureuse, scrupuleuse à la deuxième [la langue arabe] : ample, généreuse,
    bondissante. Il m'arrive de les réunir dans un même moule, l'esprit de l'une dans la
    forme de l'autre, les couleurs de l'une avec les saveurs de l'autre. L'arabe infusant son
    miel et sa folie à la langue française, celle-ci lui servant de garde-fou contre l'exaltation
    et les dérapages » (Khoury-Ghata 2001 : 18) ? Ces dérapages seraient dans *Galia* la dou-
    leur décuplée à cause du départ et de la trahison d'Amour.

orientation sexuelle » (Dupré 1994 : 248). Ainsi, elle rejette cette tentative de territorialisation et refuse d'être classée dans l'une ou l'autre catégorie. S'il se trouve qu'Alonzo est en effet néo-québécoise, handicapée et lesbienne, elle est avant tout poète, et ses textes, même s'ils reflètent ces expériences ou s'en nourrissent, les dépassent et trouvent dans ce dépassement, dans cette déterritorialisation leur valeur intrinsèque[9].

Ce refus de la territorialisation s'exprime par une image présente dès la deuxième page du conte, celle des lignes de la main. La vieille femme qu'« elle » rencontre lui montre du doigt sa ligne de vie, sa ligne de tête et sa ligne de cœur,

> [...] celles-là [les deux dernières] mouvementées plus que mouvement régulier, lui dit : regarde cette fois, lui montra une ligne fragile, et frêle mais forte de toute présence remarquée, une ligne *oblique* traversant toute autre ligne claire et fine, ne brisant ni peau ni chair, mais d'intuition, cette ligne marquante, assise, la femme tourna la main changea de sens, plissa ses yeux d'amande, les plissa pour mieux voir, demanda la main gauche, joignit les deux et dit : la gauche est ce qui EST, la droite, *le devenir*. (20, nos italiques)

En plus de ces trois lignes (de vie, de tête, de cœur), la vieille femme en montre une quatrième, oblique, qui reste innommée et donc indéchiffrable. On ne sait quel est son rôle, ou ce qu'elle prédit, tout ce que l'on sait est qu'elle est forte malgré les apparences et marquante. Dans notre lecture postmoderne, cette ligne tient lieu de ligne de fuite (ou de déterritorialisation), car elle échappe à toute interprétation et indique « le devenir », autre terme essentiel de la théorie deleuzo-guattarienne. Selon Deleuze et Guattari en effet, toute ligne de fuite tend vers un devenir, le devenir-imperceptible ; or, quand elles réapparaissent à la fin du conte, au terme du voyage, « les lignes de ses mains avaient changé, il semblait y avoir eu un chaos, les lignes s'entrecroisaient, s'entrechoquaient » (106). Autrement dit, les lignes de sa main sont toutes devenues obliques, imperceptibles. Elles échappent à toute lecture, à toute territorialisation, en fuite qu'elles sont vers l'assertion et la satisfaction du désir.

---

9. Ailleurs dans cet entretien, Alonzo argüe en faveur d'une « position sérieuse et sévère pour l'écriture d'abord et avant tout [...]. C'est bien mieux que de faire des livres-pamphlets » (Dupré 1994 : 246).

Dans son approche lyotardienne du postmodernisme dans le roman québécois, Janet M. Paterson relève une caractéristique essentielle, la rupture : « Tout se passe comme si cette écriture était secrètement motivée par une pulsion de déchirement [...] la rupture emprunte des formes diverses (désordre spatio-temporel, achronologie, représentation fragmentée des personnages, scission du "je" narratif) » (1990 : 20). Ces formes figurent également dans *Galia*, où l'espace-temps n'est pas défini, où la chronologie fait défaut et où les personnages (dont la narratrice) sont nimbés de flou. Sous l'élan postmoderne de la narration, le désert est le lieu où s'inscrit la fulgurance poétique du texte. Les extraits cités jusqu'à maintenant témoignent de l'écriture déterritorialisante d'Alonzo. Ainsi, sujets, articles et négations disparaissent comme traces sur le sable quand souffle le vent : par exemple, « Elle ne comptait les heures, écoutait, répondait » (53) ou encore :

> Amour se dit-elle, comme pour noter, ne s'était pas enfuie, pas dans le réel sens de fuite, n'avait pas abandonné ou quitté sans prévenir, avait émis signaux d'alarme, avait prévenu sans prévenir, avait regardé de ses yeux de barque sombre, avait parfois dit, je ne comprends pas, avait doucement pleuré, était partie alors qu'elle se sentait mal et malade, qu'elle se traînait dans la dune, fuyait l'ombre et la lumière, ne se sentait bien, ne sentait que la mort, se détournait, ne buvait, ni ne mangeait, voulait vomir et mourir, ne réagissait, Amour avait pleuré soigné avait apporté fruits confits, et vin de terre, avait supplié : bois mange ne sois pas si mal ne me quitte ne me laisse pas ! Amour chantait tout bas pour la bercer. (22)

La fin de cette page est troublante – sans compter que le lecteur doit rester vigilant pour ne pas se laisser emporter par la succession de verbes qui tendent à masquer le changement de sujet – car s'il s'agit bien d'Amour qui apporte fruits et vin et supplie « elle » de boire et manger et de se rétablir, c'est sans doute « elle » qui demande à Amour de ne pas la quitter et la laisser. Certaines phrases sont tout à fait déroutantes : « Elle avait dit : je t'aime et toi ! mais pareillement non » (91) – autrement dit, je t'aime et tu m'aimes, mais nous ne nous aimons pas de la même façon. Ainsi, l'écriture se déterritorialise par un emploi singulier de la syntaxe et de la ponctuation et par le refus des règles. Alonzo a expliqué l'écriture « haletante » de *Geste* – adjectif qui qualifie aussi l'écriture de *Galia* – en ces termes : « Un corps paralysé n'a pas la capacité complète de ses poumons, il doit reprendre son souffle plusieurs fois avant de recommencer à parler. Il y a un lien très étroit entre ma condition physique et mon écriture » (Dupré 1994 : 242). Cette déclaration montre que le refus de la territorialisation n'est pas seulement diégétique, mais que c'est également celui de l'auteure, dans et par son écriture, tendance déjà relevée (dans un autre contexte) par Lucie Lequin : « la narratrice de *Galia qu'elle nommait amour* isole la poète de la femme par le "ou" et les confond par le "et" » (1994 : 310). Lequin remarque encore que « [l]e recours à la troisième personne dans *Galia* [...] complexifie les jeux de narration et établit une distance entre les "je" habituels et ces narratrices hétérodiégétiques ; pourtant, les unes et les autres proviennent d'un même lieu, parlent d'une même voix personnelle » (1994 : 311) ; ajoutons qu'elles tendent vers un même lieu, la liberté, par un même moyen, le mouvement. Si le texte s'écrit à l'imparfait – comme dans le titre, *Galia qu'elle nommait amour* – , c'est qu'il s'agit du « temps de "l'imperfection et de l'inachèvement" » (Joubert 1994 : 305), et que la fuite postmoderne est justement caractérisée par l'imperfection ou, plutôt, par le refus de la perfection (et des règles qui lui sont inhérentes).

Cette fuite, comme l'indique la narratrice, ne s'opère pas uniquement dans le sens réel (22), car le désert est également le lieu où se projettent rêves et délires. Ainsi, la vieille femme qui observe ses lignes de la main est assise « au bord du mirage » (20) et « elle » questionne la réalité de l'arbre qui pousse et s'assombrit de feuilles (27). Quant aux délires, ils sont d'ordre passionnel et dépressif, positif et négatif. Pour apaiser le chagrin de Galia, son amie « imaginait châteaux en Italie [...] elle énumérait les villes en prière, elle s'en faisait mantra et chapelet : **Roma/Napoli/ Firenze/Genova/Venezia/Udine/Pisa/Milano/Padova** » (55, en caractères gras dans le texte original). Plus loin, elle « plana au-dessus de la Sicile, réveilla le corps de son amour, montra mers et paysages » (60). Mais le délire se teinte parfois de dépression :

> Elle vit les yeux de barque se changer en navire sous la tempête, il y eut une tempête sur les eaux troublées...

> [...] il y eut ce visage aux yeux sombres qu'elle ne reconnut pas, les voyant durs, froids, et durs, il y eut vils pillages, tueries, le visage vola les bijoux ... n'épargnait rien, détruisait, faisait compter les mortes, éventrait celles qui agonisaient, n'épargnait rien, riait de longs rires glacés, disait, la regardant : je serai toujours là, albi mon cœur, ne te quitterai pas, ne te quitterai jamais ! (66-67)

Surtout, le désert est cet espace où la narratrice au « corps mort » (46), et par-delà l'auteure, marche, danse et court :

> Elle marcha marcha et marcha encore, elle marcha tant que l'âne galopait pour la suivre, la suivit tant bien que mal, elle marchait sans pourtant courir, allait d'un pas ferme, pas de femme seule, se demanda le sens profond d'une femme seule, se dit que ce devait être une femme libre et non-triste.

> Elle marcha, se tenant ces discours, il lui arrivait de chanter aussi, ou de courir, de parler au vent, aux dunes, à l'âne qui ne la suivait plus, elle se tourna brusquement, le vit au loin, vit sa fatigue, le rejoignit. (34)

Le désert, la marche, les mots sont libération, libération du corps immobile, libération de l'âme endolorie.

Dans cette fonction fondamentale, plutôt que lieu réel, le désert revêt une dimension imaginaire, quasi mythique. Il demeure – comme celle qui le parcourt et l'écrit – un lieu innommé, donc impossible à placer, à localiser sur une carte, sauf peut-être sur une Carte de Tendre postmoderne[10]. Lequin remarque au sujet de *Bleus de mine* (1985) :

> Le geste d'écrire donne accès à un pays inventé qui dépasse les lieux et les temps. Ce pays de plaisir ressort surtout de la mobilité et du mouvement. C'est le lieu où les pas laissent des traces dans le sable, où la narratrice joue et court […] c'est aussi un lieu où naît, en dépit – ou peut-être à cause – du fragmentaire, un sentiment d'unité : « se disant une sachant ». (1994 : 317)

Dans *Galia*, le désert est tout autant ce lieu inventé, non localisable et intemporel – les rares indications sur le temps de l'errance sont comptées en lunes et demeurent approximatives –, ce lieu de désir davantage que de plaisir, où le fragmentaire donne lieu à une unité puisque le conte s'achève sur l'union des deux femmes. Comme invitent à le penser ce conte d'Alonzo et le roman de Mokeddem, *La nuit de la lézarde*, le désert représente le lieu de la libération absolue, la quintessence du mouvement : « Les déserts sont faits pour être traversés, pas pour s'y enterrer. Scruter l'infini ne l'a jamais fait bouger. L'infini ne vient pas. Il faut aller

---

10. Avant le dernier départ d'Amour, la narratrice « n'avait-elle pas survolé les villes d'h et villes d'm les regardant bien, traçant leurs géographies en elle » (35). Que signifient donc ce h et ce m ?

vers lui pour se délivrer. Sinon, il te fixe sur place et t'asphyxie » (Mokeddem 1998 : 195). Alonzo et sa narratrice refusent l'asphyxie et l'immobilisme, et s'échappent dans un désert qu'elles créent de toutes pièces.

Centré sur la narratrice, sur son mouvement et sur sa relation avec Amour/Galia, le conte offre au lecteur un environnement *presque* totalement coupé du monde extérieur, de la société, que celle-ci soit occidentale ou arabe. Pour survivre au désert, la narratrice doit faire provision de vivres et donc subvenir à ses besoins. Ainsi, à de rares occasions, elle mentionne son commerce d'orchidées – une activité de subsistance plutôt que de profit : « Elle avait trouvé un emploi, se promenait dans le désert, y cherchait l'orchidée, la ramenait à qui l'avait commandée, la vendait pour quelques pièces, ne demandait pas grand-chose, de quoi manger – pour l'âne aussi – un peu d'eau et une tente pour y vivre » (24). Plus loin, afin de pouvoir rester dans le désert et écrire son livre, « Elle trouva assez d'orchidées pour pouvoir vivre, tranquille, près de trois cents lunes » (36). Mais pourquoi l'orchidée ? Serait-ce pour sa beauté et la multiplicité de l'espèce ? Ou encore en référence aux tableaux de Georgia O'Keeffe, évoquée dès la première page du conte, et à son goût pour le désert du Nouveau-Mexique : « Elle imagina un tableau, se vit peintre, prit un pinceau de fins poils trempé dans l'eau, pensa à **Georgia** au désert installée, vit ses toiles, les regarda dans sa paume » (19, en caractères gras dans le texte original)[11] ? Si O'Keeffe a peint de nombreuses variétés de fleurs (pétunias, iris, coquelicots, pensées, roses trémières et autres), ses tableaux sont volontiers associés à l'orchidée. Dans le *Dictionnaire des symboles*, Jean Chevalier et Alain Gheerbrant expliquent que « Dans la Chine ancienne, [les orchidées] étaient associées aux fêtes du printemps, où elles étaient utilisées pour l'expulsion des influences pernicieuses. La principale […] était la stérilité » (1982 : 567). La vente d'orchidées dans *Galia* relève de la même intention, éliminer les influences pernicieuses (quelles qu'elles soient), vaincre la stérilité, stérilité littéraire, stérilité d'une vie immobile, et fuir dans les mots et la création. Notons également que le mot « orchidée » provient du grec *orkhis*, qui

---

11. La vie de Georgia O'Keeffe présente d'intéressantes similitudes avec l'expérience d'« elle » : c'est quelques années après la mort de son mari, Alfred Stieglitz, que O'Keeffe s'installa définitivement au Nouveau-Mexique – jusque-là, telle Perséphone, elle vivait une partie de l'année dans la lumière du sud-ouest américain et le reste dans l'obscurité hivernale new-yorkaise (Lisle 1986 : 260 ; les traductions sont de l'auteure). O'Keeffe était aussi une nomade : elle chargeait son matériel dans la voiture et parcourait le pays, peignant dans sa voiture et s'allongeant parfois dessous, à l'ombre.

signifie « testicule ». L'orchidée peut être ainsi considérée comme une fleur « masculine ». Nous y reviendrons.

L'orchidée « tant cherchée jamais trouvée » (22), la perle rare, est l'« orchidée brune orchidée noire » (22)[12]. Selon Chevalier et Gheerbrant, le noir « exprime la passivité absolue, l'état de mort accomplie et invariante » (1982 : 537). Ils citent la colombe noire en Égypte et la voile noire présente dans l'épopée grecque et dans *Tristan et Yseult* comme symboles de l'éros frustré et de la vie niée. Une telle lecture est séduisante dans le cadre de *Galia*, où « elle » s'est installée au creux des dunes dans un abri qu'elle « avait voulu noir, avait cousu les toiles » (29). Cette tente noire est en total accord avec le « corps mort » (46), le « corps immobile et noir » (45) qu'elle abrite, ce corps et cette femme privés d'Amour et pétris de douleur. Mais le noir peut également revêtir une valeur positive : Chevalier et Gheerbrant de remarquer que « le noir est à l'origine le symbole de la fécondité » (1982 : 537), le capital de vie latente dans le monde chthonien. Le noir, toutes cultures confondues, s'oppose au blanc. Or, dans l'œuvre d'Alonzo, le blanc symbolise le Canada : « D'un récit l'autre, l'on représente le pays dit d'accueil, le Canada, par l'absence de couleur, c'est-à-dire par le blanc, celui de l'immobilisme et de la neige » (Verthuy 1994 : 270). Ajoutons : de la stérilité. Dans l'entretien accordé à Dupré, Alonzo a clairement contrasté l'Égypte, pays des sables, et le Canada :

> L'Égypte représente pour moi une autre vie. Doublement. Parce que j'y ai vécu douze ans et parce que c'était le pays de la mobilité : je marchais, je courais et jouais. Alors que le Québec représente pour moi l'immobilité pour deux raisons : pour la mienne qui est physique, mais aussi parce que c'est un pays de neige. (Dupré 1994 : 248)

Tout comme le Canada s'oppose à l'Égypte, stérilité s'oppose à fertilité, blanc à noir, et neige à sable (ou désert). Noir et sable finissent par s'équivaloir – rappelons que, dans la terminologie héraldique, la couleur noire se nomme *sable*. Dans *Galia*, le noir c'est aussi les mots sur la page blanche, les mots qu'à l'instar du *froid* il faut dompter et « rendre souple mou léger sans danger de gerçure, morsure, sans risque de gel » (43), les mots écrits sur le sable. Le noir, c'est la chaleur et la fécondité, littéraire

---

12. Il n'existe pas de véritable orchidée noire (White 1996 : 342). Celle qui s'en rapproche le plus est l'orchidée *trichoglottis philippinensis* qui fleurit entre juillet et octobre aux Philippines.

et créatrice. Vendre des orchidées noires ne correspond pas uniquement à une expulsion ou à une purification, mais signifie aussi la dissémination de la beauté et de la créativité féminines. Ces deux interprétations sont compatibles, car, comme on l'a vu précédemment, le conte d'Alonzo ménage une large place à l'ambivalence. Parallèlement, si l'écriture d'Alonzo « est animée par le fragmentaire » (Lequin 1994 : 310), si le noir (les mots) le dispute sur la page au blanc, aux espaces, ce n'est pas nécessairement le signe d'une fragmentation(mentale), mais au contraire de cohérence et de vie, le noir et le blanc se fécondant l'un l'autre et menant à la fin du conte aux retrouvailles et à l'étreinte de Galia et de son amie[13].

Par-dessus tout, le désert est dans *Galia* le locus de la célébration du féminin – les mots « dunes » et « dune » l'emportant d'ailleurs d'un point de vue quantitatif sur « désert » et « déserts ». Le « désert » de la première page – « pensa à **Georgia** au désert installée » (19) – cède le pas aux « dunes inconnues » de l'avant-dernière page (108) vers lesquelles la voix d'Om Kalsoum a attiré Galia et qui abritent son amie. Le masculin singulier a cédé le pas au féminin pluriel. Au terme du conte, « Galia prit le corps de son amie contre le sien, elle essuya les larmes qui glaçaient son cœur, elle posa sa bouche sur la sienne, murmura des mots de détente et mots d'amour, puis elles se couchèrent sous la tente et le ciel n'en sut rien » (109). Dans la mythologie, le ciel est un principe masculin incarné par Ouranos, né de la volonté de Gaïa, la Terre. On ne peut manquer de remarquer la similarité phonique entre Gaïa et Galia. À la fin du conte, il y a négation – ou tout au moins éloignement – du masculin, tenu à l'écart de l'étreinte secrète de Galia et de son amie, comme dans la mythologie puisque Ouranos, qui recouvrait entièrement Gaïa et empêchait ainsi leur progéniture de croître (Vernant 1988 : 95-96), fut sur la requête de celle-ci émasculé. Ses testicules furent tranchés et disparurent, comme les orchidées sont vendues[14]. Le masculin est également nié dans le titre. Nous avons relevé plus haut que très souvent Alonzo occulte la deuxième

---

13. Noir et blanc (et les teintes intermédiaires) se partagent également les tableaux « noirs » de Georgia O'Keeffe, comme *Black Place* de 1944, *Black Abstraction* de 1927 ou encore *Black Iris* de 1926 (O'Keeffe, illustrations 61, 54 et 30, respectivement). Dans *Black Iris*, entre le « noir » (partie inférieure du tableau en noir et gris foncés) et le « blanc » (partie supérieure, en blanc et gris clairs), au centre du tableau, se trouve le seul point véritablement, purement noir, entouré de rouge bordeaux, comme figurant l'entrée d'une voie dans laquelle on est invité à pénétrer – quoi qu'en ait dit l'artiste, la charge érotique de ces tableaux floraux est incontestable, comme dans ce texte d'Alonzo.
14. Des testicules sectionnés d'Ouranos naîtront Vénus et les Erinyes, entre autres.

partie des négations, le *pas*, ne gardant que le *ne*. Dans *Galia qu'elle nommait amour*, on peut voir *ne* figurer seul et le verbe *nomme* peut se lire comme *n'homme*. En outre, remarquons que le Christ apparaît dans ce conte sous une forme féminisée, en la personne de Galia parcourant les stations de son chemin de croix : « Galia courut alors vers les dunes, y chercha son amie, la chercha, buta, tomba, se releva, tomba et tomba encore, les dunes étaient hautes, le chemin long de quatorze stations » (102). Si la fin du conte voit l'union des deux femmes, leurs « amours » (féminin pluriel), dont la saison est arrivée (105), ne sont pas données à voir, demeurent à jamais du domaine de l'imperceptible, de la déterritorialisation. Le conte, qui s'était ouvert sur un désert imaginé et sur la douleur de la séparation, s'achève dans les dunes sur une union.

Mais la fin du conte est-elle mirage ou réalité ? Projection du délire ou véritables retrouvailles ? N'oublions pas que, comme l'écrit Mokeddem, « un conteur est un être fantasque. Il se joue de tout. Même de sa propre histoire. Il la trafique, la refaçonne entre ses rêves et les perditions de la réalité » (Mokeddem 1997 : 12) D'autre part, l'exergue du conte – une citation de Monique Bosco – le placerait sous le signe de la folie : « Je l'ai aimé jusqu'à la folie déraisonnable. Jusqu'à la mort de tout autre sentiment. » Cet exergue est toutefois compensé par celui préfigurant la première partie du conte, une citation d'Hélène Cixous : « Ce qui aura agonisé dans ce livre c'est le Deuil. » Par l'écriture, la narratrice et Alonzo sont parvenues à fermer « le livre des pleurs » (38). Le souhait de la narratrice, « si ces feuilles qu'elle cachait pouvaient faire un livre autre et livre des commencements au lieu de tant et tant de ruptures ! » (35), est exaucé. Confrontée à une « ligne de mort », la narratrice a trouvé une parade avec des « lignes de vie » (Colombat 1995 : 272). Mise en péril par des flux puissants (l'abandon, la solitude, la douleur), elle a élaboré un désert parcouru d'autres flux, bénéfiques ceux-là (le mouvement, les chants, les souvenirs, l'orchidée). La douleur a été mise à nu, expulsée (Anne-Marie Picard dirait « sublimée »). La catharsis s'est effectuée par la parole et le mouvement et le conte s'achève sur une note positive. La narratrice et Alonzo ont raconté « la fin des amours et le début de tout » (37), un tout dont, comme le Ciel, nous ne saurons rien, qui restera invisible, imperceptible.

Bibliographie

Chevalier, Jean et Alain Gheerbrant (1982). *Dictionnaire des symboles*, Paris, Laffont.

Colombat, André Pierre (1995). « Le concept de "désert" dans l'œuvre de Gilles Deleuze », *Francophonie plurielle : Actes du premier congrès mondial du Conseil international d'études francophones, Casablanca, juillet 1993*, p. 269-276.

Deleuze, Gilles et Félix Guattari (1980). *Mille plateaux. Capitalisme et schizophrénie*, Paris, Minuit.

Dupré, Louise (1994). « Écrire comme vivre : dans l'hybridité. Entretien avec Anne-Marie Alonzo », *Voix et images*, n° 19 (hiver), p. 238-249.

Joubert, Lucie (1994). « Le paratexte chez Anne-Marie Alonzo : invitation à une lecture de la complicité », *Voix et images*, n° 19 (hiver), p. 297-308.

Khoury-Ghata, Vénus (2001). « Pourquoi j'écris en français », *Women in French Studies*, n° 9, p. 18-21.

Lequin, Lucie (1994). « Du mot surgit l'écriture : Anne-Marie Alonzo, au pays des merveilles », *Voix et images*, n° 56 (hiver), p. 309-317.

Lisle, Laurie (1986). *Portrait of an Artist. A Biography of Georgia O'Keeffe*, Albuquerque, University of New Mexico.

Mokeddem, Malika (1997) [1990]. *Les hommes qui marchent*, Paris, Grasset.

_____ (1998). *La nuit de la lézarde*, Paris, Grasset.

O'Keeffe, Georgia (1976). *Georgia O'Keeffe*, New York, Penguin.

Paterson, Janet M. (1990). *Moments postmodernes dans le roman québécois*, Ottawa, Presses de l'Université d'Ottawa.

Picard, Anne-Marie (1994). « L'Autre à *Tu*-tête : la lettre de *L'immobile* », *Voix et images*, n° 56 (hiver), p. 250-267.

Vernant, Jean-Pierre (1988) [1972]. « Œdipus without the Complex », dans Pierre Vidal-Naquet et Jean-Pierre Vernant (dir.), *Myth and Tragedy in Ancient Greece*, New York, Zone Books, p. 85-111.

Verthuy, Maïr (1994). « Aujourd'hui Schéhérazade a appris à écrire : Anne-Marie Alonzo et l'entreprise de vivre », *Voix et images*, n° 56 (hiver), p. 268-278.

White, Judy (dir.) (1996). *Taylor's Guide to Orchids*, Boston, Houghton Mifflin.

Dire l'incontournable

ANDRÉ BROCHU

Il y a des situations qui permettent très peu de recul. On est pris, cerné, reclus. Pas de distance possible de soi à soi. Par exemple, Prométhée sur son rocher. Corps à corps, dos à dos. Rivé. La pensée, certes, a la capacité de survoler, d'aller s'ébattre dans l'azur, mais c'est pour mieux revenir à ce qui la nourrit. La pensée est le vautour de Prométhée, elle le dévore. Le sombre oiseau trouve plus de vérité dans la souffrance qu'il inflige que dans les papillonnements du ciel bleu.

Ainsi d'Anne-Marie Alonzo. Un accident l'a vouée, toute jeune encore, à l'immobilité. La tête seule en elle résiste. Le reste est enlisé dans la glaise des choses. C'est là un drame absolu, et pourtant, grâce à la tête, il est supporté. Mais qu'en faire ? Anne-Marie Alonzo, heureusement, est poète. Elle a décidé de faire de sa vie, très exactement, le poème de ce qui est, de ce qui vit quand la mort a déjà pris tant de choses.

Incontournable est son infirmité et, contre cet incontournable, elle dresse les mots qui feront de *cela* l'expérience transmissible du monde, du moi, du mystère de vivre et d'aimer.

Le moteur écriture

Car l'écriture transmet cela, parle de l'humain aux humains, de l'âme à l'âme. Et l'âme est d'abord le corps, avec ses bonheurs et ses détresses, ses outrages parfois, son désir. Ses blessures, toujours.

Anne-Marie Alonzo parle de l'âme-corps à partir d'un incontournable qui est elle-même, vouée à l'injustice d'un malheur installé en plein centre. Un malheur qui aurait conduit au désespoir tant d'êtres moins forts et moins capables de cette forte tendresse qu'est l'écriture.

À Anne-Marie Alonzo revient donc tout le mérite d'avoir changé son destin, de s'être créée écriture quand elle eût pu n'être que démission ou patience blessée ; de s'être raturée – elle à qui restait si peu de sa joie, de son enfance – au profit d'un texte qui n'existe qu'à condition de la trahir, elle, dans sa souffrance indicible, inénarrable. Dire l'incontournable, c'est toujours le simplifier, lui donner quelque rondeur. Il faut le rendre aimable.

La poète y parvient, mais dispose dans le texte des traces qui permettront d'imaginer l'épaisseur de souffrance – de réel – dont procède son expression. La phrase sera torturée. Une syntaxe violente cassera l'énoncé, comme le corps initialement fut cassé. « De plomb acier ciment ce corps. Vissé soudé » (*Geste*, 58)[1]. Ou mieux, c'est-à-dire *pire :* « Le temps (se) passe et d'espace tant. Brûlée eau vive et vive ! Landesmers élan te ment » (*Veille*, 53)[2]. Paragrammes (*espace tant* / espace-temps ; *élan te ment* / et lentement), agglutinations (*landesmers*), alliances de mots (*brûlée eau*) se conjuguent pour former un langage à la fois familier et dérouté, déroutant, complètement soustrait à sa fonction informative. Je connais peu d'exemples, surtout dans la poésie du Québec, d'un tel travail visant à restructurer la phrase à partir des débris de la parole mise en pièces. Rien à voir avec le formalisme, puisque la représentation (de l'incontournable) y est transparente – seulement, elle est déchiquetée. Rien à voir non plus avec le syllabisme de Gauvreau, langage limite et intransmissible qui relève de la pure expression pulsionnelle, chaos resté chaos. Chez Anne-Marie Alonzo, la syntaxe, pour une fois, témoigne directement et en toutes lettres du soma à partir duquel l'écriture se constitue. Et cette écriture est parole : elle n'est pas forme pure, imagination abstraite des mots, creux langage. Elle est émouvante, dit le courage de vivre, d'aimer, d'être, quand le corps a cédé, n'est plus que poids, inertie au milieu du monde qui bouge. Dit, en les trouant pour les ouvrir à une plus grande vérité, les circonstances et les disgrâces du combat quotidien. Combat éminemment solitaire, malgré l'assistance obligée de tous les proches. Incontournables, les autres, et incontournable, leur infinie insuffisance.

En effet, il y a la mère, la famille, les ami(e)s, les amours. La mère en particulier est près du corps, se substitue à ce qui ne bouge pas, habite la

---

1. Nous utilisons l'édition française.
2. Nous utilisons l'édition québécoise.

matérialité du monde immédiat. La mère *veut*, seconde admirablement le vouloir entravé, désentravé à force de mots mis l'un devant l'autre comme des pas d'enfant qui se précèdent, hésitent, s'affermissent. Marcher, marcher les mots, l'émotion de vivre liée en soi, mais liée aussi à ce monde qu'il faut créer, mettre debout, délier dans sa chair – cette chair que seul le langage peut rendre à elle-même, l'animant.

Entre *Geste* et *Veille*, les deux recueils qui font les premiers pas, atroces de malaise et de grâce, et *... et la nuit* qui signe le départ de la mère en mots brûlants de tristesse et de sérénité conquise, une aventure de l'écriture s'est poursuivie, que j'essaierai d'évoquer en soulignant ses transformations, notamment au niveau de la syntaxe (au sens large), c'est-à-dire des aménagements de la phrase tels que divers procédés peu courants les constituent. Ce qui est fort peu courant, à vrai dire, et d'une grande nouveauté, c'est le primat accordé à la syntaxe plutôt qu'aux figures sémantiques (métaphores, etc.) qui sont l'habituel lieu du travail poétique. Certes, les délinquances syntaxiques créent du sens, obligent le lecteur à tourner la phrase en tous ses possibles signifiants, mais les risques de dérapage sont plus élevés que dans les plus audacieuses métaphores. Jouer la syntaxe, c'est s'en prendre au moteur même de l'écriture, à l'écriture comme moteur. Or, si l'écriture est quelque part le moteur même du poétique, c'est bien chez Anne-Marie Alonzo qui, réduite à la mobilité zéro, ne retrouve le mouvement et la vie que dans et par l'écriture. Tout, chez elle, écrit le destin d'une vie sauvée par la littérature (si tant est que le *salut* soit à rechercher), en tout cas complètement investie en littérature (poésie, édition, revue, festival...).

Autofictions fondatrices : *Geste* et *Veille*

Ce n'est évidemment pas un hasard si le premier livre, *Geste*, est une autofiction (avant la lettre) qui évoque le malheur fondateur du présent. Quoi écrire en effet, quand l'écriture devient le seul *geste* possible, sinon ce qui la fait telle ? Et ce geste, qui représente le minimum dans l'ordre du faire, est d'emblée voué à devenir *une* geste, une aventure plénière de l'existence. Quand tout le corps est pris, que l'âme seule reste, le moi n'a d'autre choix que de s'égaler au monde. Dire, en toute exactitude, ce qui est, c'est faire, de prose, le poème de vivre. De prose :

> Elle lave irrigue. Assise ce lit. (S') apprivoiser. Une fois par jour
> une heure presque deux. Pas de pleurs aujourd'hui de cris. La

tête en place étourdissements naturels. Elle prend le temps. Parle
écoute je voudrais comprendre que tu m'aides je dis vous. (33)

La prose est ici partout, sauf dans quelques manques, bien entendu
essentiels. Manque de l'actant : qui est « elle », qui dispense ses soins ?
Une infirmière ? Elle apporte la propreté (« lave ») à un corps inerte
comme un sol desséché (« irrigue »), la propreté dès lors est synonyme de
vie. L'apposition immédiate, sans ponctuation, du mot neutre et du mot
qui fait image (« lave irrigue ») supprime la distance entre le représenté et
l'univers du sens, qui l'investit à mesure. La métaphore, complexe puisqu'elle dit à la fois l'aridité du corps et sa possible renaissance, est un mot
seulement, lourd de ce qu'il suggère. Mais un mot : le discours immédiat
et le discours du symbole fusionnent. Le réel est devenu la scène de
l'être.

Je poursuis. « Assise ce lit. (S')apprivoiser. » Il est à ce point absent,
l'actant (l'infirmière), pourtant installé dans une proximité qui est
presque une promiscuité, que sa position n'est rattachée à aucun sujet
grammatical, et que le rapport à l'espace est lui-même supprimé. *Elle*
n'est pas assise *sur* ce lit, elle est ce lit, par sa position assise. Le lit la continue comme il me continue moi, qui suis corps inerte. Le rapport entre
elle et moi est celui de deux espaces trop familiers, donc en compénétra-
tion, qu'il faut accorder l'un à l'autre, « apprivoiser » comme on met en
circuit sensible deux libertés animales. Voilà donc que l'autre me tire de
l'inertie, me rend le frémissement de l'inquiétude. L'apprivoisement se
poursuit au niveau de la conscience. « Parle écoute je voudrais comprendre que tu m'aides je dis vous. » L'autre tutoie (encore la familiarité
agressante, mais aussi le baume), demande sa collaboration à celle qui
doit être sauvée et qui, justement parce qu'elle joue le jeu du salut, dit
vous, faisant de l'autre une puissance, une autorité, un auteur. La mère
même, irrigante et qui prend en ligne de compte les moindres disposi-
tions de la protégée. Un constat est établi : « Pas de pleurs aujourd'hui de
cris. La tête en place étourdissements naturels. »

Sont consignés tous les petits mouvements d'une existence qui se
compose depuis zéro, mot à mot, dans la présence obligée d'autres qui
lui serviront le monde sur un plateau – pour être dévoré.

L'apposition brutale, ou encore l'effacement de certains mots-outils,
assurent une décontextualisation du message, une érosion de la représentation, propices à l'échappée sur une scène muette qui *est* la poésie,
faite des interstices du récit. La poésie n'enjolive pas le message, elle le
comble de tout le sens visé par le désir.

Et c'est bien ce qui s'affirme à travers la parole rompue de *Geste* et de *Veille* : que, sur les décombres du corps déserté de la volonté organique, le désir demeure et, plus encore, prend en charge tout l'esprit. « Avec toi jouer danser délier ces. Trop de fougue énergie trop de vie en moi » (*Geste*, 112). Le corps n'est immobile qu'en surface, puisque l'énergie reste et alimente directement le rêve, noue la salutation avec l'amie ou l'amour qui, dehors, tout contre, dans la serre du rire complice, *agit* le rêve et en signe la matérialisation.

Le désir vit. Le désir rit et rêve. L'humour vient au secours de l'impossible. Cette grande blessée se moque d'elle-même, joue les reines… mécaniques :

> Altière royale
> hautaine
> comme si le monde
> à mes
> roues. (83)

Les roues qui se substituent aux pieds – bel exemple de syntagme réactivé, sur fond de redondances épithétiques – ruinent d'un coup l'effet de majesté, tout en suggérant quelque surréaliste greffe du technologique sur l'humain (on se souvient de la définition que Bergson donnait du comique). Pour se percevoir ainsi, non seulement motorisée mais machine et plutôt Triboulet que reine, il faut le surcroît d'énergie, de désir, allumant le rêve pour le détruire et en faire un instrument de méditation, pour soi et pour le lecteur. Qu'est-ce qu'une reine à roues ? se demande (en riant) la conscience écrivante/lisante. Dans l'opération qui consiste à rire de soi, l'auteure se coule dans la position de l'autre, la prévient, la dirige.

On le voit, la dimension métaphorique n'est nullement évacuée du discours, mais elle se réalise généralement par d'autres moyens que par la figure sémantique. L'effacement du mot-outil, notamment, permet une fusion de sens qui génère un niveau élevé de connotation et soustrait ainsi la représentation à la monosémie. Les mots se succèdent comme appelés par la logique minimum de l'association d'idées. En voici un exemple, tiré de *Veille* :

> Enfant un seul mot meurtri (debout).
> Prémonition crois-tu prédilection. (46)

Quel est le lien entre ces mots ? Le contexte pourrait-il le fournir ? Pas le contexte immédiat, en tout cas, puisque ces deux vers forment un bloc isolé, seuls sur la page. Les pages antérieures n'abordent pas, de façon évidente, le(s) même(s) thème(s).

Les articulations logiques et grammaticales, entre ces îlots verbaux, sont absentes. Leur absence oblige à une compréhension qui ne passe pas par les liens explicites. Que serait-elle (soyons bien avertis qu'il ne saurait y avoir une seule lecture, que la forme dément cette possibilité)?

«Enfant»: quand j'étais enfant? Auquel cas, la proposition temporelle se réduit à un seul élément explicite, ce qui a pour effet d'en marquer le caractère tout à fait essentiel. «Enfant» dit tout, tout ce qu'on était et tout ce qu'on n'est plus. «un seul mot meurtri»: est-ce le mot «enfant»? Si oui, c'est parce que l'enfance (qu'on a incarnée) est meurtrie à jamais par l'accident fatal, inaugural. L'enfant a été rayé du nombre des enfants, des êtres sains, de ceux qui sont «debout».

L'événement, comme on croit toujours dans ces cas-là, a fait l'objet d'une prémonition – croyance corrigée par un autre mot, étrange: prédilection. Le destin ne s'annonce pas, il se choisit.

Ou plutôt – comment savoir? – la prémonition, secrètement éprouvée, témoignait d'un amour et d'un choix du mal à venir.

Les mots sont là pour créer du sens, et le flou syntaxique y contribue en taisant ce qui conforterait, rassurerait la raison, la bourrerait d'évidences.

L'auteure, d'ailleurs, s'amuse un peu: «Toute parole juste l'intonation. Bedout boudout doubet toubed et que personne ne bouge» (47).

Les mots forgés seraient ineptes s'ils ne reprenaient, ne transformaient le mot «debout», comme un enfant peut le faire par jeu et par inaptitude à prendre le monde tel qu'il est, à accepter l'inacceptable... On peut aussi entendre, dans les sonorités ainsi générées, notamment dans «toubed» qui est le point d'arrivée, quelque consonance arabe, en continuité avec les origines maternelles et avec l'enfance de l'auteure à Alexandrie («Toubed» suggère aussi: to bed! au lit! injonction qui prépare naturellement celle qui suit.).

Le jeu sur «debout» aboutit magnifiquement à l'injonction «que personne ne bouge», c'est-à-dire à la généralisation à tous ces gens debout, bien portants, de l'immobilité.

On voit donc que, dans *Veille* comme dans *Geste*, un sujet est inlassablement repris et varié sous toutes les formes possibles: le moi malheureux, le moi définitivement crispé sur l'accident qui le retranche de tous, même s'il ne rend pas impossible un certain nombre de démarches à l'égard du monde, des autres, et en particulier l'amour. Mais tout est vécu à partir de l'incontournable, de ce qui donne son contour au moi et à ses relations. Ainsi, les admirables lettres de *L'immobile*, adressées aux présences secourables et aimées, reprennent toutes l'inévitable sujet du corps brisé, des compensations trouvées dans le dévouement et l'amitié des autres qui, par leur art, actualisent, prolongent, *corporifient* l'écriture de l'immobile et, ce faisant, sont nourries par elle autant qu'elles l'accomplissent.

Et de *Geste* à *Veille*, de *Veille* aux nombreux recueils postérieurs, l'écriture s'affermit, gagne en assurance. Le démembrement-remembrement de la phrase, la mise en pièces suivie d'une agglutination des bribes, d'un forçage des rapports sémantiques, sont de plus en plus poussés, au point que le discours risque souvent la pure et simple obscurité, libérant les mots du sens immédiat pour ne leur laisser qu'une capacité absolue de signifier. D'une part, les mots « secondaires », outils logiques ou redondances sémantiques, sont éliminés au profit des seuls mots porteurs de sens capital. D'autre part, ces mots signifient hors contexte, échappant par là au sens plat, à la prose. Ils sont, en quelque sorte, retranchés du circuit de la parole quotidienne dont ils proviennent, ils sont isolés, mobilisés, immobilisés. Ils ont l'opacité du corps qui les écrit, qui s'écrit par eux. Ils sont décontextualisés comme l'est l'auteure elle-même par sa mise hors circuit. Que veut dire « Bleus de mine » ? Ce titre, en tête d'un recueil qui a valu à Anne-Marie Alonzo le prix Émile-Nelligan, est éclairé par un poème particulier mais garde pourtant une part essentielle de mystère :

> Je tape mes feuilles classées trempées
> mais jamais d'encre.
>
> Aux lettres ma bouche et bleus de mine.
>
> D'amour les sangs coulent
> tracent de langue ce mot uni (12)

Au terme d'innombrables tentatives d'interprétation, il me reste la bien vague intuition que, dans cet énoncé, « bleus de mine » a un sens très concret mais purement subjectif, que la mine fait paradigme avec l'encre, laquelle semble exclue des outils de l'écriture. L'auteure écrit à la mine (?), mais aussi, n'ayant l'usage de ses mains, avec sa bouche : « Aux lettres ma bouche… » Les « bleus de mine » évoqueraient-ils les meurtrissures (les « bleus »), sur les lèvres, occasionnées par l'exercice ? La pertinence de cette lecture supposerait, de la part de l'auteure, un affolant travail métonymique : *bleus*-causés-par-l'écriture-au-crayon-*de mine*. Les dictionnaires ne mettent sur la piste d'aucune explication plus satisfaisante. «Bleu de cobalt», par exemple, le cobalt étant un minerai utilisé dans la fabrication de colorants et le syntagme désignant plus particulièrement une nuance déterminée de la couleur bleue, ne saurait sans arbitraire être mis au pluriel et se voir substituer l'expression «bleus de mine».

Et voilà que les mots, pourtant si simples, défient toute raison et s'adressent directement, faisant fi des politesses, au subconscient du lecteur. Parlant d'elle-même, de tout ce qui la concerne, la poète parle du tout autre, de l'autre scène, de vous, de tout ce que les mots peuvent dire, à force de venir de partout et de pouvoir servir à tout.

Dire l'incontournable mène à dire l'infini des choses, tel que les mots le comportent, depuis l'aube de la parole et de la souffrance humaine.

Tombeau pour la sainte

Dire l'incontournable, c'est dire aussi la mère qui, avant et après la naissance, s'impose comme la présence absolue et nécessaire, la *toute-là* dans sa proximité sans faille à l'immédiat, à l'ici. Forcée, à quatorze ans, de faire à nouveau l'expérience de la naissance et de la répéter à jamais quotidiennement, plus rien n'étant acquis du passé, Anne-Marie Alonzo découvre, première parmi tant de présences secourables, sa mère – «la sainte», dira Monique Bosco (*Immobile*, 119); celle dont le dernier recueil en date, ... *et la nuit*, dit la disparition. Après l'accident, la mère de la jeune accidentée retrouve sa fille dans la complète fragilité et la complète dépendance d'un tout jeune enfant:

> t'appeler au secours pour apprendre à manger dormir rire écrire
> pour aligner des mots et réapprendre à vivre une fois encore
> t'appeler à l'aide te parler au sein de toi pour y cacher des miettes
> te supplier d'apparaître car qu'y a-t-il de mieux sinon vivre dis-
> moi. (... *et la nuit*, 41)

La mère à son enfant apporte tout, aide, secours matériels et provision d'âme, goût de vivre et de rire, malgré tant de mort infiltrée dans le corps. La mère est de nouveau sein, refuge, cache pour les miettes d'espoir, les petits réconforts de l'avenir. C'est elle qui confirme l'absolu plaisir de vivre, que tout voudrait démentir. Le rôle essentiel qu'a joué Héliane Alonzo est reconnu tout au long de l'œuvre, mais le dernier recueil constitue le plus bouleversant hommage que l'auteure ait rendu à sa mère, car un apaisement extraordinaire y succède aux tourments dont les recueils antérieurs se faisaient l'expression.

Le recueil, qui constitue un retour à l'écriture après quelques années de silence, est composé de brefs poèmes de trois ou quatre lignes en moyenne, où les propositions se suivent sans interruption, sans ponctuation, sans majuscules, comme des traits de vie à la fois souples, spontanés et complets en eux-mêmes. Il comprend trois parties. La première renoue avec le style elliptique des recueils antérieurs, les propositions s'y bousculent, comme cherchant à cerner les questions complexes du vivre et de l'écrire – le vivre collectif aussi bien qu'individuel :

> les murs s'effritent et les vitres tout meurt comme tout saigne des enfants gémissent sur la place publique les fous vivent la lumière les visions se heurtent aux cadres quand l'art est maître rien ne sauve le monde sinon le poème. (19)

La vision apocalyptique d'un monde qui se meurt rejoint le sentiment de la disparition imminente de l'être cher, de celle qui a mis au monde et qui emporte avec elle le secret de ce monde inhabitable et incompréhensible – sinon, peut-être, par la grâce du poème, lequel sait poser les questions sans les noyer dans de mensongères réponses. On voit donc les segments d'une vie multiple, sociale (enfants, fous, place publique), matérielle (murs, vitres), abstraite (lumière, visions, cadres, art, poème), se conjuguer pour définir un présent difficile et pur ; et le discours poétique, tout en faisant place au multiple, à la rupture, tout en juxtaposant dans la continuité de la chaîne écrite les faits discontinus de l'existence, suggère une expression déliée et modérément éclatée du vécu, contrairement à tant de poèmes des recueils antérieurs. Assagissement, non, mais apaisement, et celui-ci trouvera sa plénitude dans la deuxième partie du recueil où l'auteure s'adresse directement à sa mère, dans des textes d'une limpidité jamais atteinte auparavant dans l'œuvre. Quelle lumière, sourdant de quelle nuit !

> *parle-moi !* tout est trop difficile depuis ton départ les jours s'inversent et les nuits la mort est subite que ferons-nous alors au delà des espoirs. (38)

Le seul facteur d'obscurité qui demeure, ou presque, est le télescopage des énoncés qui se suivent sans ponctuation, ainsi soustraits à la logique de la parole quotidienne, mais ne tournant plus le dos au contexte de la vie immédiate, contrairement au discours disruptif qui cherchait à laminer l'incontournable et à dire ce qui s'élaborait *contre* l'ici.

Comme je l'ai suggéré ailleurs[3], la mère est non seulement celle qui a donné une première fois naissance, puis une deuxième fois après l'accident qui a ramené la vie à zéro, mais elle est aussi celle dont le départ a reconduit l'exigence de l'écriture et sauvé la poète du silence, en lui redonnant les mots et une autre façon de dire l'indicible. De dire l'incontournable, qui s'énonce maintenant dans les mots de tous les jours, lesquels sont aussi bien les mots de la *nuit*.

Ce que donne aussi la mère en mourant, c'est sa fragilité et la possibilité, pour sa fille, de lui rendre ce que, d'elle, elle a reçu en surabondance : le don du soin infini, de l'amour sans contour. La mère devient l'enfant de son enfant et la création de son écriture.

* * *

Disant, sans fausse pudeur, avec une indéfectible passion, sa situation malaisée, depuis le premier livre jusqu'au plus récent, Anne-Marie Alonzo a trouvé une audience naturelle auprès des femmes sensibles à son courage devant une vie infiniment ingrate, qu'elle a transformée en chance d'accomplissement ; sensibles aussi à cette réinvention de l'amour, hors des voies communes, sans laquelle aucune vie véritable n'eût été possible. Mais l'œuvre d'Anne-Marie Alonzo n'intéresse pas que la sensibilité féminine. Elle touche aussi tous ceux qui sont aux prises, de quelque façon que ce soit, avec l'incontournable, et il suffit d'écouter les grandes voix de la poésie contemporaine pour comprendre que celui-ci est, peu ou prou, le lot de chacun d'entre nous.

---

3. Dans une chronique de la revue *Voix et images*, « Poésie. – Rééditions (Alonzo ou la syntaxe du vivant) », n° 81 (printemps), 2002.

Le corps souffrant dans *Geste* :
les douleurs polymorphes

CARLOS SEGUIN

La souffrance a plusieurs dimensions : celle que nous percevons le plus facilement, liée à la maladie, et la souffrance psychologique, beaucoup plus sournoise : les injures, la mélancolie, la difficile acceptation de soi, le trauma. Depuis les années 1970, nous assistons à un regain d'intérêt pour le corps souffrance en Occident. Une véritable médicalisation du corps s'est instituée par la biotechnologie, qui cherche à créer un corps épuré de toute imperfection et à empêcher toute forme de maladie de se développer, ainsi que par les empires pharmaceutiques, qui mettent au point divers moyens de maîtriser la souffrance. Si les médecins s'appliquent à mieux reconnaître et comprendre le corps souffrant (les sensations du patient), l'expression de cette douleur n'est pas complètement résolue, car elle échappe encore à toute caractérisation.

La santé est une manière de garder les choses intactes, constantes, alors que la maladie représente la perturbation. Dans le discours médical, le corps biologique est fixé par le langage des gènes, qui déterminent qui nous sommes, et par l'homéostasie, qui assure que nous restions tels que nous sommes. Toutefois, le corps biologique est changeant et transformable[1]. Cette transformation peut survenir à la suite d'une maladie, d'un accident ou peut même être délibérée (les modifications corporelles d'Orlan[2], par exemple). Le corps souffrant traduit par des écrivains et

---

1. Voir l'article de Linda Birke, « Bodies and Biology » (1998 : 43-45).
2. Artiste française multidisciplinaire dont les performances « charnelles » impliquent un travail sur le corps. Elle utilise son corps comme matériau, comme un objet malléable.

des artistes s'inscrit dans une démarche visant à redéfinir les fondements mêmes de la corporalité, de la douleur et de la maladie. La représentation du corps féminin est souvent placée sous le signe de la souffrance, exprimée et évoquée par des écrivaines, par des artistes-peintres ou simplement par des témoignages autobiographiques, comme celui d'Anna J. Michener, *Becoming Anna* – le récit troublant d'une jeune fille rejetée par sa famille et enfermée dans un hôpital psychiatrique. Alors que plusieurs remettent en question leur vie, leur sexualité, leurs amours et leurs désirs, la souffrance demeure une certitude.

Geste d'Anne-Marie Alonzo n'est pas uniquement un récit auto-biographique[3] portant sur le dispositif du corps souffrant, mais constitue aussi un discours sur l'image corporelle et l'identité, sur l'expérience du corps, sur cette difficulté d'acceptation, sur cet objet perdu. Qu'elle soit ressentie ou supposée, la souffrance demeure cruelle et sournoise. La souffrance interne, que nous pouvons appeler émotionnelle, est trop souvent considérée comme moins légitime parce qu'invisible. Le discours de *Geste* est performatif, car il constitue l'acte auquel il se réfère. Le discours sur le corps souffrant peut donc être compris comme une action performative, qui véhicule une force exemplaire. Cet effet performatif est éprouvé par la narratrice du récit comme une identité : son corps, pris comme un « tout », refuse toute catégorisation.

Geste retrace l'histoire de cette transformation émotionnelle et physique. Mais la performativité peut-elle influencer la manière dont le corps fonctionne ? Nous performons plusieurs rôles, dont certains peuvent influencer nos paroles, actions, gestes et désirs. Pour saisir leur réalité, nous devons donc comprendre comment les sujets racontent l'histoire de leur propre souffrance et comment ils s'insèrent dans les narrations de la culture dominante[4]. Les récits sur la souffrance suscitent des difficultés perceptuelles s'ils s'attaquent à des sujets controversés et s'ils sont écrits par des minoritaires ou des marginaux. Le récit d'Alonzo s'inscrit dans un champ culturel précis : elle est une femme et elle écrit à partir d'un corps handicapé. Elle vit donc une double exclusion au sein même de la collectivité de la souffrance.

---

3. Les pratiques autobiographiques ne se restreignent pas au discours mais incluent aussi des pratiques et des formes de représentation telles que les *talk shows*, les c.v., l'amanèse, les petites annonces de rencontres, les *testimonios*, etc.
4. Questions posées implicitement par Kim Sawchuk, Cathy Busby et Bill Burns dans le chapitre introductif du collectif *When Pain Strikes* (1999 : xv-xvi).

Le 5 juillet 1966, Anne-Marie Alonzo est victime d'un violent accident de voiture qui la laissera paralysée. *Geste* a été publié en 1979 à Paris aux Éditions des femmes. Treize ans après avoir été gravement blessée, la nécessité d'écrire sur cette tragédie se fait sentir, et Alonzo décide alors de lever le voile sur son drame, sur cette perte. *Geste* relate le combat d'une jeune fille alitée pendant un an à l'hôpital. Cette malédiction constitue sa nouvelle réalité et identité : « Je ne guérirai jamais ne suis pas malade simplement sourde à toute vie inerte que faut-il ni guérir ni périr mais alors et rester là immobile inutile » (20[5]). Même si le récit est écrit à la première personne, une nette distinction s'impose entre l'auteure et la narratrice de *Geste*. Ce qui a été vécu par Anne-Marie Alonzo relève d'un ordre symbolique différent de ce qu'elle a écrit plusieurs années plus tard. Les années façonnent notre façon de percevoir le monde et les événements passés. « Il fallait, pour Alonzo, que sa souffrance – l'intime – devienne publique » (Lequin 1994 : 314).

Alonzo a uniquement parlé des femmes dans son œuvre, elle a donné la parole à celles qui ne l'ont pas toujours eue. De par son écriture, elle pose un geste politique. L'oppression des femmes a été engendrée par les divers systèmes d'inscription morphologique patriarcale (les régimes de la connaissance tels les sciences, la philosophie et les arts) et par les représentations psychiques de ce corps marqué. *Geste* interpelle les sensations physiques et psychologiques qui forme et transforme l'expérience de la narratrice. Le seul moyen d'échapper à ce sentiment d'inertie est d'instaurer une distance émotive entre soi et le corps[6]. La reconstruction de la vie dépend de la capacité de se forger une nouvelle identité. Au début, le récit représente une jeune fille au corps contusionné, alitée depuis longtemps, incapable de se mouvoir. Tout est immobile : sa chambre, son corps. Personne ne sait si elle pourra marcher. Sa relation avec les autres, sa vision d'elle-même et de ce qui l'entoure se transforme. La paralysie la pousse vers une redéfinition de sa subjectivité : qui est-elle maintenant ? qui sera-t-elle ? Sa souffrance influence désormais sa perception du monde extérieur, de la vie et des autres. Lorsque la narratrice apprend qu'elle ne marchera plus, son corps pénètre alors dans un autre espace culturel, les paradigmes de sa différence se retournent et changent. Elle devient une Autre dans une seconde catégorie de stigmatisés. Sa compagne est la souffrance, une sensation trop réelle, pratique-

---

5. Les pages correspondent à l'édition de 1997.
6. Susan Wendell (1998 : 330).

ment incarnée : « la souffrance physique est si incontestablement réelle qu'elle semble conférer cette qualité au pouvoir qui la fit naître[7]. »

Geste possède cette rare qualité de mêler la mort avec l'amour, la souffrance et la mélancolie, sans jamais tomber dans la désolation. Le récit ne détient pas une doctrine sur le corps souffrant ni une prise de position idéologique. L'histoire personnelle d'Anne-Marie Alonzo devient la source de sa démarche politique et artistique. La jeune fille est incapable de se résigner à ses nouvelles limites corporelles. Tout échappe à son contrôle, le corps ne répond pas, le système nerveux a été touché. Après ce bouleversement effroyable, peut-on envisager un apaisement des souffrances ? La narratrice n'a pas encore conscience de cette éventualité, la plaie est trop vive : « le déluge tant qu'il y a de la vie mais je n'y crois plus. Je n'ai pas peur. Passé » (25). Peu à peu, la jeune fille réalise qu'elle est couchée sur un lit d'hôpital à attendre, à espérer qu'elle marchera un jour, comme naguère. La question de la dignité joue un rôle crucial, car elle est incapable de se lever, de marcher, de manger ou de se laver toute seul. Se sentir incapable de fonctionner et ne dépendre que de gens qui ne saisissent en rien la gravité de nos souffrances, est terriblement douloureux. L'espérance nourrira plus tard, dans sa chambre d'hôpital, sa vie quotidienne et soulagera ses maux. Mais chercher à reconstruire sa vie après un tel accident n'est concevable que beaucoup plus tard dans le processus d'acceptation.

Geste se construit de manière à exprimer cette souffrance physique et émotive à travers la perte du corps et la perte de l'amante, épreuves parfois insoutenables qui deviennent un moyen de dépasser sa propre existence, ce sentiment d'aliénation face à l'inconnu. Le récit est, en quelque sorte, divisé en deux parties qui s'entremêlent : la perte du corps et le départ de l'amante. Ces deux parties sont constitutives de la souffrance de la narratrice. La souffrance possède une valeur artistique indéniable, car les manifestations de douleur intense permettent de créer une œuvre, un récit, dont l'intention cathartique n'altère en rien la beauté. La qualité de *Geste* réside dans les choix stylistiques, dans cette voix qui émerge du récit, racontant une paralysie, une condition du corps, un aspect de l'identité sociale[8] plus ou moins accepté. Anne-Marie Alonzo, de par sa narration rétrospective, raconte le corps et sa propre existence ; le foyer du

---

7. « The physical pain is so incontestably real that it seems to confer its quality of incontestable reality on that power that has brought it into being. » (Scarry 1985 : 27). Notre traduction.
8. Voir Paul John Eakin (1999 : 37).

récit est cette « nouvelle » vie, l'histoire de ce corps souffrant. S'amorce un combat, un réapprentissage. C'est le début d'une marginalisation qui affectera l'auteure : d'abord comme handicapée, ensuite comme immigrante, puis comme femme, et finalement comme lesbienne.

Ce statut de paria provoquera des souffrances psychiques et physiques qui iront bien au-delà de la paralysie du corps. Cette ségrégation sociale n'empêche pas Anne-Marie Alonzo de raconter l'histoire d'une souffrance née de toutes ces années passées à être incapable d'exprimer, d'expliquer, de décrire l'accident, les désillusions, les déchirements, la profonde tristesse. La souffrance physique ne ferait pas que résister au langage, mais le détruirait. Elle ramènerait la voix à un stade antérieur au langage, avant même que l'enfant n'apprenne à parler, stade des bruits, des cris, des pleurs. Souffrir est une certitude sensorielle, mais entendre parler de la souffrance ou voir quelqu'un souffrir nous met en présence d'un état physique ou psychique qu'il nous est difficile de pénétrer et, par le fait même, de comprendre. *Geste* renferme ainsi une telle souffrance, un état si difficile à imaginer qu'il est pratiquement impossible de ressentir toute la douleur exprimée par l'auteure. Sa relation au corps est subitement dénaturée parce que ce dernier est devenu étranger. La perte provoque une profonde mélancolie : « Que faire à présent de ma. / Si longues les années / à venir » (104). Cette mélancolie est centrale à sa nouvelle identité. Afin de saisir les enjeux de la mélancolie, nous devons transposer les explications freudiennes sur le deuil – comme perte d'un être aimé – vers le deuil comme souffrance (du latin *dolere*), c'est-à-dire comme une affliction provoquée par la perte, dans ce cas, du corps… valide. Si la structure du deuil (l'être aimé perdu) est une structure de la formation du moi, nous pourrions comprendre l'identification mélancolique comme une condition d'acceptation.

L'identification mélancolique permettrait la perte d'un objet dans le monde extérieur précisément parce qu'elle fournit une manière de préserver l'objet comme faisant partie du moi. Accepter un « nouveau » corps ne signifie pas pour autant l'abandon du corps valide, mais plutôt le transfert du statut du corps du monde extérieur vers un monde intérieur. Comme le propose Freud, délaisser ou abandonner un objet ne devient possible que par une intériorisation mélancolique[9]. Si l'objet ne peut plus exister dans le monde sensible, il existera au niveau psychique. Désavouer la perte équivaudrait à continuer à vivre comme si rien ne

---

9. Dans *Le Ça et le Moi*.

s'était produit, tandis que le renoncement doit être compris comme une possibilité de poursuivre sa vie. Cette identification ne doit pas être occasionnelle, mais doit évoluer avec une nouvelle structure de l'identité. Le processus d'intériorisation du corps perdu est pertinent à la formation de l'identité et de la relation avec autrui ; cette perte du corps et de l'objet aimé est intériorisée. La mélancolie refuserait la perte de l'objet et l'intériorisation serait donc une stratégie de réanimation de l'objet perdu non seulement parce que cette perte est douloureuse, mais aussi à cause de l'ambivalence ressentie face à l'objet.

Sa démarche vers un rétablissement salutaire s'annonce pénible. La narratrice, à travers la voix d'Alonzo, énonce sa propre définition de la souffrance : elle exprime la douleur physique, certes, mais surtout la souffrance sourde, celle que personne ne saisit, face à ce corps inerte dans lequel elle se sent impuissante. Son corps ne lui appartient plus : « À qui appartient ce joli bras ? [...] Je ne sens je n'ai plus rien » (9). L'univers bascule dans le néant, détruisant ainsi toute son existence. Le récit est écrit avec des phrases brèves et incomplètes. Il est écrit avec difficulté et tristesse. *Geste* donne une voie(x) à ces souffrances, propose une alternative au corps. Le titre, *Geste*, nous renvoie au corps, constitué comme un objet de savoir. Face à l'impossibilité d'exécuter les gestes qu'elle désire, Anne-Marie Alonzo confie à son récit les gestes nécessaires afin qu'il ordonne et démontre ce que le corps est incapable de faire.

Elle donne cette voix(e) à une narratrice, une jeune fille qui raconte sa propre subjectivité tracée dans ce même corps, traversée par la souffrance physique, par le désarroi, par l'échec amoureux. Les vicissitudes du corps redéfinissent l'expérience de l'identité. Le récit essaie de rendre audible cette souffrance gardée sous silence. La narratrice se révolte contre ses vertèbres disloquées et contre les gens qui l'entourent, tous ceux qui ont pitié, qui l'encouragent sans succès en niant sa souffrance : « Il y a les pauvres abandonnés. Illettrés. Toi ta tête au moins l'intelligence. Mieux que les bras jambes. Sois heureuse pas tout perdu... » (30). À cela, elle répond : « Si. Et plus » (30). Le sentiment d'étrangeté grandit, la triste réalité n'est pas uniquement de ne plus marcher ou de ne plus courir, mais de devoir à présent regarder vers l'avenir et d'accepter l'inévitable. Lucie Joubert, dans son article sur la notion de paratexte, rappelle qu'Alonzo observe les autres, leurs corps, leurs gestes : « Le "fonctionnement" des gens de son entourage, qu'elle met en constant parallèle avec sa propre inertie dans une obstination quasi masochiste, cristallise toute son attention... » (1994 : 299).

Pour le lecteur, les questions déferlent et se multiplient. Comment incorporer cette souffrance dans le processus d'acceptation? Comment accepter un tel accident, causé par un conducteur criminel[10]? Comment se débarrasser de cette terrible image d'une voiture conduite par ses parents happée par un conducteur fou et ivre? Comment déroger à ces images envahissantes qui parasitent l'esprit, dérèglent la vision de la réalité, enferment dans un imaginaire compulsif? «L'auto aveugle géante affamée. Entre les deux sièges avant coincée le cou brisé pendant. Oiseau blessé. Dans quel film déjà cette scène?» (22). L'esprit, à la manière d'un magnétoscope, repasse continuellement les mêmes scènes, les mêmes images, les mêmes personnages. Les images mentales prolifèrent à un rythme affolant lors d'émotions violentes, provoquant chez la narratrice des obsessions frénétiques. La souffrance psychique est dévastatrice, car elle brouille la réalité et l'imaginaire. Elle ronge les images positives et les renverse en inquiétudes et en tourments. L'accident serait-il cette substance aminée introduite au cœur du tissu cérébral, régulant l'activité, les désirs et les peurs? La réalité dissimulée, dénuée de sens, modifie le moi, voile l'esprit et le dupe.

La narratrice doit, afin de survivre, reconceptualiser la relation qu'elle entretient avec son corps. Même si le corps est souvent traduit comme une construction culturelle, cette expérience de reconceptualisation demeure essentielle, parce que la narratrice a été victime d'un grave accident. Cette transmutation du corps survient dans un contexte social et culturel bien précis, mais la narratrice est tenue de reconnaître, d'une part, ses nouvelles limites corporelles (l'impossibilité de se mouvoir) et, d'autre part, d'apprendre à vivre avec cette transformation. Inévitablement, la souffrance physique se transforme en souffrance psychologique: «Ni crier hurler pleurer ni geindre. Capitonnés les murs. Bâillonnés. Babel cette tour ne parlons pas le même» (85). La douleur physique a été, peu à peu, dénaturée. Demeure la perception de soi-même, de son corps, un regard investigateur très souffrant. Il ne s'agit pas de dévaluer l'expérience corporelle, mais plutôt de transcender cette corporalité afin d'insister sur les stratégies de «décorporalité».

Malgré tout le désespoir qu'une telle situation provoque, Alonzo semble accepter l'inacceptable afin de pouvoir re-vivre: «N'espère plus marcher. Vivre. Uniquement» (78). Dans *Geste*, Alonzo a mis l'accent sur le corps-sujet, sur l'expérience corporelle. L'auteure semble s'adresser à

---

10. Voir à ce sujet l'entrevue avec Louise Dupré.

quelqu'un dans son récit, à une femme qui n'est pas mentionnée. Alonzo a assumé son corps malade, mais aussi son corps de femme, son corps lesbien. Ce processus d'acceptation concerne autant l'émancipation d'une femme clouée à un fauteuil que l'affirmation de la sexualité lesbienne. Il s'agit d'un double effort pour une femme qui croyait avoir tout perdu. Elle a libéré son corps de la force régulatrice de la sexualité normée pour se concevoir un idéal de plaisirs, en dépit de ses limites.

Finalement, le suicide s'offre à ceux et celles qui, pour échapper à l'intolérable, abandonnent la vie, refusant de faire face à ce qui les attend : « Au choix rasoir fusil couteau ou rester » (22). Elle doit élaborer une stratégie du corps, comprendre ce que le corps désire et accepter ses limites. Elle est tenue de réactiver ce corps passif : « Réduite à l'immobilité, elle ne trouve plus de sens à sa vie ; à la merci des gens et des choses, elle a l'impression qu'elle ne peut plus *produire* : il ne lui reste qu'à résister à son handicap et à la vie » (Joubert 1994 : 302). La peur, dans le récit, tourne autour de cet état psychologique et physiologique qui la guette. La souffrance émotionnelle surpasse la souffrance physique, anesthésiée par de puissants analgésiques. Et même au moment de la publication du récit, elle est toujours aussi vive : « Oubliée la peau irrite. Treize ans ce mal et encore n'en vois pas la fin » (117). Les manifestations de la souffrance physique sont rapidement traitées, mais la détresse psychologique et la douleur morale ne reçoivent jamais la même attention : « Ne rien sentir. Et hurler de douleur » (16). Le corps ne se métamorphosera pas, malgré les prières, malgré l'espoir d'un miracle : « Cours des miracles. Lourdes Sainte Anne de. La Mecque le Mur » (58). L'imploration est un chemin qui ne mène nulle part, mais permet néanmoins à certains, grâce à l'apaisement que leur procurent les prières, de se construire une nouvelle identité. La souffrance est vécue individuellement. Elle survient toujours dans des contextes particuliers qui formeront et transformeront l'expérience corporelle et le rapport à la souffrance. Dans *Geste*, la jeune fille du début du récit ne réalise pas encore qu'elle pourra poursuivre sa vie, elle ne voit que deux issues : se suicider ou se résigner. En fait, elle n'est en cela guère différente des nombreux accidentés qui deviennent paralysés jeunes : « Accepter l'inacceptable / N'avoir d'autre choix » (76). L'écriture ne devient-elle pas alors un projet salutaire ?

Bibliographie

Birke, Linda (1998). « Bodies and Biology », dans Janet Price et Margrit Shildrick (dir.), *Feminist Theory and the Body*, New York, Routledge, p. 42-49.

Butler, Judith (1990). *Gender Trouble : Feminism and the Subversion of Identity*, New York et Londres, Routledge.

Dupré, Louise (1994). « Écrire comme vivre : dans l'hybridité. Entretien avec Anne-Marie Alonzo », *Voix et images*, n° 56, p. 238-250.

Eakin, Paul John (1999). *How Our Lives Become Stories. Making Selves*, Ithaca et Londres, Cornell University Press.

Foucault, Michel (1976). *Histoire de la sexualité. La volonté de savoir*, Paris, Gallimard.

Freud, Sigmund (1990). *The Ego and the Id*, New York et Londres, W.W. Norton.

Joubert, Lucie (1994). « Le paratexte chez Anne-Marie Alonzo : Invitation à une lecture de la complicité », *Voix et images*, n° 56, p. 297-308.

Lequin, Lucie (1994). « Du mot surgit l'écriture : Anne-Marie Alonzo, au pays des merveilles », *Voix et images*, n° 56, p. 309-317.

Michener, Anna J. (1998). *Becoming Anna*, Chicago et Londres, Chicago University Press.

Sawchuk, Kim, Cathy Busby et Bill Burns (1999). « Introduction », *When Pain Strikes*, Minneapolis et Londres, University of Minnesota Press, p. x-xxv.

Scarry, Elaine (1985). *The Body in Pain. The Making and Unmaking of the World*, New York et Oxford, Oxford University Press.

Wendell, Susan (1996). *The Rejected Body*, New York et Londres, Routledge.

———— (1998). « Feminism, Disability and Transcendence of the Body », dans Janet Price et Magrit Shildrick (dir.), *Feminist Theory and the Body*, New York, Routledge, p. 324-333.

La mise en scène des tensions entre le mouvement et l'immobilité chez Anne-Marie Alonzo

LOUISE FORSYTH

*[…] tu bouges et marches et t'envoles comme tu veux et **désires**
et je sais que ton désir a des ampleurs d'apocalypse*[1].

*par une volonté antérieure à la mienne, j'ai été une enfant dépossédée
du monde*[2].

*Plus tard, une femme est venue. Elle m'a embrassée. Je l'ai embrassée.
Je l'ai regardée ! Pour la première fois de ma vie, je venais de manger,
je venais de boire en dehors de la mort*[3].

Poser son geste : écrire des scènes du désir et de la mouvance

L'écriture d'Anne-Marie Alonzo ouvre des espaces fictifs qui ont, à mon avis, des qualités scéniques. Parmi ces qualités, mentionnons l'ouverture d'un espace de jeu et de spectacle, la présence corporelle de personnages qui parlent et se déplacent dans cet espace, une action propulsée par des

---

1. *Une lettre rouge orange et ocre*, p. 52.
2. « D'abord l'intime. Entretien avec Denise Desautels » (2001 : 238). Desautels fait explicitement écho ici à la première phrase du *Torrent* d'Anne Hébert : « J'étais un enfant dépossédé du monde. Par le décret d'une volonté antérieure à la mienne, je devais renoncer à toute possession en cette vie » (Hébert 1963 : 7). Tout en lui donnant une forme féminine et temporellement définitive, Desautels souligne, comme Hébert et Alonzo, l'universalité du sentiment de dépossession.
3. Jovette Marchessault, *Triptyque lesbien*, Montréal, Pleine Lune, 1980, p. 76-77 et quatrième.

conflits entre les personnages ou dans leur for intérieur, l'absence de voix narratives objectives. La plupart des textes d'Alonzo – qu'ils soient des textes de théâtre, des poèmes, des ouvrages de fiction, ou des essais – créent l'impression de dialogues. Ils ressemblent à des partitions où des personnages bougent ou ne bougent pas selon leur situation, leur désir et leurs passions, assument leur destin, poursuivent leurs rêves et leurs obsessions, et luttent contre les obstacles. Dans ces lieux scéniques virtuels, le corps et l'esprit des personnages se découvrent. Ils font des gestes et s'expriment dans des langages poétiques et théâtraux pour passer à l'action dans leur opposition à la dépossession et à l'immobilité, que celles-ci proviennent de l'extérieur ou de l'intérieur du corps.

Par la théâtralité de son écriture, composante essentielle de son langage poétique, Alonzo fait entendre des voix intimes (fonction lyrique), dresse des tableaux dramatiques (fonction ostentatoire), et situe ces tableaux dans une temporalité mouvante (fonction narrative). Tous les éléments sont en place pour une mise en scène. Les voix énonciatives d'Alonzo, conscientes de tout ce qui les distancie de leur corps, des autres, et de l'espace qu'elles habitent, parlent à partir d'un espace intime où elles semblent voir leurs propres expériences comme des spectacles.

L'écriture d'Alonzo est un bel exemple de ce que la critique au féminin appelle la *nouvelle autobiographie*, c'est-à-dire une écriture réflexive basée sur le travail collaboratif entre une voix qui raconte sa vie et une voix qui la chante, entre un *je* narratif et un *je* lyrique. La *nouvelle autobiographie* donne forme à une mémoire personnelle qui est à la fois historique et fictive. Cette écriture autobiographique, qui est donc en même temps « l'autoreprésentation de l'acte d'écrire » (Lequin et Verthuy 1994 : 233), suggère des moments réellement vécus sans les déformer par l'exclusion au présent de l'énonciation de la conscience de soi, de l'imagination, des émotions, des idées, et des rêves[4]. La figuration de l'auteure

---

4. Voir Barbara Havercroft et Julie LeBlanc, « Effets autobiographiques au féminin » (1996 : 6-9) et Louise Dupré « Déplier le temps : mémoire et temporalité » : « plusieurs femmes-poètes se sont mises à publier des récits ou des romans ayant des liens plus ou moins évidents avec l'autobiographique […]. Ces expériences d'écriture ont été préparées par la narrativité inscrite dans la poésie en prose chez les femmes, surtout depuis les années quatre-vingt, de même que par l'exploration de l'intime, du quotidien, du banal, qui présentait un *je* lyrique […]. L'ouverture que constitue la nouvelle autobiographie, où les frontières entre la réalité et la fiction peuvent être repensées, permet de poser un pont entre le *je* lyrique et le *je* narratif de nature autobiographique : on peut mettre du jeu entre soi-même comme écrivaine réelle et soi comme narratrice, tout en restant fidèle à soi-même » (2001 : 316).

dans le texte est devenue une composante essentielle de la *nouvelle auto-biographie*. Ainsi, Alonzo crée des couches spatiales où les sphères « réalistes », vérifiables dans le « vrai » monde, s'ouvrent sur des étendues et des profondeurs qui sont le reflet par la voix, le mouvement et l'action de l'espace du dedans, espace de la conscience, du désir et du désespoir : imaginaire, mémoire, affect, intellect, esprit, domaines oniriques et ludiques.

La tension créée par l'alternance entre ces espaces fictifs et ceux qui représentent un réel vécu est forte. La nature et les rythmes de cette alternance se transforment de livre en livre. L'immobilité domine l'espace réel, elle y exerce un contrôle presque absolu du corps, c'est une adversaire redoutable. Malgré cette omniprésence, les voix qui parlent et la représentation des vastes espaces du dedans sont tellement puissantes, dynamiques et « réelles » dans l'écriture d'Alonzo que les horizons de ses textes se transforment en invitations à la mouvance, à la danse, au voyage, non moins qu'à la parole. Cette action – haute en énergie, en conflits, en pulsions sensuelles et érotiques – est propulsée par la quête d'une mobilité construite en termes et en images autres que la marche telle qu'on la conçoit normalement. Sans nier ni cacher l'évidence palpable de l'immobilité dans le monde « réel », évidence qui se fait sentir dans l'acte même d'écrire, les représentations scéniques dans les textes d'Alonzo nous font vibrer avec les envols énergiques et les pulsions érotiques de la vie intérieure.

Quand la Mère décrit sa fille Andrée comme « ma mobile immobile » dans *Une lettre rouge orange et ocre* (46), elle fait éclater les frontières illusoires qui sont inhérentes à la pensée binaire, basées sur le principe de la contradiction et qui dépendent de distinctions étanches entre le visible et l'invisible, entre le réel et le fictif, entre le physique et le psychique.

Par l'acte d'écrire qui produit une mise en scène virtuelle, il devient possible de « faire exister ce qui existe[5] ». Par cet acte, l'auteure explore des terrains inconnus où se jouent des émotions contradictoires et des luttes acharnées. La présence du corps actif est frappante chez Alonzo ; sa voix reflète la capacité unique de voir et de sentir d'un corps intensément habité dans l'amour et la douleur. Son œuvre offre des spectacles où la mise en scène jette une lumière crue sur l'existence corporelle. Elle fait voir la beauté du corps et de l'esprit humains ; elle fait ressentir la jouissance de l'amour entre femmes, tout en soulevant des questions sur

---

5. *Faire exister ce qui existe* est le titre d'un essai fictif, prévu pour 1985 par la romancière fictive dans l'ouvrage de fiction de Nicole Brossard (1977 : 176). Anne-Marie Alonzo était directrice de la collection « Fiction » au moment de la publication de *Picture Theory*.

l'illusion de l'identité intégrale, la force et la faiblesse physiques, et les rapports avec autrui.

Une écriture qui est foncièrement dramatique, tels que m'apparaissent la plupart des textes d'Alonzo, présuppose une sensibilité aiguë devant tout ce qui est *spectacle*, tout ce qui se montre, se voit ou se reflète. Claudine Potvin a analysé cette sensibilité scopique manifeste depuis le début chez Alonzo, « ce rapport du texte au visuel » (1994 : 279), dans son article « Muses et musées : l'effet "tableau" de l'écriture » : « Anne-Marie Alonzo a intégré la dimension visuelle à son travail d'écriture depuis toujours » (1994 : 280). L'expression « effet tableau » qu'utilise Potvin met en évidence la qualité théâtrale de cette sensibilité visuelle : « Le livre [d'Alonzo] se fait image ou musée [...]. Écrire/peindre consiste alors à trouver l'arrangement, l'événement, l'installation, le mouvement, le *show* permanent » (1994 : 279).

Des thématiques complémentaires : l'immobilité et la révolte exprimées par l'acte d'écrire

Le premier paragraphe du premier livre publié par Alonzo, *Geste*, introduit le thème de l'immobilité. La voix qui parle dans le texte par bribes constate cette présence sombre : « Noir. Ci-gît un personnage en quête d'elle-même ». L'expression « Ci-gît » signale que cette immobilité est proche de la mort : « Silencieuse et froide » (7). À partir de ce moment, en 1979, l'écriture d'Alonzo s'engage dans une exploration de la complexe thématique de l'immobilité humaine et se fait l'arme active de résistance à ses conséquences. Dans la vie humaine, cette immobilité, si difficile à supporter, peut être corporelle ; elle peut en même temps être morale, affective, cognitive, ou spirituelle : « L'immobilité est universelle. / Accessible à tous » (*Immobile*, 92). Tout intimement que soit vécue l'immobilité dans les textes d'Alonzo, cette condition catastrophique ne diffère pas dans ses contours de l'*absurde*, l'*état de siège* ou l'*exil* d'Albert Camus, de l'*innommable* de Samuel Beckett, ni de l'*abjection* de Julia Kristeva. Elle ressemble également à l'immobilité des *beaux jours* de Winnie enfouie dans la terre et à *la dépossession* chez Anne Hébert, ou à *la solitude* que, selon Hébert, seule la poésie peut rompre. Personne n'échappe à l'insignifiance de la vie, à la solitude, à la douleur, à l'affaissement du corps, à la peur, à la honte, à la culpabilité, ni à la mort : « tout siège annonce l'état » (*La vitesse du regard*, 76).

En tant que figure dans l'univers théâtral d'Alonzo, l'immobilité ne prend pas la forme d'un personnage ennemi ; elle ne se montre ni ne bouge. Elle est, en effet, immobile et invisible. Elle ne participe pas en tant qu'acteur au déroulement événementiel de l'histoire :

> C'est l'adversaire qui te manque. S'il y en a un, tu ne le vois pas, tu ne l'entends pas […] il n'attrape pas ton cœur, il ne l'écrase pas entre ses doigts, ton cœur est écrasé, ta chair est tranchée, ta voix est étouffée, par personne[6].

L'immobilité s'est installée une fois pour toutes dans cet univers avant le début des histoires représentées. C'est une unité déchirée originelle ou une « première fracture du temps », expression utilisée par François Paré dans son analyse de la mort dans l'œuvre de Denise Desautels (2001 : 275). Une telle « fracture », qu'elle s'opère par la mort ou par l'immobilisation du corps, ne se répare pas. Comme l'ont signalé Anne Hébert, Denise Desautels et tant d'autres, la dépossession s'est accomplie « par une volonté antérieure à la mienne » (Hébert 1963 : 7). Elle fait sentir sa présence par ses effets et ses conséquences, et non pas par ses interventions ponctuelles. Bien que la nature de ces conséquences varie d'une situation à l'autre, l'immobilité ne change pas avec le temps. Elle est là tout simplement, partout, inéluctable.

Dans le fonctionnement de l'événement théâtral, l'immobilité occupe chez Alonzo la case du *destinateur*. C'est dire qu'elle est la force matérielle et idéologique qui détermine les conditions au sein desquelles l'action dramatique a lieu[7]. Elle établit *l'état* des personnages et des choses. Il est inutile de lutter directement contre le *destinateur*, puisque sa force implacable provient de sa situation transcendante. L'action dramatique dans les textes représente plutôt la lutte contre les effets de l'immobilité. Cette lutte, qui est thématisée dans l'œuvre d'Alonzo par la volonté d'aimer et d'être aimée, et véhiculée par l'acte d'écrire, s'accomplit dans un contexte de présence, de mouvance, de mémoire, et de permanence dans l'histoire. Ce sont les actes d'amour passionné et d'écriture réflexive qui rendent la vie signifiante et significative.

La première page de *Geste* nous situe au moment où une *persona* de l'auteure constate que l'immobilité est entrée dans son corps et dans sa vie. Les effets de cette entrée sont en train de se manifester ; une prise de

---

6. Cixous, p. 14. Alonzo a cité Cixous dans *L'immobile*, p. 131.
7. Voir Ubersfeld, p. 54-57.

conscience pénible a lieu au cours de cette scène, qui reste sans explica-tion de la part d'une voix narrative omnisciente. Dans un monologue, la personne qui subit cette invasion et qui réfléchit en même temps sur ce qui se passe exprime sa souffrance, son incompréhension, et l'écartèle-ment identitaire en train de se produire dans son esprit et dans son corps. Cet écartèlement se montre dans les questions posées – urgentes mais sans réponse – et dans la multiplicité de pronoms utilisés. Le *je* parle en de courtes phrases simples, complètes, et terribles : « Je ne sens je n'ai plus rien », « Je ne peux pas dire ». Aussi saillantes que soient ces consta-tations à la négative, les bribes de phrases sans sujet ou dont le sujet est à la troisième personne, à la première personne du pluriel, ou à la deuxième personne du pluriel mettent en évidence la perte presque absolue de soi : « Levons le bras. Devinette. À qui appartient ce joli bras ? Étonnement. À qui vraiment ? [...] À qui appartient ce doigt ? Répondez. [...] Comment savoir ? » (7). Comme nous verrons plus loin, la fragmen-tation physique et psychique du sujet chez Alonzo se manifeste souvent dans son écriture par des jeux de dédoublement pronominal.

Les réponses à l'immobilité qu'Alonzo représente dans ses œuvres ne sont ni passives ni défaitistes. La voix qui parle dans *Geste* fait enten-dre et voir un personnage qui regarde sa situation en face et refuse, mal-gré la douleur qu'elle éprouve, de laisser étouffer ses désirs. Elle affirme sa conscience d'être présente dans cet espace, insiste sur sa volonté de comprendre, et revendique son droit à la mobilité. Elle pose son geste, fort difficile au départ, par l'acte d'écrire : « Je dis mouvance chaque mot écrit j'ai dit mouvement car même et seule ja(i)mais la vie autre j'aimais le cri » (60). C'est par l'écriture qu'Alonzo invente des *personae* et des per-sonnages qui se déplacent dans des espaces scéniques, qu'elle donne forme à l'espace du dedans et au désir de bouger, qu'elle retrouve son souffle et affirme des complicités avec d'autres personnes qui bougent. Par la dramatisation des paroles et des gestes de ces personnages, Alonzo met en jeu le sujet de ses textes. Ses expériences se présentent sous l'éclai-rage d'une mise en scène.

Alonzo donne dans *Geste* des indications et des dialogues scéniques pour qu'on voie la protagoniste travailler avec une autre personne qui suggère les meilleures stratégies pour ré-apprendre physiquement à écrire :

> Des billets lettres une à la fois. Exercices. Quotidiens./ Tenez-vous équilibre bâtonnets dans chaque main taper lentement touche par touche y arriverez./ Je ne tiens pas. Tombe. Je dis une

main suffirait plus lente sûre. Disent les deux meilleur le dos./ Recopier. Je dis j'aimerai écrire./ ... cher amour j'y passerai des heures la vie. Ce jour une lettre bientôt plus. Reprendre (ma) vie comme si elle (m')était contée. Phrases brèves. Silences [...]. Le souffle mien. (49-50)

Même avant l'entrée de l'immobilité dans *Geste*, la voix active se fait entendre, le désir et la révolte s'affirment. Le texte commence par l'annonce, sans qualification, de «La soif». Cette annonce fait écho à la pièce de Denise Boucher, *Les fées ont soif*, créée au Théâtre du Nouveau Monde en novembre 1978. Boucher représente elle aussi la nécessité de se révolter contre l'*état* de l'immobilité pour être en mesure de vivre sa vie.

La voix dans *Geste* dont le corps est «enflé» et «rasé» se révèle dès le départ lucide et ludique, capable de jouer. Elle propose une «devinette». Sa perspective sur elle-même comme *personnage* se prête à la distanciation, au dédoublement, et à la réflexion. Aussi, cette perspective ouvre un espace scénique de jeu. La voix du texte parodie le titre de la célèbre pièce de Luigi Pirandello quand elle formule l'énoncé «Ci-gît un personnage en quête d'elle-même». La déformation de ce titre signale des éléments de la révolte qui se prépare. La protagoniste refuse, en remplaçant un substantif masculin par un pronom féminin, de se plier aux règles d'une grammaire et d'une société sexistes. De plus, elle s'affirme volontaire et prête à s'occuper de ses affaires, à parler en son nom propre. À la différence des personnages de Pirandello en quête d'auteur, c'est-à-dire d'un autre qui décide de leur identité, de leur place et de leur histoire, le personnage d'Alonzo est en quête d'*elle-même*. La soif exprimée par cette voix représente la quête de soi et signifie qu'elle veut assumer la responsabilité de ce qui lui arrive.

Plusieurs des tableaux scéniques brossés par le langage poétique élégant d'Alonzo sont des tableaux sombres où le désir de ses personnages se manifeste dans un appel à la mort. Le poids de l'immobilité et de la douleur qu'elle occasionne sont alors insupportables. Ce sont des moments de stase, de solitude et de découragement. À d'autres moments, fréquents et pleins d'intensité, il y a alternance entre la douleur et la quête passionnée de rapports d'amour, de mouvance, et de beauté avec d'autres femmes. Les représentations des visages de la motion et de l'émotion ne sont pas toujours positives. Elles peuvent offrir des rencontres éblouissantes; elles risquent néanmoins de provoquer à tout instant des ruptures déchirantes. Cependant, même dans les moments de désespoir où l'amour est perdu et l'immobilité semble l'emporter, ce sont les pulsions sensuelles de l'écriture, le désir infaillible et la quête de soi jamais abandonnée qui continuent à ouvrir chez Alonzo de nouvelles scènes vivantes à explorer.

La création de la protagoniste et de ses interlocutrices

La première étape du parcours d'Alonzo dans la dramatisation par écrit de la révolte contre les effets de l'immobilité était la création de la protagoniste. Pour être en mesure de dire *je*, ce personnage au corps écartelé du début de *Geste*, que le moment de fracture a aboli en tant qu'*in-dividu*, devait nécessairement trouver son sens d'identité et rétablir le contact avec un corps vécu comme intégral. Malgré les multiples instances pronominales dans *Geste*, les personnages ne sont pas nombreux. Le texte est centré sur les perceptions et les expériences de celle qui parle : la personne immobile. Les décors de son espace se sont effrités. Des images de paysages et de saisons stériles et sans issue, la syntaxe brisée – l'absence de sujet, les formes verbales à l'infinitif, l'incomplétude des phrases – mettent en évidence la difficulté d'avoir à se situer en tant que sujet et l'urgence d'écrire pour accomplir et vaincre ainsi l'absence de mouvement dans l'espace et dans le temps :

> La mer n'est plus ne sera. Aride ce pays glacé et la neige sanguine./ Je ne veux ne vis que./ Criminel le printemps et les saisons sauvages./ Où aller demande-moi. Et pouvoir inventer. Nul avion voiture bateau pas nomade amour sédentaire terrière stagnante./ Mon deuil ces voyages./ [...] cette descente reprise aux enfers./ M'atteler (à la table) et graver tracer je pense écrire ne la quitterai (me lèverai) partirai que vide [...]. Je cherche creuse gratte plus d'ongles amour et ne sais pas ce qui manque./ Usée n'ai plus d'âge. (120-121)

Les frontières de la subjectivité ne seront jamais définitivement fondées. Il y a néanmoins, dans les pages de *Geste*, la voix forte d'une protagoniste qui s'affirme. Au cours de cette première étape de sa quête, ce personnage s'est trouvée *elle-même*, même si elle doit s'acharner à l'écriture pour s'en assurer et que son identité indépendante reste problématique. Cette personne est consciente de figurer dans une mise en scène. Elle sait que c'est une mise en scène à un seul personnage, qu'elle est la seule comédienne, qu'elle se jouera assise, et qu'une seule spectatrice restera assister au spectacle :

Fondés les décors. Mise en. Toujours à un personnage cette pièce./ Aparté./ Effraie/ repousse la chaise certains./ Demeure certaine. (50)

Comédienne je dis me jouerais assise. (122)

Le personnage maternel est celle qui ne repousse pas sa chaise et qui demeure dans *Geste*. Elle est la première personne à traverser les scènes de l'immobilité avec la protagoniste. La figure de la mère occupe une grande place sur les scènes de l'œuvre d'Anne-Marie Alonzo. Elle sera souvent l'interlocutrice principale à qui la protagoniste s'adressera, le *tu* des dialogues. Il est évident qu'Alonzo a voulu écrire la mère. Aussi, la mère se transforme en *alter ego* à des moments où c'est elle l'immobile et c'est la fille qui s'occupe d'elle. Le seul *texte dramatique* d'Alonzo est un dialogue fictif entre Andrée, la fille, et la Mère. La figure maternelle y dépasse largement la représentation réaliste de la mère d'Alonzo. Elle lutte de façon héroïque dès le départ contre les effets physiques, sociaux et moraux de l'immobilité. Elle écoute, elle exhorte la protagoniste à lutter pour elle-même, elle s'impatiente et se fâche ; elle affirme sa propre indépendance. Les nombreuses associations antinomiques qui découlent des rapports avec la mère se prêtent à la représentation dramatique d'amours et de conflits qui surviennent entre les deux personnages ou au sein de la protagoniste.

Les frontières du soi de la protagoniste et de la mère ne sont pas stables. Elles glissent et s'avèrent perméables à des traits de caractère qui sont davantage ceux d'une amie ou d'une amante que ceux d'une mère. Au fur et à mesure que le *je* qui parle s'affirme adulte et que l'écriture fait ses preuves textuelles en ouvrant des espaces de spectacle, de mouvement, de réflexion, et d'intimité avec d'autres personnes, la représentation des rapports entre la fille et la mère devient de plus en plus riche et ambivalente. L'interlocutrice de la protagoniste devient multiple. À l'origine, l'autre, c'était la mère. D'ouvrage en ouvrage, le visage de cette autre se diversifie. Dès la parution de *Veille*, Alonzo joue subtilement dans ses textes sur les parallèles sonores et les associations connotatives entre *la mère, l'amour, la mort, l'amère, la mer* et en fait un jeu de masques. Cette constellation de figures représente l'amour, la marche et la mouvance. Plus tard, l'interlocutrice principale du *je*, cette autre à de multiples corps et visages, prendra la forme de l'écriture elle-même. Elle sera *Galia qu'elle nommait amour* ou, tout simplement, « Elle ».

Mais d'abord il fallait créer le personnage de l'autre, celle qui sert de miroir à la protagoniste, avec qui celle-ci entre en dialogue, en caresses et en mouvement, et grâce à qui elle entretient des rapports avec son corps et sa sensibilité physique, l'espace du dedans, et le monde du dehors. La figure de l'auteure traverse dans *Veille* cette deuxième étape dans laquelle elle est accompagnée, consciente du regard de l'autre : « Je ne (me) rêve plus seule. Marche j'accompagne. Plus seulement suivre. [...] Tu m'es mouvance/ et mouvement. [...] Tu embellis je me vois belle./ Miroir tu changes le reflet » (39, 42). La protagoniste voit apparaître dans ses paysages désertiques des fleurs et des oiseaux, même des orchidées (65), si signifiantes dans toute l'œuvre d'Alonzo.

Les premières versions de *Veille* nous donnent un aperçu de la transition dans l'écriture d'Alonzo d'une approche largement autobiographique à une approche qui, sans se détacher de son ancrage dans la vie de l'auteure, se situe dans une perspective symbolique. Elle a publié un premier texte intitulé « Veille » en 1979. C'est une variante de la section la plus explicitement autobiographique de *Veille* (15-19). La protagoniste se réfère à ce qui semble être des moments réels dans la vie d'Alonzo et de sa mère. Le point de vue ne change pas dans cette section : le *je* (la fille) s'adresse de façon soutenue au *tu* (la mère). La protagoniste s'est donné le projet d'opérer, par ses paroles, une séparation dans la conception bicéphale des rapports entre la fille et la mère qu'elle entretenait jusque-là : « De mère en fille mère. Un long nuage ma vie. [...] Je n'ai que la tête et ton corps moi. Ne ferons qu'une. Monstre à deux têtes mais sacrées » (15). La protagoniste collabore ainsi avec l'écrivaine pour créer le rôle de l'autre personne dans sa vie, pour qu'il y ait au moins deux personnages dans sa mise en scène. C'est le point de départ d'un processus capital de séparation, mais qui ne fait pas voir l'autre comme personnage entier. L'autre n'a pas encore d'existence autonome et l'écriture reste autobiographique.

Alonzo a également publié en 1980 une version initiale de la première section de *Veille* (7-12), « L'Amère des rêves[8] ». C'est ce texte qui

---

8. Le côté amer de la maternité, qu'elle soit vue par la fille ou par la mère, a été abordé en 1977 par Nicole Brossard dans *L'Amèr ou le chapitre effrité*. Alonzo connaissait sans doute ce roman explosif. La thématique de *Veille*, qui tourne autour des rapports mère-fille, fait penser également à la pièce *Les vaches de nuit* de Jovette Marchessault publiée en 1979 et créée la même année par Pol Pelletier dans le spectacle *Célébrations* au Théâtre du Nouveau Monde. Marchessault et les auteures représentées dans « La Mermour » avaient l'intention de créer leurs textes sur scène. À ma connaissance, ce projet ne s'est jamais réalisé.

annonce un nouveau départ. Le titre du texte met en évidence l'ambivalence que la *persona* de l'auteure éprouve dans ses rapports avec la mère. Le texte n'est pas réaliste. La protagoniste entreprend ici une quête de l'amour, une quête de complicité avec l'autre qu'une mère biologique, toute dévouée qu'elle soit, ne saurait jamais satisfaire. Le livre sera une lettre d'amour lancée à la mer : « Sais-tu qu'en Chine l'on poste les lettres d'amour en les lançant dans un canal d'eau claire, si claire » (7). La mère célébrée avec passion par la protagoniste dans son incantation initiale, et avec qui elle s'identifie, est un personnage mythique et sensuellement mobile, sorcière, qui est à la fois fille, mère, et créatrice :

> J'ai la mère vaste étale [...] ronde [...] lourde d'un sein [...] rouge [...] femme [...] la reine mère et cheveux d'étoiles.
> Ma mère se terre et ma mère croit. Elle tangue et bouge et danse. Ma mère ondule et fond la musique car nul ne lui résiste encore. Je suis l'amère des rêves. J'amourre et recrée je forme à ma guise je nourris je berce j'attise et j'éteins. Je suis mère meurtrière et tue le rêve d'une seule ondée. J'incante et je chante. [...] J'ai la mermour. (9-12)

La quête de la mère se transforme dès lors en quête d'amour et d'intimité avec l'autre : la mère, l'amie, l'amante, l'autre soi-même. Alonzo met ici en place la structure de base de son œuvre.

Dialogue avec le silence – monologues pour plusieurs voix

Il y a donc dans les scènes inventées par Alonzo d'autres personnages à qui la protagoniste s'adresse directement ou indirectement, avec qui elle a des contacts physiques, et qui exercent la fonction capitale d'interlocutrice ou de destinataire[9]. Ce qui est frappant dans ces scènes, c'est le

---

9. Je distingue ici *interlocutrice* et *destinataire*. L'*interlocutrice* est la personne à qui la protagoniste parle directement et qui, logiquement, devrait lui répondre. Je réserve le mot *destinataire* pour la fonction qui correspond au mot *destinateur*, que j'ai utilisé pour désigner la force transcendante qui détermine l'*état* des personnages et leur situation. La *destinataire* est donc ici une figure à force transcendante qui s'oppose au *destinateur*, l'immobilité, pour en supprimer les effets et déterminer la signification positive, symbolique, ontologique ou même métaphysique de la quête de la protagoniste. Chez Alonzo, qui choisit comme destinataires des femmes créatrices, la destinataire est l'amour, la créativité, et la mobilité.

silence de l'autre, l'absence de réplique de la part de l'interlocutrice. La protagoniste parle, évoque ses souvenirs de moments d'entente, de jouissance ou de mésentente entre elles, exprime ses désirs, raconte les gestes ou les paroles de l'autre, réfléchit sur leurs rapports et l'acte d'écrire. Malgré la présence en scène d'un *je* et d'un *tu*, l'auteure permet rarement qu'on entende directement la réponse de l'autre. Ce silence risque de transformer en attente et en veille l'action représentée dans le texte. Les dialogues sont en fin de compte des monologues adressés à des personnes implicitement présentes qui ne répondent pas à la protagoniste.

Cette façon de représenter et de structurer les dialogues met en évidence la présence du silence comme partie intégrante de l'*état* de la protagoniste. Le silence, sosie de l'immobilité, impose entre les personnages une distance infranchissable, un fossé d'incertitude et de solitude. Il arrive très souvent dans les textes d'Alonzo que la protagoniste hésite ou se tait – parce que le silence a déjà fait différer la suite de l'action désirée. Le prochain épisode n'est plus clair. Le contexte de silence au sein duquel les paroles de la protagoniste sont prononcées se manifeste aussi dans les structures syntaxiques d'Alonzo. Ces structures sont brisées et fragmentaires. Les phrases complètes sont rares. Ni la suite des idées ni celle des épisodes ne se produit. Elles passent plutôt par des blancs sur la page, des renvois énigmatiques, et des métaphores : « Mais fendrai l'air comme flèche toucherais / lumière de plein fouet. / Attends cette fois que sourire se voie » (*Bleus de mine*, 65).

Cette absence d'échange direct verbal entre la protagoniste et l'autre occasionne souvent chez Alonzo la mise en place d'un jeu de pronoms. Ni le *je* ni le *tu* ne sont stables. Ce jeu de pronoms, typique de l'écriture d'Alonzo, introduit un procédé de mouvance dans l'acte même d'énoncer. Les personnages qui s'expriment à la première ou à la deuxième personne, qui occupent donc en théorie des instances d'énonciation reconnaissables s'escamotent, filent, changent ou échangent leur identité. Depuis le premier livre d'Alonzo, l'identité des personnages dont on entend la voix n'est jamais certaine. Au début, cette fragmentation des voix reflétait surtout l'éclatement du corps. Par la suite, cette démultiplication des voix, tout en signalant la solitude de la protagoniste, ouvre l'espace scénique à de riches explorations. Dans ses grandes lignes, le jeu des pronoms permet à la protagoniste d'entrer en dialogue avec les diverses facettes d'elle-même sous des optiques variables.

La structure dialogique de base chez Alonzo tourne le plus souvent autour des rapports entre le *je* présent et le *tu* absent ou qui ne parle pas.

Mais le jeu des pronoms s'ouvre aussi à la perspective à la troisième personne, sans pour autant introduire un point de vue extradiégétique. C'est dans *Galia qu'elle nommait amour* que le pronom « elle » prend de l'importance. Les scènes dramatiques y représentent le plus souvent la rencontre de deux personnages présentés à la troisième personne : Elle et Galia. La voix narrative entre si intimement dans les désirs, pensées, sensations, émotions et réactions d'Elle (qui devient vers la fin du livre *l'amie de Galia*) qu'elle n'adopte jamais une position objective et omnisciente. L'emploi du pronom *elle* est ici une autre façon de développer une perspective sur les effets de l'immobilité et de la solitude. Dans une section capitale de *Galia qu'elle nommait amour*, la narration passe de l'échange entre deux personnages vus à la troisième personne à l'invitation à un dialogue entre *je* et *tu* (74-88). Le *je* s'exprime dans une lettre à « Galia amour » au sujet d'*elle* qui est partie ; la lettre communique la solitude du *je*, qui jure et veut croire que « Les femmes […] s'aiment autrement » (86). Dans *Galia qu'elle nommait amour* le pronom *elle* véhicule un riche fond d'expériences intimes. En même temps, cet *elle* s'ouvre et s'élargit, se transforme de façon symbolique en Amour, en Écriture, en Elle. La *persona* d'Alonzo a reconnu l'importance transcendante de Galia dans son univers personnel en affirmant que « Galia est son écriture même » (*Immobile*, 136)

La structure de *Tout au loin la lumière* se développe à partir du même jeu des pronoms, représentant les trois instances d'énonciation possibles. Les trois sections de ce beau livre sont intitulées « Je », « Elle » et « Toi ». Sa thématique principale comprend la lutte par la parole et l'écriture contre les effets de l'immobilité, la célébration de la beauté du corps et de l'amour entre femmes, et l'affirmation de la mobilité sous les formes de la marche, la danse, l'amour et la nage : « je marche de tant de lourdes immobilités » (21). Encore une fois dans ce livre, la représentation de cette thématique est théâtrale. Le décor et la distribution des rôles sont donnés à la première page (13). Des indications scéniques apparaissent sporadiquement tout au long du texte. L'action dramatique commence tout de suite. Dans la première partie de la première section, le *je* s'adresse au *tu* dans un monologue. Mais avant la fin de cette première section, le *je* se dédouble d'un *elle*, qui commence, elle, à s'exprimer à la première personne, ce qui crée un double au *je* employé par la protagoniste. Dans la section d'« Elle », le dédoublement des voix de et sur *elle* est représenté par l'alternance entre des passages en caractères typographiques romains et d'autres en italiques. Le *je*, dans les deux cas, ne semble pas représenter la même personne. Cette approche crée une certaine impression de dialogue, tout en soulignant la divergence de ces personnages, l'absence de communication.

Les trois manifestations féminines distinctes dans *Tout au loin la lumière*, représentées par les pronoms à la première, deuxième et troisième personne, offrent une vaste exploration des côtés positifs et négatifs de l'amour entre femmes : maternel, amical, sensuel, sexuel... et artistiquement complice.

Dans les dernières pages de la section « Tu », dernière section du livre, le *je* s'adresse amoureusement dans son monologue à *tu* : « Je n'ose pas dire – je t'aime – trop souvent » (75). Les réponses de *tu* n'apparaissent pas dans le texte. Il est impossible de savoir si ce *tu* représente une seule interlocutrice ou plusieurs, puisque la série de passages offre une diversité de perspectives sur l'amour. Il y a la jouissance sexuelle : « Touche-moi, embrasse-moi, caresse-moi, pose ta main sur mon sein mon ventre mon sexe, garde mes cuisses contre tes jambes, donne-moi ta bouche tes seins ton ventre donne-moi ton corps à boire, ne me prive pas » (74). Il y a aussi l'intimité avec une figure maternelle qui caresse avec douceur le visage et la tête de la protagoniste : « Tu me moules à toi, tu trempes tes mains dans de l'eau tiède, tu t'essuies sur ton tablier, tu places tes doigts sur mon visage, tu frôles mon front, mes sourcils, mes paupières, tu caresses mon nez, mes joues, tu entoures mes oreilles, chatouilles les lobes, je souris et tu ris avant de m'embrasser » (76). Il y a enfin le souffle passionnel de la créatrice : « Sculpte-moi ! laisse aller tes doigts, crée, fais vivre, donne-moi le souffle, oublie-toi. Donne-moi un corps, des bras, des jambes, une tête, un cœur, une âme » (77). « Soulève-moi. / Danse. / Mais avec moi » (80).

Grâce à l'amour de ce *tu* multiple, la protagoniste met en scène un tableau d'elle-même en mouvement. C'est cependant un tableau ironique pour une personne en quête de mobilité, puisque c'est un tableau immobile, figé dans une œuvre d'art : « Je garde la pose. Pour la frime, le jeu, une photographie. Ne m'arrête pas. Je suis une aile, une danse, de la fumée, de la lumière, une ombre chinoise, une toile immaculée. Une sculpture. Je suis cela » (81).

Il semble que les seuls véritables dialogues dans l'œuvre d'Alonzo se produisent quand l'auteure travaille en collaboration avec d'autres créatrices et créateurs, ce qui met encore une fois en question les frontières entre la fiction et la réalité.

Le partage et la complicité avec d'autres artistes

Toute l'œuvre d'Alonzo révèle ses liens avec les gens de théâtre et d'autres artistes, ses connaissances dans les domaines de la littérature, des arts, des cultures et la passion qu'elle porte aux arts de la scène, non seulement le théâtre, mais la danse, la performance, ainsi qu'au cinéma, la musique, et à la photographie. Je devrais mentionner aussi, bien entendu, sa brillante carrière consacrée aux beaux-arts et aux lettres. À titre d'exemple de *la passion du jeu* qui anime toute son œuvre, j'attire l'attention sur *L'immobile. Lettres*, fiction épistolaire où l'auteure adresse douze lettres à des femmes de la scène : « comédiennes, auteures, chorégraphes, chanteuses, communicatrices » (quatrième de couverture) : « Pour la première fois, je m'adressais à des personnes réelles, existantes [...] des amies mais aussi des femmes connues. Je l'ai fait exprès pour qu'on ait l'impression d'avoir une image, une vision de la destinataire » (Dupré 1994 : 243). Alonzo affirme aussi dans *L'immobile* son désir de ne pas créer seule, de voir éclater les frontières entre les genres littéraires et artistiques : « Ne pas être limitée. Pas dans un genre seul. Faire surgir l'écrit. Le faire exploser du roman au récit au théâtre au cinéma. Habile mélange de lettres et de fiction » (*Immobile*, 32).

Dans son article « Aujourd'hui Schéhérazade a appris à écrire : Anne-Marie Alonzo et l'entreprise de vivre », Maïr Verthuy insiste comme moi sur la sensualité érotique de l'écriture d'Alonzo, et sur le pouvoir de cette écriture d'ouvrir des espaces scéniques où le dialogue rythmé et mouvementé réussit à reporter indéfiniment la mort et les retombées douloureuses de l'immobilité ou de l'enfermement. Verthuy remarque à l'égard des lettres dans *L'immobile* que « presque toutes sont liées à des textes dramatiques ou autres » (Verthuy 1994 : 277). Les frontières entre les arts se brouillent chez Alonzo dès le début de sa carrière. Cette perméabilité des formes artistiques s'accompagne chez elle d'une ouverture à collaborer entre artistes. Hugues Corriveau a employé la belle expression « une confrontation amoureuse entre deux arts » dans son compte-rendu de *La danse des marches* (36).

Les quatre premiers textes de *Veille*, un ouvrage dit de *fiction*, ont été portés à la scène du Théâtre expérimental des femmes de Montréal en 1981 dans une adaptation et mise en scène de Mona Latif-Ghattas. La comédienne Céline Beaudoin, qui en a créé le rôle principal, a reconnu la force psychique et érotique de l'immobilité dans ce texte. En découvrant les sources et les manifestations de sa propre immobilité, elle a découvert les ressorts authentiques de son désir de mouvement et la base d'une complicité avec l'écrivaine. Elle faisait part à Alonzo de cette découverte simultanée, grâce au texte de *Veille*, de l'*imbougeable* et du désir en elle : « Je voudrais / Dire-écrire / Réfléchir l'immobilité / L'imbougeable en moi / Le désir s'y acharne / L'imbougeable face à mon désir qui veut plus, veut autre, veut différent[10] ». Pour Beaudoin, l'auteure est, par sa parole et son écriture, le modèle même de la mobilité et de la passion, de tout ce qui bouge. Le sujet que la comédienne doit atteindre est « l'imbougeable en moi », cet *imbougeable* en elle face aux pulsions de son propre désir acharné et violent. La création du rôle l'amène à découvrir la source de sa propre immobilité et la capacité de lutter contre cette immobilité en écoutant les voix de la lucidité et de la sensualité. Alonzo a dit en guise de réponse que « *Veille* est devenue **sa** pièce » (13, Alonzo souligne), c'est-à-dire la pièce de Beaudoin. Beaudoin est bien entrée dans le texte d'Alonzo et elle est arrivée, par son regard, sa voix, et son jeu, à lui renvoyer la balle, permettant ainsi à Alonzo de se voir autrement, de re-découvrir son propre texte, la force violente et insoupçonnée de ses émotions et de son écriture : « Mais son regard, ces soirs-là. / Sa voix aussi. / Et la violence qu'elle trouvait dans **mes** phrases. / L'entendre, la voir, finissait par m'effrayer. Qui étais-je donc qui écrivais toutes ces fins du monde ? » (13, Alonzo souligne).

Cette complicité entre Alonzo et Beaudoin nous montre bien que la thématique de l'immobilité, qu'Alonzo privilégie et explore dans son œuvre, ne représente ni un état physique exceptionnel ni un état psychique isolé. Toute personne est prise dans le carcan de ses propres immobilités, subit la solitude qu'elles imposent, et se trouve obligée d'en prendre conscience pour ne pas avoir à étouffer ses désirs. L'écriture et toutes les formes de créativité artistique illuminent et libèrent l'imagination, les rêves, la passion. Le dialogue épistolaire entre Alonzo et Denise Desautels dans *Lettres à Cassandre* explore en détail et en profondeur la complicité affective qui naît entre deux poètes quand elle se fonde sur un partage lucide de leurs immobilités et leurs intimes innommables.

Par son écriture réflexive et lucide, Alonzo a exploré la face positive et négative de l'immobilité et du mouvement. Son exploration a pris la forme d'une dramatisation de sa quête de sens. La vie humaine est inconcevable sans ces deux versants, ce qui bouge et ce qui ne bouge pas, dans le corps et dans le cœur. Il est intéressant de noter que son livre *La*

---

10. Lettre du 29 mars 1981 de la comédienne Céline Beaudoin à Anne-Marie Alonzo, reproduite dans *La passion du jeu, livre-théâtre*, sous la direction d'Anne-Marie Alonzo, Laval, Trois, 1989, p. 24.

danse des marches, qui célèbre avec le plus de force la beauté du corps en mouvement, insiste sur l'importance incontournable, au cœur de ce mouvement, de l'arrêt et de l'hésitation : « un arrêt de mouvement arrêt de musique tire et pousse et tire donne des ailes fait ronde et danse fait croyance de mouvement » (14). Cette même célébration de la danse, « un coup de bras coup de reins elle virevolte fait face se retourne se lève tombe rock et roule s'élance retombe sursaute frémit tremble se lève fuit accourt » (22), affirme un retour dramatique à la mort et à l'immobilité : « ci-gît mais tu ne danses pas les pierres se creusent te reçoivent te boivent tu fais corps avec elles tu ne marches plus » (26).

Bibliographie

Beaudoin, Céline. « Lettre du 29 mars 1981 de la comédienne Céline Beaudoin à Anne-Marie Alonzo », dans *La passion du jeu, livre-théâtre*, Anne-Marie Alonzo (dir.), Laval, Trois, 1989, p. 24.

Beckett, Samuel (1963). *L'innommable*, Paris, Minuit.

_____ (1974). *Oh les beaux jours*, Paris, Minuit.

Boucher, Denise (1978). *Les fées ont soif*, Montréal, Intermède.

Brossard, Nicole (1977). *L'amèr ou le chapitre effrité*, Montréal, Quinze.

_____ (1982). *Picture Theory*, Montréal, Nouvelle Optique, coll. Fiction.

Camus, Albert (1942). *Le mythe de Sisyphe*, Paris, Gallimard.

_____ (1948). *L'état de siège. Spectacle en trois parties*, Paris, Gallimard.

_____ (1957). *L'exil et le royaume*, Paris, Gallimard.

Cixous, Hélène (1978). *Préparatifs de noces au delà de l'abîme*, Paris, des femmes.

Corriveau, Hugues (1993). « Les ailes de la danse. Pour savoir où mettre les pieds », *Lettres québécoises*, n° 71 (automne), p. 35-37.

Dupré, Louise (1992-1993). « La prose métisse du poème », *Québec Studies* (automne-hiver), p. 51-56.

_____ (1994). « Écrire comme vivre : dans l'hybridité. Entretien avec Anne-Marie Alonzo », *Voix et images*, n° 56 (hiver), p. 238-249.

_____ (2001). « D'abord l'intime. Entretien avec Denise Desautels », *Voix et images*, n° 77 (hiver), p. 227-240.

_____ (2001). « Déplier le temps : mémoire et temporalité dans *La promeneuse et l'oiseau* et *Ce fauve, le bonheur* de Denise Desautels », *Voix et images*, n° 77 (hiver), p. 302-316.

Havercroft, Barbara et Julie LeBlanc (dir.) (1996). « Effets autobiographiques au féminin », n° spécial, *Voix et images*, n° 64 (automne).

Hébert, Anne (1960). « Poésie, solitude rompue », *Poèmes*, Paris, Seuil, p. 65-71.

_____ (1963). *Le torrent*, Paris, Seuil.

Kristeva, Julia (1980). *Pouvoirs de l'horreur. Essai sur l'abjection*, Paris, Seuil.

Lequin, Lucie (1994). « Du mot surgit l'écriture : Anne-Marie Alonzo, au pays des merveilles », *Voix et images*, n° 56 (hiver), p. 309-317.

Lequin, Lucie et Maïr Verthuy (1994). « Présentation », n° spécial sur Anne-Marie Alonzo, *Voix et images*, n° 56 (hiver), p. 232-234.

Marchessault, Jovette (1980) [1979]. « Les vaches de nuit », *Triptyque lesbien*, Montréal, la Pleine Lune, p. 80-94.

Paré, François (2001). « La figure de la répétition dans l'œuvre de Denise Desautels », *Voix et images*, n° 77 (hiver), p. 275-287.

Pirandello, Luigi (1978). *Six personnages en quête d'auteur*, Paris, Gallimard.

Potvin, Claudine (1994). « Muses et musées : l'effet "tableau" de l'écriture », *Voix et images*, n° 56 (hiver), p. 279-293.

Ubersfeld, Anne (1996). *Lire le théâtre* I, Paris, Belin.

Verthuy, Maïr (1994). « Aujourd'hui Schéhérazade a appris à écrire : Anne-Marie Alonzo et l'entreprise de vivre », *Voix et images*, n° 56 (hiver), p. 268-278.

Prisonnières amoureuses :
Représentations de la mère et la fille
dans le théâtre d'Anne-Marie Alonzo

CELITA LAMAR

Auteure d'une vingtaine de livres dont un seul, *Une lettre rouge, orange et ocre,* est une pièce de théâtre, Anne-Marie Alonzo a néanmoins vu plusieurs de ses écrits mis en scène ou mis en lecture. Dans les deux textes abordés ici, *Veille* et *Une lettre rouge orange et ocre*[1], la relation mère-fille joue un rôle fondamental. Comment cette relation belle et tumultueuse avec ses éléments d'amour, de peur, de dépendance et de jalousie est-elle exprimée au sein ou au-delà du texte dramatique ? Qu'advient-il lorsque le texte quitte la page écrite pour se transformer en voix, corps de femmes et musique ?

Avant d'examiner ces questions, rappelons la chronologie des écrits ainsi que des productions dramatiques d'Anne-Marie Alonzo. En mai 1981, elle fonde avec Myrianne Pavlovic et Mona Latif-Ghattas, Auto/ Graphe, une compagnie de théâtre où son premier spectacle dramatique, *Veille,* fut représenté. Deuxième fiction d'Anne-Marie Alonzo publiée par les Éditions des femmes en 1982, *Veille* est créée au Théâtre expérimental des femmes en 1981 ; elle est ensuite présentée au Théâtre de la Grande Réplique, au Théâtre du Vieux-Québec et en tournée au cours des années 1981-1982. Radio-Canada en diffuse une version radiophonique dans le cadre de l'émission *Escales* en octobre 1981. *Une lettre rouge orange et ocre,*

---

1. Les citations reproduites ici proviennent de la deuxième édition.

texte dramatique publié à Montréal par la Pleine Lune en 1984, est traduit en allemand et créé à Berlin par Traude Buhrmann en 1991.

La création de *Veille* au Théâtre expérimental des femmes le 10 juin 1981 marque un tournant dans le théâtre dit «des femmes» de l'époque. Œuvre poétique et nullement militante, ce texte apportait une nouvelle voix qui allait à l'encontre du courant dominant des revendications de droits, et d'un théâtre dénonciateur et qui se servait de mots crus pour dire la vérité des femmes. Selon Mona Latif-Ghattas, metteure en scène de *Veille,* ce fut «une naissance pour le théâtre [...] un bouleversement pour le théâtre des femmes [...] à cause de l'approche, du travail artistique et de la musique, création originale de Catherine Gadouas». Parmi le répertoire des œuvres dramatiques d'Anne-Marie Alonzo, *Veille* est celle qui a connu le plus long parcours au Québec : création, reprises, tournées, sans oublier les critiques élogieuses. Soulignons enfin que cette pièce a d'abord été présentée sur scène avant d'être publiée sous la forme de livre-fiction, et qu'elle vint au monde, littéralement et symboliquement, après un exceptionnel travail d'équipe de neuf mois entre l'auteure, la metteure en scène et les comédiennes[2] !

À partir de quatre inédits (qui allaient devenir les quarante-cinq premières pages d'un livre qui en compte une centaine), *L'Amère de rêves, Veille, En Deuil* et *Tu,* est né un texte dramatique en quatre parties, joué sans entracte. À la voix de la narratrice, Mona Latif-Ghattas ajouta un second personnage, la musique. Deux jeunes femmes sont sur scène : Céline Beaudoin, qui récite les mots de la femme emprisonnée dans son corps, et Catherine Gadouas, qui lui répond avec la musique de sa clarinette. Mère, fille, femme aimée, c'est l'amour passionné, le désir d'aimer, d'être aimée, de posséder l'être aimé, qui emplit la scène avec une force poétique à la fois visuelle et sonore.

L'espace scénique contient quatre colonnes blanches sur un fond noir et un cube, également blanc, sur lequel s'assoit la comédienne qui récitera le texte. Une soixantaine de changements d'éclairage suivent les émotions, allant d'un blanc blafard pour signifier le retour au réel, au rouge pour souligner la passion ou une émotion violente[3]. Les costumes de Mérédith Caron marquent le contraste symbolique entre les deux personnages : verbe et musique, restriction et mouvement, réalité et rêve.

---

2. Entretien avec Mona Latif-Ghattas le 24 avril 2002.
3. Ginette Michaud, «"Veille" Anne-Marie Alonzo», *Cahiers de théâtre Jeu,* n° 21 (hiver 1981), p. 190.

> Cette cagoule de satin blanc fige notre propre corps, donne un impact particulier à toute la gestuelle à la fois vaste et retenue de la femme emmurée [...] cette cagoule, presque un linceul, concrétise l'immobilité, accentue la différence avec l'Autre, femme diaphane et légère sous le voile mauve[4].

Le geste-image appartient également au registre visuel puisqu'il est « étroitement lié à l'environnement visuel et sonore et très particulièrement lié au costume[5] ». Restreinte dans ses mouvements par la « peau » de son costume, la comédienne réussit néanmoins à effectuer des gestes d'un symbolisme frappant. Ainsi, le déplacement d'un bras, d'une main dans cette enveloppe élastique évoque-t-il une image ou une émotion avec l'impact d'une sculpture vivante. Mona Latif-Ghattas décrit le développement des gestes-images dans *Veille* comme la création de tableaux « dont la ligne esthétique comme telle n'a d'importance qu'en regard de la profondeur qu'elle creuse en nous » (1982 : 30). Il s'agit d'un travail long et ardu qui vise à susciter une réponse viscérale de la part des spectateurs.

> Et voici le geste à deux. La fusion de deux gestes instantanés ou décalés qui se fondent en un geste-image. « Dépliée ces jours je me vois grande, j'étends le bras lève et rejette. Je ne veux que le corps. À corps. » Et Catherine, la grande, la fluide, se baisse, jusqu'à devenir moins grande que Céline assise sur son cube. Elles étendent le bras, se rejoignent [...] voilà [...] un corps à corps [...] épée à épée [...] arc de triomphe [...] serment [...] épousailles [...] croix de fer, croix de bois [...]. (1982 : 30)

Cette stratégie scénographique permet de révéler des interprétations dissimulées dans les profondeurs sous-jacentes du texte.

L'élément sonore comprend deux éléments principaux : d'abord la musique, celle de la clarinette, composée et jouée par Catherine Gadouas, et celle de la bande sonore, également composée par elle. La comédienne-musicienne incarne l'amour, à tour de rôle mère, fille et amante désirée. Ensuite, le timbre et l'intonation de la voix de Céline Beaudoin élèvent le texte lumineux d'Anne-Marie Alonzo de la page écrite à l'écoute et au cœur du spectateur. On ressent l'impact de la cadence des mots, des

---

4. Julie Stanton, *La Gazette des femmes*, novembre 1981.
5. Mona Latif-Ghattas, « À la recherche du geste-image dans la mise en scène de *Veille* d'Anne-Marie Alonzo », *Pratiques théâtrales*, n° 15, 1982, p. 29.

127

répétitions du même mot prononcé sur un autre registre qui le transforme et l'effet presque hypnotique de certaines de ces répétitions, comme ces mots entendus sur la bande sonore au début de la pièce :

> J'ai la tête lente et rien n'existe qui n'ait été rêvé. Les mots m'évadent doux si doux que je passe pour folle.
>
> Où crois-tu que je pars quand je pars. (21)

Passant d'une cadence extrêmement lente à un débit de plus en plus accéléré où l'on semble entendre plusieurs voix prononçant les mots en décalage ou en écho, la résonance de ces phrases répétées une dizaine de fois introduit un malaise chez les spectateurs, un malaise qui sert de toile de fond pour l'entrée sur scène des deux personnages.

Le dialogue voix-clarinette commence et, d'emblée, l'opposition parole-musique s'établit. Céline Beaudoin « joue avec les mots et les sons avec une voix aux ressources d'une incroyable richesse et au regard d'une dévorante intensité[6] ». Ce regard est accentué par une cagoule qui couvre les cheveux et met en relief les yeux et la bouche de la comédienne. Des souvenirs d'une vie divisée entre l'enfance mobile et l'immobilité qui a suivi l'accident surgissent par bribes tout au long des quatre parties. Cette immobilité, exprimée par le costume qui dérobe au regard ses membres inutiles, gît dans l'attente, la veille de l'autre, celle qui incarne le mouvement, la danse, l'amour. Mère, mère-amante, objet de désir, de jalousie, celle qui hante ses pensées le jour et ses rêves la nuit. « M'aimes-tu ? M'aimes-tu ? » crie celle pour qui l'amour et le rêve définissent et circonscrivent la vie. L'autre écoute, danse et répond avec sa clarinette. Sa présence incarne le bonheur d'un corps aérien, fluide, libre. Sa musique exprime la tendresse, l'affection avec autant de clarté que la voix de l'autre.

Cette relation complexe et intense atteint une adoration presque idolâtre chez la fille :

> Si je dis qu'elle plaît je mens et si je dis qu'elle charme je mens aussi car elle envoûte sorcière et son rire fuse émeraudes et diamants parure de fête (pour) moi qui ne ris pas. (10-11)
>
> J'ai la reine mère et cheveux d'étoiles. Ses robes sont un empire, ses bijoux un écrin. (11-12)

---

6. Martine R.-Corrivault, « Spectacle étrange et beau, ce *Veille* d'Anne-Marie Alonzo », *Le Soleil*, le 15 avril 1982.

À cette adoration s'ajoute le désir de fusion des corps mère-fille :

> Ton odeur parfum toi. Je n'ai que la tête et ton corps moi. Ne ferons qu'une.
> Monstre à deux têtes mais sacrées. (15)

Et suit la jalousie, la peur d'être abandonnée :

> Amour amère tu ne me quitteras ne partiras jamais ni malade ni je dis morte.
> Même endormie nulle ne peut t'enlever. Tu es mère mienne et quiconque te touche !
>
> Jalouse oui en folle possession.
>
> Les autres mentent mais tout importe de ce qui est dit. Tout ce qui est dit je répète. Il n'y a que toi moi toi. (16)

Enfin elle arrive au doute quant à la mère, sa force, sa patience :

> Aujourd'hui je demande es-tu prisonnière.
>
> Toutes ces années et jamais le moindre mal. Ne te plains ne gémis pas pourquoi.
>
> Où va la crainte chez toi que caches-tu et je cherche à travers les siècles et. (17)

Cette lucidité envers le rôle difficile que sa mère joue à perfection n'empêche pas la question qui revient toujours : « M'aimes-tu ? » Le besoin d'entendre les mots d'amour occulte parfois tout autre rapport qui pourrait accorder sa part d'indépendance, de liberté à cette mère tant et trop aimée. Pourtant, l'écriture vient, sinon tempérer cette passion, du moins rendre la séparation plus supportable : « Parler ne (me) guérit pas. Écrire peut-être » (38). Voici un moment où la fille s'adresse à sa mère sans rancune ni jalousie, un moment privilégié où l'indépendance (de chacune), la complicité et même l'humour se confondent.

> Ne m'effraie pas téléphone je t'amuse dis-tu nos rôles s'inversent s'échangent où vas-tu quand rentres-tu avec qui passe une bonne soirée je suis là.
> Je veille te rends libre il est temps occupe-toi de toi moi j'écris et ensemble qu'il pleuve ou fasse beau tu marches et je roule et roule à côté.

Quand tu t'assois et je dis assieds-toi là nous parlons tu racontes et parfois moi mais je parle peu tu racontes et j'écoute nos sourires se ressemblent. (19)

Jusqu'ici le *tu* et le *elle* prononcés par la fille s'adressent à la mère ou la décrivent. Soudain, dans la troisième partie, un tiers s'introduit, source de jalousie et de souffrance. Amie/amante de la mère – ou d'une autre femme aimée ? Le désir de la mère ou le désir d'un amour autre ? Quoi qu'il en soit, elle souffre.

Je dis redis l'invivable.
Je t'aime. Et toi l'autre.
Qui aimes-tu. J'ai vu. Et voir m'aveugle. Tu la touches l'embrasses la tiens. Ton geste ne m'est plus. Tu me rayes m'effaces tu n'as plus besoin de moi.
J'ai cru n'imagine plus. (22-23)

Tu me dissous me fonds me refuses. Sur son visage à présent tes mains tes lèvres. Lui donner un nom ? je tais le tien. (24)

Cette dernière phrase semble indiquer une autre que la mère. Dorénavant les femmes aimées, de chair ou de rêve, se confondent, évoquant (surtout dans la troisième partie) la peur de la rupture et le désespoir, mais également, dans la quatrième partie, la félicité de se voir belle et même capable de « marcher », soutenue par l'autre et se servant d'un corps imaginaire, un corps rêvé ou emprunté à la mémoire.

Tu embellis je me vois belle. Miroir tu changes le reflet. (42)

Je ne (me) rêve plus seule. Marche j'accompagne. Plus seulement suivre. Longer.

Oublie cette canne et chaise moi.

L'une l'autre appuyées soutenues bras dessus. De chair uniquement. (39)

Tu m'es mouvance
Et mouvement.
Je te regarde mais trop.
Tu marches et moi par toi. (39-40)

Ces dernières lignes adressées à la femme aimée semblent interpeller encore une fois la mère, celle qui dans la première partie reprenait, à travers le mouvement et la danse, le rêve du corps libéré :

> Ma mère se terre et ma mère croit. Elle tangue et bouge et danse.
> Ma mère ondule et fond la musique car nul ne lui résiste encore.
> (10)

Dans cette quatrième partie, la voix de la musique (c'est-à-dire, celle de Catherine Gadouas) se fait entendre en duo avec celle de Céline Beaudoin dans des moments d'une grande complicité :

> Tu me fais du mal du bien. Je pleure (sur) ta peine mienne. (41)

> Tu me nourris j'aide sur nos mains la tranche tiens la tasse aussi
> le verre tes doigts sont forts souples tes poignets. (43)

La joie et la tendresse qui règnent dans cette dernière partie trouvent une expression corporelle, sensuelle :

> J'étends le bras le lève et rejette. Je (ne) veux (que) le corps. À corps.
> Cela seul.
> M'étendre et tendre toucher. Toute peau m'étonne. (43)

Dans ces vers, le désir de toucher et d'être touchée, et l'accomplissement de ce désir ne deviennent qu'un à travers le geste-image qui unit les deux personnages. La musique de la bande sonore, à laquelle s'ajoute le son des cloches, reflète ce triomphe final de la pièce.

Toute la mise en scène repose sur une chorégraphie où la musique tient une place centrale, dirigeant le jeu vers un crescendo d'une intolérable beauté. Selon Mona Latif-Ghattas, le défi consistait à amener le spectateur à un état tel qu'il se sentirait assommé par la beauté au point de ne pas pouvoir applaudir pendant un bon moment. Et ce fut le cas[7]. Dans un entretien avec Jean Royer lors de la reprise de *Veille* en 1982, Anne-Marie Alonzo déclarait : « j'ai essayé de parler, dans *Veille*, d'une immobilité qui nous appartient à tous : comme l'immobilité des nuits blanches où nous n'arrivons pas à dormir, où nous avons peur[8] ». La réception, tant du public que de la critique, semble confirmer qu'elle a atteint son but. Madeleine Ouellette-Michalska raconte : « L'assistance respire d'un seul souffle, toute émotion partagée […]. J'ai rarement vu de

---

7. Entretien du 24 avril 2002.
8. Jean Royer, « Anne-Marie Alonzo, l'état de veille », *Le Devoir*, le 20 mars 1982.

réalisation théâtrale afficher une hégémonie aussi totale[9].» Après la publication de *Veille*, Jovette Marchessault s'adressait ainsi aux femmes collectivement en répondant à la question de la narratrice, « Si je dis mère à toute femme qui me répond crois-tu ? » :

> C'est toute la culture des femmes qui lui répond : France Théoret avec sa tenace mémoire blanche, Hélène Cixous dans le galop des mots, celles qui s'affirment guérillères au flanc de Monique Wittig, pis Marie-Claire, Michèle, Mary, Louky, Yolande, Pauline, Nicole, Pol, Suzanne, etc., qui font un grand remue-ménage dans nos songes et nos cauchemars. Pis toutes celles qui, n'en pouvant plus de vivre paralysées dans l'effroi des faux abris, prennent des risques. (1984 : 60)

Sans doute, le succès impressionnant de *Veille* amena-t-il Anne-Marie Alonzo à écrire un texte dramatique à deux personnages, *Une lettre rouge orange et ocre*. Il n'existe aucune ambiguïté quant aux personnages dans cette œuvre : une mère et une fille se confrontent, s'aiment, souffrent. La mort de la jeune comédienne Céline Beaudoin, destinée à jouer la fille (avec Andrée Lachapelle dans le rôle de la mère), mit fin au projet de monter la pièce qui fut publiée en 1984 sans avoir été créée au Québec. Ce ne fut que sept ans plus tard qu'une metteure en scène allemande traduisit la pièce et la créa à Berlin. Cassandre Fournier, qui assistait à la création, décrit une mise en lecture où les lectrices étaient derrière le public, et les spectateurs invités à se bander les yeux pour renforcer ce « handicap visuel ». Fournier fait l'éloge des voix de Waltraud Schade (la mère) : « chaleureuse, douce, ronde, tout en étant, quand il le fallait, ferme, déterminée » et de Magda Franze (Andrée) : contenant « toute la rage, le désespoir, l'impuissance que son handicap appelle ». Comme c'était le cas dans *Veille*, la musique, le *Stabat Mater* de Pergolèse, y est « d'une importance capitale », affirme Fournier : « Il s'agit d'une mélopée à deux voix (d'un duel parfois), tragique sensible, puissante » (1990 : 68-69).

À l'encontre de *Veille*, où l'élément visuel, notamment les costumes et le geste-image, jouait un rôle aussi important que l'élément sonore, *Une lettre rouge orange et ocre*, conçue à l'origine pour la radio, accentue le dialogue et la qualité des voix. Le style hachuré et presque sans ponctuation de *Veille*, monologue intérieur métamorphosé en texte dramatique,

---

9. Madeleine Ouellette-Michalska, « *Veille* ou le choc de la simplicité », *Le Devoir*, le 17 juin 1981.

fait place dans *Une lettre* à un dialogue structuré, à une œuvre destinée d'emblée à deux voix de femmes. Les mots de *Veille* sortaient de la conscience et des rêves d'une femme dont le désir d'amour, de passion, de mouvement et d'écriture circonscrivait l'horizon personnel. Même si, à certains moments, elle parlait à toutes les femmes (« Si je dis mère à toute femme, qui me répond crois-tu »), *la* mère, *sa* mère se tenait au centre de ce monde clos. Mère-objet, son existence pour le lecteur/auditeur/spectateur demeurait assez difficile à cerner. Par la musique, sa voix exprimait des émotions sans qu'elle arrive à se fixer définitivement en tant que personnage. La musique et à la fin ses mots chantés avec la fille répondaient, consolaient, caressaient l'autre, sans jamais que la mère se plaigne ni ne s'exprime en tant qu'individu.

Par contre, la mère d'*Une lettre* joue un rôle beaucoup plus défini. Son amour incontestable pour sa fille immobile est mis à rude épreuve au cours d'un dialogue qui ressemble parfois davantage à un duel (comme l'avait souligné Fournier) qu'à un duo. Prisonnières l'une de l'autre, mère et fille ont souvent du mal à se comprendre. Chacune raconte l'espace qu'elle habite dans cette prison affective. L'espace d'Andrée est coloré par la rage et la culpabilité, l'amour et la peur d'être abandonnée :

> J'ai pensé qu'une femme adulte ne devait pas retenir, *attacher*, emprisonner sa mère, même avec son consentement. J'ai trente-trois ans mère, je vis avec toi je voudrais vivre seule je ne sais vivre sans toi je ne sais pas si je voudrais. (30-31)

Il y a des moments où Andrée reconnaît avec ironie qu'elle est en effet la geôlière de sa mère et que leurs rôles ont été inversés :

> *Ma* prisonnière, mère. Interdiction, chère dame, de vivre votre vie de femme, interdiction formelle de sortir, manger, dormir. Interdiction de penser, de vous occuper de vous, interdiction même de respirer sans le consentement de la geôlière, de votre fille, madame. (38)

Rejetant et la passivité et la sainteté, la mère cherche à esquisser son rôle à l'égard de sa fille et à fixer l'identité de chacune en tant que femme, afin de rendre à cette fille une mesure d'autonomie. L'assurance de son amour pour Andrée alterne avec des moments où les demandes excessives de sa fille qui s'autopunit la poussent à s'écrier :

> Tu m'exécutes ! Tu ne me laisses aucune porte de sortie. J'ai tort, toujours tort. Tu ne te pardonnes pas, tu ne te pardonneras jamais.

Et avec toi, parce que nous sommes ensemble, comme dans une immense galère, avec toi je serai tuée, engloutie. (28)

Au fur et à mesure qu'Andrée continue à décrire la souffrance provoquée par l'absence quotidienne de sa mère, une absence qu'elle avait encouragée en la poussant à trouver un travail en dehors de la maison, celle-ci dépeint sa propre frustration. Ici c'est à travers la métaphore du sang :

Et tout autour de toi, de moi à présent... il y a comme un bain de sang, chaud, bouilli... et le jour qui passe sur celui d'avant, ni pareil, ni entier, ni jamais pareil... Alors moi, comme toi dans ce bain de sang, je coule. Tu me noies, patiente, tu verses le sang, tu ouvres ma bouche et mes dents, tu m'engorges et me gaves. (28)

Cette image douloureuse et rouge de sang renvoie plus tard à une autre où, encore une fois, la mère évoque des moments où Andrée fait la grève de la vie, refusant de manger, de boire, de parler et même de dormir, où le moindre mot prononcé par sa mère semble la détruire.

LA MÈRE – Dans ces moments je sens monter la rage en moi, je voudrais te secouer, te... battre parfois, te **battre** pour qu'afflue le sang, te battre pour te voir rougir à nouveau, te voir t'entendre te sentir frémir. Dans ces moments, Andrée, et malgré tout l'amour, je voudrais te quitter.

ANDRÉE – Fuir.

LA MÈRE – Non, jamais fuir mais partir un temps. Éviter que tout s'effondre. Éviter que tu nous tues encore, cette fois comme toutes les fois d'avant, que tu nous enterres de ton chagrin. (42 ; en caractères gras dans le texte)

La mère n'a plus la force de continuer ce duel sans fin : elle propose à Andrée de la mettre au lit et de la caresser du bout des doigts « jusqu'à ce que tu souries... J'embrasserai tes lèvres, en glissant, pour les étirer. Déjà, tu vois, je sens que la bouche s'entrouvre, se détend, s'étale » (57). Ce « corps à corps », qui fait penser à la fin de *Veille*, atteint ce que les mots n'arrivaient pas à faire. Les didascalies signalent : « *En accord comme en rire les voix jouent.* » Lorsque sa mère parle de leur liberté à chacune, Andrée, prise, voire éprise de l'image évoquée, commence, elle aussi, à chanter son amour et sa liberté. Pour elle, comme pour la fille de *Veille*, cette liberté lui viendra par le biais de l'écriture.

> Alors du plus grand désert, du plus beau palais de verre, je t'écrirai cette lettre de sang, une lettre écarlate pour que s'y lise, en encre blanche comme ton ventre blanc, pour que s'y lise toute la grande douceur, l'incroyable pureté de mon amour. (58)

Vers la fin de la pièce, la mère l'invite à rompre les chaînes qui les emprisonnent, à reconnaître leur autonomie et à la vivre :

> Écoute un peu et laisse parler. Je ne suis ni ta fille ni ta mère. Nous sommes femmes égales et tu n'as plus besoin de moi. Du moins pas en ce sens. Plus en dépendance. (61)

Même si Andrée n'est pas tout à fait convaincue, elle accepte la décision de sa mère, et ses derniers mots donnent à croire que cette nouvelle relation de femme libre à femme libre lui permettra un jour de jouir de la vie à travers l'écriture et la chanson. Cette chanson soutenue par la musique du *Stabat Mater*, celle de la mère qui souffre sans rien pouvoir faire pour apaiser la douleur de son enfant, souligne le fait que c'est Andrée elle-même qui aura la responsabilité de donner un sens à sa vie par ses propres efforts et à l'aide de son propre talent.

Tandis que *Veille* représente tout le désir d'une fille de posséder une mère aimée jusqu'à la folie, une mère objet de sa passion, *Une lettre rouge orange et ocre* transforme cette mère en sujet, lui donnant la parole afin qu'elle puisse exprimer sa propre souffrance. Ce n'est qu'à travers ce dialogue plein de rage, de désespoir, d'amour et de récrimination qu'elles arriveront, selon Maïr Verthuy, « dans la douleur et dans la générosité, à s'engendrer l'une l'autre, à se proclamer "femme" l'une devant l'autre » (1994 : 275).

Tous les éléments scénographiques de ces œuvres – musique, costumes, corps et voix de femmes – ajoutent une nouvelle dimension au texte écrit. Cela ne veut pas dire qu'on ne puisse pas apprécier le texte comme tel, bien au contraire. Le langage poétique et envoûtant d'Anne-Marie Alonzo atteint le cœur du lecteur comme le fait toute œuvre authentique. Mais il faut applaudir, notamment dans le cas de *Veille*, l'heureuse décision d'aller au-delà du texte pour y découvrir une nouvelle poésie visuelle et sonore.

Bibliographie

Fournier, Cassandre (1990). « *Une lettre rouge orange et ocre* à Berlin, témoignage », *Cahiers de théâtre Jeu*, n° 57 (décembre), p. 96-97.

Latif-Ghattas, Mona (1982). « À la recherche du geste-image dans la mise en scène de *Veille* d'Anne-Marie Alonzo », *Pratiques théâtrales*, n° 15, p. 29.

Marchessault, Jovette (1984). « La passion immobile », *La vie en rose*, n° 17 (mai), p. 60.

Michaud, Ginette (1981). « "Veille" Anne-Marie Alonzo », *Cahiers de théâtre Jeu*, n° 21 (hiver), p. 189-193.

Ouellette-Michalska, Madeleine (1981). « *Veille* ou le choc de la simplicité », *Le Devoir*, le 17 juin.

R.-Corrivault, Martine (1982). « Spectacle étrange et beau, ce *Veille* d'Anne-Marie Alonzo », *Le Soleil*, le 15 avril.

Royer, Jean (1982). « Anne-Marie Alonzo, l'état de veille », *Le Devoir*, le 20 mars.

Stanton, Julie (1981). « *Veille* d'Anne-Marie Alonzo », *La Gazette des femmes*, vol. 3, n° 4 (novembre), p. B4.

Verthuy, Maïr (1994). « Aujourd'hui Schéhérazade a appris à écrire : Anne-Marie Alonzo et l'entreprise de vivre », *Voix et images*, n° 56 (hiver), p. 268-278.

« Figée dans le mouvement absolu » ou Comment parler de la danse : *La danse des marches*

CARA GARGANO

Nous dansons le texte.
Le corps ébruite l'immobile[1].

Au début de sa carrière, Anne-Marie Alonzo s'est étonnée de ce qu'Hélène Cixous ait pu « parler de l'immobilité du corps sans la vivre[2] » (Dupré 1994 : 240). Alonzo, qui a consacré une grande partie de son œuvre à l'étude de l'immobilité, sait de quoi elle parle : quadriplégique depuis un accident de voiture de survenu quand elle avait quatorze ans, elle a choisi comme sujet son « état physique et ses conséquences morales » (Dupré 1994 : 243).

Si Alonzo s'étonnait en 1979 de la capacité de Cixous de parler de l'immobilité du corps sans la vivre, d'autres se sont demandé, presque quinze ans plus tard, comment Alonzo a su non seulement parler de la danse, mais évoquer l'expérience fugitive de l'événement dansé dans toute sa passion, sa force, sa vitalité et sa plénitude. Je me propose ici de

---

1. Anne-Marie Alonzo, « Hors-je ». Ce poème récent traite en partie de l'attitude changeante d'Alonzo à l'égard de la danse.
2. Dans une entrevue avec Louise Dupré publiée dans *Voix et images*, Alonzo fait référence à *Préparatifs de noces au-delà de l'abîme* de Cixous, où il est question d'une personne « physiquement immobilisée » (1994 : 240).

répondre à cette question par une lecture de *La danse des marches* (1993) à la lueur de ce que l'on appelle « la nouvelle physique[3] ». La théorie quantique a opéré une transformation fondamentale dans le *zeitgeist* de notre ère ; à travers une exploration du corps, du regard et de l'écriture dans *La danse des marches*, je montrerai qu'un *zeitgeist* quantique est implicite dans la structure, le langage et la thématique de ce recueil, où la contradiction entre l'immobilité et la danse devient complémentarité et où l'observatrice et l'observée sont réunies.

Alonzo s'est concentrée sur l'être aux prises avec les principaux thèmes de la physique : le corps vis-à-vis du temps, de l'espace, de la matière. La danse est pour elle une image importante depuis son premier livre, *Geste* (1979), où elle décrit ce « corps inerte » (20), cruellement au repos, sans aucun espoir de pouvoir danser comme auparavant. Si la danse devient presque parodique dans *Geste*, dans *L'immobile* (1990), Alonzo retrouve la danse à travers la mobilité des autres et dans une correspon(*dance*) avec d'autres artistes. Or, c'est dans *La danse des marches*, recueil dédié à la danseuse montréalaise Margie Gillis, qu'Alonzo s'insère pleinement dans une équation dynamique entre l'immobilité et la danse. Cette œuvre poursuit le changement fondamental de la conception de la réalité entrepris dans *L'immobile* et *La vitesse du regard* (1990). À travers la relation avec l'Autre, elle cherche à échapper aux limites du corps newtonien pour s'imaginer un corps quantique. Heisenberg parle d'« une étrange sorte de réalité physique à égale distance entre la possibilité et la réalité » (1961 : 27), un espace frontière entre l'événement et l'idée de l'événement. Pour Alonzo, l'écriture devient cet espace frontière.

Selon la physique classique, l'univers est régi par un ordre susceptible d'être compris et expliqué au moyen de l'observation ; l'observateur n'a aucune interaction avec l'observé et ne risque pas de contaminer ou d'être contaminé par ce qu'il observe. Dans le système newtonien, la distance ontologique entre un corps au repos et un corps en mouvement paraît immense : le corps au repos reste au repos, tout comme le corps en mouvement poursuivra sa trajectoire, prévisible à partir de sa position initiale et de sa vélocité.

---

3. Il faut noter ici que je me sers de la physique quantique comme métaphore pour parler de la relation de l'être vis-à-vis de l'univers, en m'appuyant sur les écrits philosophiques de certains physiciens importants, notamment ceux de Werner Heisenberg, d'Ilya Prigogine et de David Bohm.

Or, depuis l'émergence de la physique quantique, notre conception de l'univers physique et de notre relation avec celui-ci a changé. Les règles ordonnées de Newton et de la métaphysique cartésienne font place au chaos quantique, caractérisé par la fragmentation suivie d'une reconfiguration à un niveau plus complexe. Suivant le principe de complémentarité, la matière se comporte de façon contradictoire et complémentaire : comme une particule localisée dans l'espace et comme une onde dont les coordonnées sont difficiles à saisir. Ce n'est qu'au moment de l'observation que la matière « choisit » une seule façon de se comporter. Selon Jean-François Lambert, la physique quantique constitue « une remise en cause radicale de notre conception de l'univers, associée à un changement, non moins radical, du statut de l'observateur » (1996 : 59). Et selon le principe d'incertitude de Werner Heisenberg, les « coordonnées et les quantités de mouvement cessent d'être indépendantes » (Prigogine 1979 : 310) : il est donc impossible de comprendre avec précision à la fois la position et la vitesse. Également, toujours selon Heisenberg, « on ne peut plus du tout parler du comportement de la particule sans tenir compte du processus d'observation » (1959 : 79). L'observateur perturbe ce qu'il observe : « nous ne sommes pas spectateurs mais acteurs sur la scène de la vie » (1959 : 79). Dans ce système, l'immobilité (la position) devient un lieu privilégié pour comprendre le mouvement.

Alain Aspect démontrait en 1982 que, de cause à effet, les particules peuvent, dans certaines conditions, communiquer entre elles malgré la grande distance qui les sépare : c'est la naissance de l'hologramme. David Bohm a proposé que l'univers serait holographique, c'est-à-dire que toute l'information contenue dans l'ensemble serait également contenue dans chacune de ses parties constitutives ; il parle d'un « holomouvement » pour exprimer ce cosmos en mouvement et évoquer la relation identitaire entre tous les éléments.

Tout cela a de profondes implications sur la notion contemporaine d'identité. Selon le philosophe Derek Parfit, dans la réalité newtonienne/cartésienne, l'identité individuelle devient emprisonnement tandis que dans un monde quantique l'identité individuelle serait plus fluide et toujours sur le point de se transformer, « se divisant en de multiples sous-êtres et se reconfigurant en un soi plus large » (Zohar 1990 : 124 ; ma traduction). L'identité par rapport au monde qui l'entoure est un sujet essentiel chez Alonzo, depuis le début. « Ci-gît un personnage en quête d'elle-même », écrit-elle dans *Geste* (9), où l'identité reste liée à l'isolement et à la division cartésienne corps/esprit.

139

Dans l'entrevue mentionnée plus haut, Alonzo rejette la paralysie au profit de l'immobilité : « Pour moi, l'immobilité est un état qu'on accepte […] alors que la paralysie est un état qui nous est imposé » (Dupré 1994 : 242). Si la paralysie correspond aux lois newtoniennes (un corps au repos reste au repos), l'immobilité renvoie à la mécanique quantique et à une vision plus dynamique du corps. Comme nous allons le voir, Alonzo s'inscrit comme participante active dans l'équation d'Heisenberg, en tant que « position » par rapport à la vitesse. C'est dans le contexte de cette affirmation identitaire que l'on peut établir un rapport entre le projet d'Alonzo et la philosophie quantique. Dans *La danse des marches*, l'auteure pose son immobilité comme une participation à l'holomouvement : il s'agit de rien moins qu'une mise en place d'un soi quantique.

Le corps

Si l'opposition cartésienne entre *res cogitans* (chose pensante) et *res extensa* (chose ajoutée) privilégie l'esprit au détriment du corps-machine, accessoire de l'esprit, la division quantique n'est qu'une façon de décrire en détail une totalité au lieu d'une fragmentation de « ce qui est » (Bohm 1980 : 38), ce qui sert paradoxalement à réaffirmer l'unité esprit-corps. Le dilemme cartésien n'existe donc plus sur le plan quantique. Cette idée a des ramifications importantes dans la littérature postmoderne, et dans l'œuvre d'Alonzo en particulier[4].

Dans *Geste*, Alonzo se voit scindée en deux par le regard de son entourage ; félicitée d'avoir préservé « ta tête au moins, l'intelligence mieux que les bras jambes » (30), la solitude de l'esprit est amputée d'une solitude du corps complémentaire, à cause de la dépendance physique à l'égard des autres. Elle se voit divisée entre le personnage public, « intelligente sympathique charmeuse dit-on » (47), et son for intérieur, où fulminent l'impuissance et la colère. Plus tard, dans *L'immobile*, cette division est moins évidente, mais toujours en vigueur : « réduite à la tête la tension monte » (21) écrit-elle, « je […] suis une tête flottante » (149). Dans *La vitesse du regard*, il n'est plus question d'un moi divisé mais plutôt d'un moi dont les frontières sont perméables, en passe de disparaître :

---

4. À travers l'œuvre d'Alonzo, on peut discerner une progression d'une perspective classique vers un point de vue quantique. Malheureusement, cela demande une étude qui ne pourrait être entamée ici.

« Les liens qui existent entre un morceau de toile et moi. Entre moi et moi »(33).

Or, dès le début de *La danse des marches*, l'identité ne réside ni dans l'esprit (la tête) ni dans le corps mais dans l'écriture, un espace liminal à la fois réel et imaginaire. L'empreinte des doigts, la première image du recueil, est le signe moderne de l'identité individuelle. L'identité est donc discernée dès le début, non pas à partir de l'esprit suivant la métaphysique cartésienne, mais à partir du corps :

> parce qu'au bout des doigts surgit l'empreinte parce qu'au bout comme des doigts s'effilent des jambes sous une boule belle boule sous une jupe ronde roule roule cette jupe crée un cercle de soie marche cette jupe et seule. (11)

On passe dans un élan vertigineux des doigts, aux jambes, à la taille, au cou, aux épaules, au dos, aux bras, au torse, à la tête, le tout fragmenté par la jupe dansante.

L'identification, par image scientifique des empreintes digitales, suggère la possibilité d'une identité individuelle, mais les études récentes ont révélé que l'empreinte génétique est quasi universelle. Si le cercle holistique créé par l'immense jupe ressemble au cosmos en mouvement, la source même de tout mouvement, la poète reconnaît la danseuse à partir d'une partie de son corps : « je la reconnais de dos uniquement » (16), écrit-elle.

Tandis que la physique classique voit le mouvement comme étant linéaire et constant, le mouvement quantique s'accomplit par bonds. La danse, ici, n'est ni une valse douce et continue ni une procession digne et majestueuse, mais procède par sauts, hésitations, élans imprévisibles et souffle coupé. Incarné par la jupe, le mouvement est une force de division et la danse consiste en parties égales de mobilité et d'immobilité. La danse est souvent mise en équation avec l'immobilité ; ainsi « un arrêt de mouvement [...] fait croyance de mouvement » (14) et « *immobility is movement, ceased re-created re-invented/ by you* » (29).

Il existe donc une tension identitaire dès le début du recueil, tension qui sera équilibrée par l'équation mouvement-immobilité. C'est à travers l'universalité du spécifique qu'Alonzo va bâtir sa nouvelle identité. Le corps fragmenté émerge comme un ensemble de parties vitales, à travers une poésie elle-même rompue et divisée par des blancs dans le texte. Le corps quantique, comme l'écriture dont nous parlerons plus loin, s'identifie donc non pas comme un accessoire lourd et figé, mais comme un ensemble léger et dynamique. Chaque élément du corps signifie autant par sa relation à l'ensemble que par sa signification individuelle. N'est-ce pas, en fin de compte, la fascination qu'exerce le corps dansant : sa capacité d'évoquer une totalité plus grande que la somme de ses parties ?

Gillis a expliqué qu'elle « essaie de respecter le "petit animal" en moi qui sommeille, comme en chacun de nous[5] ». Sa chorégraphie, *The Little Animal* (1986), dont une photographie est reproduite dans *La danse des marches* (27), traite de l'éveil de la conscience d'une créature primitive à travers un mouvement hésitant : le triomphe spirituel d'un corps en évolution. Dans la métaphysique cartésienne, le corps est souvent comparé à un animal, le côté non raisonnable de l'humanité ; ainsi, le fait de « céder à nos instincts animaux » nous rendrait moins humains. Or, les animaux, chez Alonzo, sont des bêtes fauves et magiques, des esprits totémiques : « chevale chamelle aigle sirène panthère blonde dauphine pégase ou licorne tu bondis tes genoux se plient » (*La danse des marches*, 54). Les esprits totémiques d'Alonzo symbolisent des qualités morales et suggèrent non seulement un mouvement débridé, mais aussi le mouvement de l'esprit, une liberté intérieure. La magie, la beauté, et la rareté associées à ces animaux, loin de diminuer l'humanité de l'artiste, l'imprègnent, au contraire, d'une divinité transcendante.

Comme Alonzo, Gillis s'intéresse à la fusion de l'esprit et du corps. Elle dirige un atelier pour « corps pensant » et « conçoit la danse comme une résultante de l'ouverture des voies entre l'intelligence, les émotions et l'organisation des images », dit-elle[6]. Si « ce livre est une lutte un duo », ce n'est pas une lutte au sens cartésien, où l'esprit doit contrôler le corps, mais plutôt un pas de deux[7] où les partenaires travaillent ensemble :

> ce livre est une lutte un duo nous dansons tu vois toi puis moi puis toi encore tu me jettes *you twirl me throw me catch me we fight hug fight again there is no rest we walk or is it you walking before me carrying me lifting me* me portant à bout de bras comme – à New York – ton frère te soulevant je m'assois et tu glisses nages flottes devant moi sirène ondulante ! (46 ; italiques dans le texte)

5. Extrait du programme, tournée mondiale, 1995.
6. Voir le site Internet www.margiegillis.org/pages/frhis.html.
7. L'image du pas de deux est préparée dans *L'immobile* par la lettre à Ludmilla Chiriaeff où le pas de deux se révèle aussi intellectuel que physique. Le pas de deux ne s'accomplit pas sans effort ; il est ouverture de soi vers l'autre, sur le plan musculaire et spirituel.

Le « nous » énoncé par l'auteure dans ce poème est repris par la danseuse dans le poème suivant pour équilibrer leur participation et pour souligner l'égalité de la relation créatrice :

> *I dance for you and you read for me we will join one another* tu dis nous nous retrouverons je danserai sur tes mots tu liras sur mes gestes mon souffle mon odeur je te respire et serpent tu t'enroules charmeuse tout autour de moi (49 ; italiques dans le texte)

Notons que la relation entre danse et immobilité est réciproque ; si Gillis prête son mouvement à la poète, Alonzo donne la parole à la danseuse, passant d'ailleurs dans une autre langue.

La danse est souvent liée à une perte de contrôle extatique. Alonzo évoque les derviches tourneurs qui, mimant le mouvement constant de l'univers, cherchent à se joindre à la danse cosmique. Cette image rappelle, chez Alonzo, l'extase sensuelle des danses orientales où le parfum et l'encens se mêlent à la douceur des voiles de soie, au scintillement des pierres précieuses et à la musique des vers. Ici, la sensualité lie le corps en mouvement à la transcen(*dance*) spirituelle.

Il y a effectivement une perte de soi dans la danse ; la danseuse risque de se perdre dans le mouvement : « tu te tires vers le haut tout ton corps te tire tu montes montes et monter te soûle » (54). Si la danse démembre le corps par sa force chaotique, ce démembrement représente un réel danger pour la danseuse dont le tourbillonnement risque de la disperser, comme l'atome par la fission :

> et puis un coup de bras de reins elle vire-volte fait face se retourne se lève tombe rock et roule s'élance retombe sursaute frémit tremble se lève fuit accourt revient retourne tombe et tombe rauque la voix craque le cou les bras le corps comme croquent les pieds elle tombe à nouveau se lève ne cesse de tomber de se lever tomber la chanson exige plie le corps n'arrête épuisé se fige écoute les mots giflent cuisent mordent les bras effrayés sursautent les mains affolées la chevelure obéit questionne et répond caresse enveloppe délaisse s'éloigne s'écarte brille *Joe Cocker* en éclats (22)

Le langage utilisé ici pour décrire le mouvement de Gillis fait écho à la description de l'accident dans *Geste* :

> [...] éclatée propulsée renversée envolée la tête danse un deux trois quatre vertèbres déchaînées disloquées déplacées endiablées je

perds tout et le cou attachez détachez vos ceintures d'atterrissage forcé raté je vole il y a les sièges le pare-brise me retient je tombe nul ne vole tu vois bien. (21)

Dans ces deux extraits, le corps est manipulé par une force involontaire. Sans l'effet stabilisant de l'immobilité, le mouvement pur peut devenir aussi contraignant que la paralysie : « la vitesse emprisonne », écrit Alonzo dans *La vitesse du regard* (29).

Or, la danse, image de la destruction de l'accident dans *Geste*, est transformée dans *La danse des marches* en communion libératrice avec l'autre : « [...] *dance with me dance move around me carry me over lift me help me fly* » (23).

Si l'écrivaine devient en quelque sorte la prêtresse immobile d'une Aphrodite dansante, l'extase de joindre la communion avec la déesse est équilibrée par la force de gravité de l'auteure, qui sert de noyau stabilisateur autour duquel la danseuse peut orbiter. Ainsi, le corps immobile oriente l'être sous l'emprise du mouvement ; le poids du fauteuil en « cuir et chrome » et la force du regard de l'auteure servent d'ancrage à celle qui danse : « je ne te tuerai pas te sauverai accroche-toi grimpe retiens-toi ne te laisse pas faiblir vis je suis là pour te soulever » (44). L'immobile n'est donc plus étrangère au mouvement.

Le regard

L'observation newtonienne suppose un point de vue extérieur au monde, où l'homme s'identifie à Dieu plutôt qu'à la nature (Prigogine et Stengers 1979 : 90-91). En revanche, l'observateur quantique ne peut se dissocier de la nature dont il fait partie. Dès qu'un système quantique est observé, il s'écroule ou se transforme. La réalité est donc créée par l'observation, tout comme le regard poétique d'Alonzo vise à créer une réalité et une identité bien à elle. « Je ne suis plus innocente. J'ai vu », écrit Alonzo dans *La vitesse du regard* (34).

Dans *Geste*, le regard agit à sens unique : l'auteure se sent devenir l'objet de la curiosité des autres. Même dans *L'immobile*, le regard des autres reste gênant : « refus catégorique du regard de l'autre sur ce corps affaissé », écrit-elle (21). C'est dans *La vitesse du regard* que « le mouvement du regard » se lie au « mouvement de l'écriture » et que l'œuvre nous renvoie notre regard : « je regarde une toile qui me regarde, me guette ne me quitte pas de vue. Je regarde une toile qui m'invite à me regarder » (18).

Au début de *La danse des marches*, la poète insiste sur sa capacité à voir et sa certitude de pouvoir témoigner de la présence émergente de ce corps dansant : « j'ai vu cela je dis que je l'ai vu » (5). Or, bientôt les frontières entre le regard et l'objet regardé deviennent perméables et fluides, et le « je » regardant passe de « elle » à « tu » en glissant vers le « nous ». Ce glissement de pronoms est parallèle à un glissement dans la fonction du regard : l'observation devient participation et identification avec l'autre. Quand le regard de la poète rencontre celui de la danseuse, les barrières entre les personnages commencent à s'écrouler.

Selon l'optique classique, la réalité vue à travers un prisme est une réalité déformée ; au fil des poèmes de *La danse des marches*, le regard évolue vers une perspective quantique où la réalité prismatique serait plus exacte que déformée. Le regard poétique décompose la danse, tout comme un prisme décompose un rayon de lumière. Le regard est multiplié par le prisme de la danse, comme la danse est divisée par le prisme du regard. Le regard devient réciproque, et l'autre devient miroir pour affirmer une identité corporelle et spirituelle, fluide et mobile, mutuelle, en pleine évolution.

À travers le regard, la poète sera envahie par le mouvement. Son point de vue sera perturbé, moins certain : « sûre de ce que je vois dans l'ombre des ombres sûre de voir troublée d'être si sûre d'avoir vu je ne vois plus vois encore » (16). Le regard posé sur l'autre devient incertain et l'observatrice se perd dans l'image de la danseuse, elle-même perdue dans sa danse : « elle se perd me gagne souvent m'enlève je deviens voile à ses bras elle me porte me soulève me jette me retient » (16). « Enlevée », la poète est plus légère, et le regard poétique nous entraîne dans un réel imaginaire où l'extase de la communion avec l'autre dansant nous transporte à notre tour.

Il est question également du regard de la danseuse : « tu marches galopes tu regardes l'estrade la scène les yeux par milliers figés je dis : *the eyes ! listen !* il y a aussi ce que tout le monde saisit *you dance !* » (18). Comme la poète crée en quelque sorte la danse par son regard, la danseuse crée la poésie par le sien : « reviens vois regarde sens-moi prends-moi donne-toi mais entends ! » (40). Être regardée et être entendue se confondent dans la reconnaissance mutuelle de l'autre.

L'acte de regarder est par nécessité limité et défini par le temps ; la vitesse de la danse détermine ce que l'on peut saisir. Tout comme la photographie suspend le mouvement de la danseuse, le film projeté au ralenti sur l'écran permet plusieurs re-visions d'un événement. Si le temps s'arrête dans la photographie, les poèmes fonctionnent comme des regards/photos de la danse : « dors-tu ou est-ce un jeu pour la photographie » (24). L'immobilité de l'image photographique se juxtapose au mouvement de l'écriture. La danseuse et la poète font un échange d'état momentané.

Les échanges entre Alonzo et Gillis se multiplient à l'infini lorsqu'est évoquée l'éventuelle présence des spectateurs :

> il y a l'écran et tes yeux qui se prennent pour mille tu es saut tant et tant de fois reproduit ton regard s'affronte tu te regardes te saisis tu dois te reprendre ne pas feindre oublier tu es là pour moi uniquement souviens-toi (58)

La poète regarde la danseuse qui se regarde du point de vue des spectateurs. Le tourbillon des regards devient vertigineux jusqu'à ce que la poète ne réinstalle l'immobilité à partir du regard poétique : « tu es là pour moi / uniquement souviens-toi » (58). Tout comme la vitesse de la danse ne nous permet pas de la saisir dans sa totalité, nous ne voyons ce corps que par des flashes de perception très intenses. Si le regard newtonien épingle et emprisonne l'objet regardé, le regard quantique semble libérateur et non hiérarchique : « La toile n'est plus objet. Elle devient sujet dérangeant » (*La vitesse du regard*, 35). L'absence de séparation entre soi et l'autre est évident à la fin de *La danse des marches*, quand la poète n'a même plus besoin de regarder la danseuse. Elle la « reçoit », la « garde », « prononce chaque son de rythme pendant que tu t'évades » (59), reprenant la relation entre l'observatrice et l'observé amorcée dans *La vitesse du regard*, où il n'est plus question de « regarder » au sens traditionnel du mot : « Chargée d'émoi, je n'ai plus besoin de regarder. Ces toiles se dessinent en moi » (27). Si la poète a pu intérioriser le mouvement et les rythmes de la danseuse, la danse échappe inévitablement à l'œil, jusqu'à disparaître à l'horizon.

L'écriture

En refusant la syntaxe et la ponctuation traditionnelles, Alonzo déstabilise la conception de l'univers implicite (newtonienne) dans le langage quotidien pour installer un nouvel ordre dès le début de son œuvre.

Selon le «nouveau mode d'emploi» proposé par Bohm, le «rhéo-mode», le contenu ne serait plus séparé de la forme ou de la fonction du langage. La quête d'une nouvelle identité à travers une nouvelle struc-ture linguistique s'est ainsi amorcée très tôt chez Alonzo. Les recherches linguistiques et la quête identitaire se conjuguent pour mettre en ques-tion notre définition traditionnelle de l'identité, basée sur l'individuation. Dans *La danse des marches*, l'écriture «prend des ailes», pour paraphraser Hugues Corriveau, qui écrit : «Tout le texte n'est qu'une sorte d'essouf-flement saccadé, rythmé par l'œil qui voit la danse, qui doit le dire» (1993 : 35). Les mots alignés évoquent l'enchaînement des pas dansés, tandis que les blancs sur la page suggèrent le non-dit, les coupures, le non-vu, les moments soudainement perdus. L'écriture devient un duo entre les disciplines artistiques, entre la danseuse et la poète, entre le français et l'anglais : la contradiction devient complémentarité.

Lequin a dit de cette écriture qu'elle est «exigeante parce que l'auteure consent à l'irruption des mots et au déferlement du sens, choisit le chaos langagier» (1994 : 310). Ce «chaos langagier» suggère évidem-ment le chaos quantique. Le chaos quantique, comme le chaos langagier chez Alonzo, n'impliquent pas l'absence d'ordre ; c'est pour cette raison que Prigogine préfère le terme «complexité». On pourrait parler en effet de complexité à l'égard de l'écriture d'Alonzo, où le sens est toujours en devenir. Dense, non linéaire, son mouvement reprend celui de la scène : le souffle, l'élan, le flux et le reflux, l'afflux, les irruptions, les hésitations. L'écriture d'Alonzo nous permet de saisir toutes les couleurs de la danse de Gillis.

Si, selon Lequin, la fragmentation «anime» l'écriture d'Alonzo, cette fragmentation participe à tous les aspects de la création (thématique, esthétique et théorique) de *La danse des marches* : le corps de l'œuvre est sans cesse divisé, le langage haletant, sans ponctuation, les verbes d'action déferlent en séries délirantes. Or, pour Alonzo, une telle frag-mentation permet de revaloriser un ensemble où le rapport entre les élé-ments devient à la fois plus complexe et plus clair. La poésie est en ce sens un genre quantique, où, comme le dit Alonzo, «l'attention [est] por-tée à chaque mot» (Dupré 1994 : 242) et où chaque mot relève d'un potentiel infini.

L'écriture d'Alonzo participe à un double mouvement où l'expérience autobiographique est extériorisée et l'expérience de la danse intériorisée. Pareillement, Gillis parle de «danser de l'intérieur vers l'extérieur. Com-ment nous communiquons, comment nous aimons, guérissons, inspi-rons, et sommes inspirés – notre vécu – voilà le paysage que j'ai choisi d'explorer[8] ». Le travail des deux artistes explore la possibilité de traverser les frontières de l'intérieur et de l'extérieur ; l'écriture d'Alonzo et la chorégraphie de Gillis oscillent entre l'expérience vécue et la communication de cette expérience.

Le mot « chorégraphie » vient du grec *graphia* (écriture) et *khoreia* (danse). Dans son « écriture », la chorégraphe Margie Gillis lutte constamment contre les principes de la physique newtonienne, tels la gravité, l'inertie, le temps, l'espace, l'équilibre, la force, la vélocité. L'immobilité est la source même du mouvement et il faut l'étudier pour vraiment comprendre la danse : le mouvement authentique, comme l'écriture, attend à l'intérieur du corps immobile.

C'est donc à travers cette réunion de l'écriture de la danse et de la danse de l'écriture que Gillis et Alonzo créent ensemble une vraie collaboration et un nouveau site artistique. L'art de Gillis n'appelle pas un acte interprétatif mais plutôt un acte imaginatif comparable et complémentaire de la part d'Alonzo.

Physique et danse

Pour beaucoup de scientifiques, les principes de la physique quantique ne s'appliquent qu'en science pure. Par ailleurs, Feynman parle de la danse des atomes, tandis que Bohm utilise l'image d'une danse d'électrons qui se comportent comme des ballerines (1986 : 122-23). Si les sciences se servent des images et des symboles culturels, la science est également une source d'inspiration très riche pour les arts, la philosophie, etc. Pour un des maîtres fondateurs de la physique quantique, Erwin Schrödinger, la recherche scientifique doit viser à l'avancement d'une synthèse de toute connaissance ; selon lui, il importe « d'obéir au commandement de la divinité de Delphes : connais-toi toi-même » (1992 : 25). Ainsi pour Schrödinger :

> Nous essayons de découvrir tout ce que nous pouvons au sujet du contexte spatial et temporel dans lequel notre naissance nous a situés. Et dans cet effort, nous trouvons de la joie, nous le trouvons extrêmement intéressant. (Ne serait-ce pas *là* le but pour lequel nous sommes ici ?) (1992 : 25)

---

8. Extrait du programme, tournée mondiale, 1995.

Comment donc parler de la danse si l'on est immobile ? Pour répondre à cette question, Alonzo a affirmé : « Ayant déjà dansé, j'ai trouvé que la danse était pour moi le moyen le plus sûr de passer du non-mouvement au mouvement, en évitant le mouvement le plus pénible pour moi : la marche » (Dupré 1994 : 244).

Selon Feynman, « ce que j'appelle mon individualité n'est qu'un *pattern* ou une danse » (Wolf 1989 : 228 ; ma traduction). Pour lui, la métaphore de la danse sert à expliquer la notion de l'univers comme une intelligence autoréfléchissante. Pour Bohm, tout est mouvement, corps, regard, langage. La danse signifie en quelque sorte la perte de soi dans le *flow* dont il parle, ce que Gillis appelle « ce miracle qui m'habite et de partager cet émerveillement "d'être" avec les autres[9] ».

Dans *L'immobile*, Alonzo a écrit « un mot n'est pas dit qui commence par H », faisant référence au mot « handicapée » (19). Dans *La vitesse du regard*, elle parle de l'équilibre entre son immobilité extérieure et sa mobilité intérieure : « Peser l'un contre/avec l'autre. Mettre image/langage en équilibre/équation » (19). Or, dans *La danse des marches*, elle réalise cet équilibre/équation dynamique, et réussit à transformer le H de *L'immobile* en H de la physique quantique, où « H » représente l'énergie, l'Hamiltonien. En s'insérant dans l'équation du principe de l'incertitude de Heisenberg, elle participe à la mobilité du monde en lui rendant son complément, et transforme le H de *L'immobile* en H dansé, en énergie holistique.

L'image que nous présente Alonzo, celle d'un être hybride et complémentaire, dansant et immobile à la fois, est à la fois spécifique et universelle. Danse et poésie, mouvement et langage, anglais et français, corps et esprit, individu et ensemble : les dualismes deviennent dualités dans une poésie complexe. Dans *La danse des marches*, Alonso a créé un espace liminal où l'on passe d'un niveau de réalité à un autre, à la fois l'observée et celle qui observe, la danseuse et la dansée.

---

9. Extrait du programme, tournée mondiale, 1995.

Bibliographie

Bohm, David (1980). *Wholeness and the Implicate Order*, Londres, Routledge.

_____ (1986). « A New Theory of the Relationship of Mind and Matter », *Journal of the American Society for Psychical Research*, vol. 80, n° 2, p. 113-135.

Bohm, David et David F. Peat (2000) [1987]. *Science, Order and Creativity*, Londres, Routledge.

Corriveau, Hugues (1993). « Les ailes de la danse : Pour savoir où mettre les pieds », *Lettres québécoises*, n° 71, p. 35-36.

Damasio, Antonio (1994). *Descartes' Error*, New York, Putnam.

Dupré, Louise (1994). « Écrire comme vivre : dans l'hybridité », *Voix et images*, n° 56 (hiver), p. 238-249.

Heisenberg, Werner (1959). « L'image de la nature selon la physique contemporaine », *La Nouvelle Revue française*, vol. 7, p. 73-90 et 281-293.

_____ (1961). *Physique et philosophie : la science moderne en révolution*, trad. de l'anglais par Jacqueline Hadamard, Paris, Albin Michel.

Joubert, Lucie (1994). « Le paratexte chez Anne-Marie Alonzo : Invitation à une lecture de la complicité », *Voix et images*, n° 56 (hiver), p. 297-308.

Lambert, Jean-François (1996). « L'épreuve de force : La force de l'épreuve », *Phréatique : Langage et création*, vol. 78, n° 78, p. 46-62.

Lequin, Lucie (1994). « Du mot surgit l'écriture : Anne-Marie Alonzo au pays des merveilles », *Voix et images*, n° 56 (hiver), p. 309-317.

Prigogine, Ilya (1992). *Entre le temps et l'éternité*, Paris, Flammarion.

_____ (1994). *Les lois du chaos*, Paris, Flammarion.

Prigogine, Ilya et Isabelle Stengers (1979). *La nouvelle alliance*, Paris, Gallimard.

Schrödinger, Erwin (1992). *Physique quantique et représentation du monde*, Paris, Seuil.

Wolf, Fred Alan (1989). *Taking the Quantum Leap*, New York, Harper & Row.

Zohar, Danah (1990). *The Quantum Self*, New York, William Morrow.

La leçon de lecture

LUCIE JOUBERT

On connaît Anne-Marie Alonzo surtout pour sa poésie forte et troublante qui ne laisse indemne aucun lecteur, aucune lectrice ; on sait aussi qu'elle a produit plusieurs œuvres en collaboration avec des artistes, prouvant par cette complicité un besoin de se rattacher à un monde qui se fait et se défait sans cesse. La poète, cependant, ne se contente pas d'instiller en littérature ses propres mots ; soucieuse d'assurer à la magie la place qui lui revient dans une société en mal de rêve, elle a institué avec Héliane R. Alonzo le Festival de Trois, dont le nom reprend bien sûr celui de la maison d'édition qu'elle a fondée avec deux autres collègues mais qui évoque aussi ce fameux cheval de Troie qui permit aux Grecs de s'introduire en douce chez l'ennemi.

Ce festival, présenté tous les lundis du mois d'août à la Maison des Arts de Laval, remplit un peu le même mandat que le valeureux équidé, dans la mesure où il offre des incursions vers des terres nouvelles, c'est-à-dire des mises en lecture de textes littéraires, plus ou moins connus du grand public, théâtralisées par un(e) metteur(e) en scène et par des comédiens professionnels. La surprise, cette fois, n'est pas du côté de l'adversaire dont on réussit à tromper la vigilance, mais bien du côté d'un public qui, ravi à chaque fois, se laisse étonner par des thèmes inattendus. Moments mémorables, ces spectacles laissent surtout entrevoir des univers littéraires insoupçonnés soudainement rendus accessibles au grand public.

J'ai eu le privilège de bénéficier à deux reprises de la confiance d'Anne-Marie Alonzo pour l'élaboration de ces soirées ; j'ai en effet choisi les textes pour *Madeleine Ferron : femme avant... et après la lettre*, présenté en 2000, et *Rires et soupirs : l'humour au féminin*, de l'édition 2001 du Festival. Loin de moi, cependant, l'intention de m'épancher sur le rôle que j'ai joué dans ces deux aventures ; je voudrais plutôt au contraire raconter les leçons que j'ai tirées de cette initiation au monde du *showbiz*.

La leçon de lecture

« C'est Lorraine Pintal qui assurera la mise en lecture de votre Madeleine Ferron », m'avait annoncé Alonzo au tout début du projet. « Là, on est en voiture ! » me suis-je exclamée, oubliant les usages de l'art de la conversation. « En Cadillac… », laissa-t-elle tomber alors, avec cette voix en couperet qui nous oblige à donner le meilleur de nous-mêmes. « Montrez-moi ce que vous savez faire », conclut-elle laconiquement avant d'aller vaquer à un autre projet.

Soit. Repérer et sélectionner les textes fut un jeu d'enfant : je connaissais les textes par cœur ou à peu près, je savais où je m'en allais et j'y allais en Cadillac ; j'étais agréablement surexcitée. Je ne me doutais absolument pas de l'impact qu'auraient sur moi Lorraine Pintal et son équipe, composée de Monique Mercure, Brigitte Paquette et Benoît Gouin. Comme tout professeur de littérature, je me piquais jusque-là de savoir décoder un texte à la première lecture, de pouvoir aisément en fixer les paramètres et en exposer les enjeux. Je me faisais fort de saisir les sens cachés, de jouer avec les interprétations possibles, de tirer du texte toute sa substance. J'étais convaincue que le littéraire n'avait plus de secret pour moi. Je me trompais lourdement. Ma première rencontre avec ces artisans de la scène fut un véritable choc en ce sens que ces gens, qui ne font pas profession de littérature, m'ont tout bonnement réappris à lire.

Sur l'invitation de Lorraine Pintal, j'ai pu assister aux sessions de travail de l'équipe : elles resteront gravées dans ma mémoire comme des moments de béatitude. À l'instar de la plupart des gens, je suis intimidée par les personnages médiatiques que la télévision nous rend plus grands que nature. Il me faut du temps pour m'habituer à les voir comme des êtres « normaux ». Subitement, l'occasion m'était offerte de faire intrusion dans leur société secrète. Avoir accès, enfin, à l'envers du décor, où tout est en train de prendre forme et où tout bouge, au lieu d'applaudir au produit fini bien enfoncée dans un fauteuil. Déceler les personnes humaines qui se cachent derrière ces vedettes et ces « artisssses », compatir avec les problèmes de garderie de Brigitte Paquette, s'enquérir auprès de Benoît Gouin du sort de sa maison natale à Pointe-du-Lac, voir Monique Mercure *de proche*, et tâcher d'oublier qu'elle a déjà gagné le prix d'interprétation au Festival de Cannes pour arriver à trouver quelque chose d'intelligent à dire. De quoi combler n'importe quelle groupie... Pourtant, la fascination que j'ai éprouvée durant les répétitions allait bien au-delà du plaisir de côtoyer ces héros de nos écrans. J'ai vu tout ce beau monde se pencher avec respect, recueillement même, sur des textes auxquels ils devaient donner forme : je les ai vus *à l'œuvre*, dans tous les sens du terme.

Alors que je me bats en général contre le texte, que je le violente pour lui arracher son sens, que je le foule avec mes gros sabots théoriques pour l'asservir à mes desseins, les gens de théâtre, eux, l'approchent doucement, l'apprivoisent, l'amadouent, se mettent *à son service*. Toute la différence du monde entre cette posture du découvreur ébloui et mon attitude de conquérante universitaire, une différence qui repose essentiellement sur l'humilité au cœur de toute lecture. Humilité du comédien qui attend au seuil d'un texte que celui-ci fasse sens pour lui, avant de lui prêter une voix, afin que cette voix soit la plus juste possible. Humilité aussi de la comédienne qui enrichira la voix, sans la trahir, d'un geste, d'un mouvement, d'une intonation. Humilité de la metteure en scène qui, à contre-cœur parfois, doit renoncer à un effet scénique assuré parce qu'il amènerait les mots là où ils ne doivent pas aller sous peine de perdre leur magie.

Le droit à l'erreur et à l'errement

Et le spectacle, peu à peu, prend forme. Lorraine Pintal, accroupie sur la chaise pour mieux se relever d'un bond sous le coup de l'inspiration, dirige les échanges. Les comédiens, concentrés, me posent des questions qui me laissent, moi la soi-disant spécialiste littéraire, souvent sans réponse. « Dans quel coin de pays se situe l'action de ce texte ? » Cette imprécision du lieu, aspect récurrent et familier de l'œuvre de Madeleine Ferron, apparaît tout à coup comme un obstacle. Il faut vite visualiser le cadre, imaginer l'environnement auquel on a affaire. Lecture nouvelle du détail.

Ils lisent d'abord une première fois, pour « se mettre le texte en bouche », expression consacrée et savoureuse qui traduit bien le rapport sensuel avec les mots. Ils consultent Pintal : « Si je laissais planer le doute dans ma voix, ici ? » « Devrais-je rire à la Zerbinette à la fin de cette phrase ? » Code secret de ceux et celles qui sont allés à la même école, ont dû trimer fort sur les mêmes répliques.

Après les mots, les gestes : il faut chorégraphier toutes ces paroles, leur insuffler un mouvement pour les rendre au public. « Méchant switch », murmurera Brigitte Paquette devant une transition brutale qui l'oblige à modifier en un alinéa le ton de sa voix et la position de son corps. « Non, non, c'est pas ça, je recommence, je parle comme un vicaire », se rabroue Benoît Gouin, peu satisfait d'une tirade lancée avec trop de grandiloquence. Ils bafouillent, ils trébuchent sur ces phrases nouvelles, ils recommencent ; surtout, ils s'émerveillent sur un passage, une expression, une métaphore. Le texte, à travers eux, s'illumine. C'est bien Madeleine Ferron que j'entends, mais je la reconnais à peine. Sensation exquise de dépaysement ; tiens, il faudra que je me mette à la relire...

Arrive le moment de vérifier si tout se tient. Dans l'intimité de la Chapelle du Bon-Pasteur, les comédiens prennent une grande respiration avant de replonger dans l'univers de Ferron pour l'habiter du premier au dernier mot, sans s'arrêter. Pas de décor, pas de musique. Pas besoin : on pleure avec Monique Mercure lorsqu'elle raconte la mort d'Adrienne, mère de Madeleine, disparue à trente-deux ans.

Le jour de la représentation, je suis assise parmi le public ; j'ai l'air normale mais je ne suis plus tout à fait la même. Les comédiens m'impressionnent toujours autant, mais pas pour les mêmes raisons. Je mesure maintenant le travail colossal qui se cache derrière cette « simple » mise en lecture. J'ai vu la vulnérabilité de ces gens, j'ai senti leur doute ; je sais aussi qu'ils font ce métier non pas seulement par plaisir mais aussi pour répondre à une nécessité intérieure.

Autre lecture, lecture de l'autre

L'année suivante, Anne-Marie Alonzo, jouant d'audace, me confiait un autre mandat : faire rire le public avec des textes de femmes. On sait que l'humour n'a pas nécessairement bonne presse ; s'il fait courir les foules, il fait aussi fuir les détracteurs de la blague facile et de la farce épaisse. Le Festival de Trois s'engageait alors sur la voie de l'ambiguïté : tout en tirant parti de l'engouement général du Québec pour la rigolade, il lui fallait absolument offrir une représentation d'un calibre conforme à sa réputation et atteindre, même avec l'humour, les exigences auxquelles il avait accoutumé ses fidèles.

Je me mis à la tâche, heureuse de donner à lire à la metteure en scène Béatrice Picard des textes sur lesquels je m'étais longuement penchée pendant mes études de doctorat, heureuse aussi que cet exercice m'oblige à revoir ces textes en fonction de leur potentiel scénique. On m'avait réappris à lire ; je n'avais plus d'excuse. Bizarrement, c'est le titre qui me donna le plus de fil à retordre : comment résumer l'impression générale que laisse l'humour des femmes ? Comment décrire ce mélange unique de causticité et de mélancolie ? Je cherchais, je cherchais, j'appelais au secours. Un remue-méninges à trois avec deux compagnes de voyage m'avait permis de déneiger quelques pistes : *De filles en aiguilles : l'humour au féminin*, *Le jardin des épices : l'humour relevé des femmes* et autres efforts du genre. Pas peu fière de ce travail d'équipe, je transmis mes trouvailles à Anne-Marie Alonzo et lui racontai où en était le projet. « Je suis contente que tout avance bien, me répondit-elle. Pour le titre, je ne désespère pas. » J'entends encore sa voix posée, qui pèse les mots et les économise pour aller à l'essentiel ; elle me disait, en fait, qu'elle attendait mieux de moi. Deuxième leçon d'humilité. Je refis mes gammes et optai pour une sobriété qu'il est toujours coûteux de perdre de vue, même en humour : *Rires et soupirs : l'humour au féminin*. À nous le rire qui fuse, autant que le cœur qui dérape : deux mouvements complémentaires d'une même présence au monde.

Le titre défini, le choix des textes arrêté, j'ai tout remis entre les mains de madame Picard – qui préférait travailler avec Sylvie Tremblay, Suzanne Champagne et Marie-Lise Pilote dans le secret de son repaire – et j'attendis jusqu'à la représentation. Armée cette fois de l'expérience des coulisses, si je puis dire, j'écoutai ces textes (un peu devenus *mes* textes, avec le temps) d'une oreille avertie, pressentant le travail d'interprétation caché derrière la moindre intonation. Car il n'est pas plus facile de lire un texte comique que tragique ; loin de là. Si la voix flanche au mauvais moment, l'instant se perd et l'humour, qui est justement affaire d'instant, s'étiole, perd son insolence et meurt brièvement, jusqu'au prochain sourire…

Cette soirée allait cependant me faire vivre une autre leçon mémorable : j'avais eu l'outrecuidance de glisser parmi les textes une de mes rares créations, *L'été de mes treize ans*. C'est à Marie-Lise Pilote que Béatrice Picard en avait confié la lecture ; elle le fit magistralement, interpellant le public par moment, en *stand-up comic* habituée d'animer les foules. Il se passa alors une chose étrange : alors qu'on avait l'air de s'amuser ferme autour de moi, j'entendais, non, je recevais en plein cœur toutes les faiblesses du texte, toutes les rudesses de formulation, tous les errements rythmiques, tout, tout, tout. Troisième leçon d'humilité : fallait-il que les autres textes soient bons (comprenons meilleurs…) pour subir avec autant d'aisance l'épreuve de la lecture publique ! On m'a dit que c'était un choc naturel de *s'écouter,* la première fois surtout ; je veux bien. N'empêche : ce soir-là, à mon respect accru pour les comédiens s'est ajoutée une gratitude particulière pour tous les auteurs, hommes ou femmes, qui offrent au public des mots ciselés, polis, mûrement pensés, cohérents au point de pouvoir tenir la route même quand on les détourne de leur destination première, même quand on les extrait des livres pour les lancer dans l'espace non encore apprivoisé d'une salle de spectacle.

Ne pas rater sa chance

Sont-ils déçus, tous ces comédiens, toutes ces comédiennes, toutes ces équipes techniques, d'avoir tant travaillé pour une seule représentation ? N'auraient-ils pas aimé répéter l'expérience ? Probablement ; un rodage aurait permis d'éviter le flottement dans tel texte, plusieurs représentations auraient été nécessaires pour affiner l'harmonie dans la deuxième chanson de telle soirée, une tournée aurait prolongé le plaisir manifeste de travailler ensemble. Mais ce sont les risques du métier, vous diront-ils tous. Ils les assument tranquillement. Moi, je me rebiffe. La Madeleine Ferron que Pintal et ses complices ont recréée et les auteures humoristiques auxquelles Béatrice Picard a donné forme mériteraient de voyager un peu, d'habiter d'autres scènes, de toucher d'autres publics. Comme tous les spectacles du Festival de Trois, d'ailleurs : rarement l'expression « ne pas rater sa chance » n'aura eu autant de poids.
   Merci Anne-Marie Alonzo.

Lettres à Cassandre :
vers une poétique de l'écriture épistolaire

JULIE LEBLANC

> *La lettre contient un appel,*
> *attend une réponse,*
> *annonce ou poursuit un dialogue,*
> *elle est une rupture de la solitude*
> *et un instrument de communication*
> *entre deux consciences.*
> Girard (1963 : 20)

Le genre épistolaire participe à part entière au domaine de la littérature intime. À l'instar d'autres récits de vie – autobiographie, journal intime, mémoires, confessions –, la pratique épistolaire suppose une tentative de « prise de pouvoir du moi » (Gusdorf 1991 : 46). Pour les écrivains épistolaires qui entretiennent un rapport particulier au langage – voire un rapport qui les incite à travailler leur écriture –, les correspondances donnent souvent lieu à d'infinies pérégrinations qui permettent au sujet écrivant de passer de « l'écriture de la lettre à l'écriture de l'œuvre, et de l'œuvre de mots à l'œuvre de soi » (Diaz 2002 : quatrième de couverture). Qu'on la perçoive comme un moyen privilégié de connaître les écrivains dans leur intimité ou comme une façon d'accéder à l'écriture de ces derniers, la correspondance peut agir comme un « chaînon manquant » (Kaufmann 1990 : 9) entre la vie et l'œuvre des signataires. Ce sont tous ces aspects réunis qui confèrent une valeur particulière à la correspondance d'Anne-Marie Alonzo et de Denise Desautels[1].

La lettre comme instance autobiographique et dialogique

En nous autorisant à pénétrer dans les arcanes de leur vie privée ainsi que dans celles de leur univers créateur, l'échange épistolaire que nous offrent ces deux écrivaines apporte un éclairage différent, bien que complémentaire, sur leur itinéraire autobiographique et scripturaire. La correspondance d'Alonzo et de Desautels est, bien sûr, un espace où s'énoncent des aveux et des confidences, où se dit le mal de vivre, où se dessine le regard amoureux, mais elle est aussi un lieu où se forge une poétique de l'écriture. Si ces lettres favorisent la communication et la proximité, elles agissent aussi comme un laboratoire aux frontières de l'écriture poétique, car tout en ayant choisi la correspondance comme médium pour se dire et pour dire l'Autre, *Lettres à Cassandre* est un espace privilégié pour exploiter le pouvoir des mots. Ce qui surgit des lettres d'Alonzo et de Desautels est une écriture poétique, portant ses propres images, son rythme, ses thèmes, notamment un discours sur sa trajectoire. Autrement dit, dans cette correspondance, il s'agit non seulement de discuter les prémisses théoriques et épistémologiques de l'écriture poétique, dans un discours fortement métalinguistique, mais également de performer leurs dires ou, si l'on préfère, de mettre en pratique ce qui est énoncé sur le plan métalinguistique. Cette coïncidence entre le dire et le faire donne lieu à une double pratique discursive, voire à une « énonciation active », créatrice des choses représentées, et à une « énonciation contemplative » (Armengaud 1985 : 8) commentant et évaluant l'état des choses représentées. Dans cette même optique d'ordre pragmatique, la lettre « se rêve action sur l'autre et sur le monde » et se veut ainsi « l'équivalent d'un faire » (Diaz 2002 : 61). Comme le suggère si pertinemment Brigitte Diaz dans son récent ouvrage portant sur l'épistolaire et la pensée nomade : « écrire la lettre, l'adresser, l'envoyer, c'est tenter d'agir à distance, croire en la vertu performative du discours épistolaire » (Diaz 2002 : 61).

---

1. Dans un récent numéro de la revue *Voix et images* qui lui était consacré, Denise Desautels avoue qu'elle a longtemps eu des réticences quant à l'importance de l'autobiographie dans son travail : « Avec le temps, j'ai compris que, comme la plupart des poètes, je poursuivais, de livre en livre, quelques obsessions qui ont partie liée avec ma vie – qui sont à l'origine même de mon désir d'écrire » (Dupré 2001 : 234).

La pratique épistolaire n'est pas nouvelle pour Alonzo, qui est l'auteure d'autres textes écrits sous forme de lettres. Que nous apprennent donc les lettres d'Anne-Marie Alonzo et de Denise Desautels ? Il est question de tendresse, d'amour, d'amitié, de douleur, de souffrance, d'inquiétude et de mort. Il est aussi beaucoup question d'écriture, de la production de leurs textes, mais aussi des pouvoirs de l'énonciation poétique. De fait, cet entretien épistolaire peut être lu comme un long poème en prose rédigé par deux écrivaines, dans le «plaisir du texte». Mais comme se demande Roland Barthes, « écrire dans le plaisir m'assure-t-il – moi écrivain – du plaisir de mon lecteur ? Ce lecteur, il faut que je le cherche (que je le "drague")» (1973 : 10). Dans *Lettres à Cassandre*, il est tout à fait pertinent de parler de jouissance d'écriture et de lecture. Ce plaisir/jouissance est issu d'un excès de langage et de sentiments, d'exaltations, d'outrances et d'emportements qui parcourent de bout en bout l'entretien épistolaire d'Alonzo et de Desautels.

De l'autobiographique au dialogique

Qu'il se manifeste au sein d'autobiographies, de journaux intimes, de mémoires, de souvenirs, de confessions ou de récits épistolaires, ce retour sur soi, ce réflexe narcissique est voué à dire le moi, à le conquérir par la plume et le papier. Ces pratiques scripturaires, où sont redits les moments d'intimité et où sont construites les relations de soi à autrui, sont des espaces de gestation où se fondent l'être et l'écrit. Quel que soit le genre adopté, l'écriture autobiographique a une fonction médiatrice entre le sujet et son état psychique : elle agit comme un espace au sein duquel se disent les choix existentiels, s'expriment les conflits intérieurs et extérieurs, se confessent les moments d'euphorie et de dysphorie et où s'analysent les rapports à autrui. *Lettres à Cassandre* dit non seulement la tendresse, la fragilité, la passion et la douleur du sujet écrivant, mais ce médium d'intimité est aussi et peut-être avant tout une quête de l'Autre :

> Laval, le 21 avril
> Denise je refuse toute censure mais qui suis-je dans l'écrire pour exposer l'autre. Lui imposer une image qu'il/elle ne reconnaît pas ne veut reconnaître comme sienne […]. Puisqu'insolente je dénude l'autre l'oblige à se voir à travers moi à voir ce que très subjectivement

JE veux montrer.
Je.
AMA (54-55)

À l'instar des autres formes de littérature intime, la correspondance privée peut être traitée comme un acte de présentation de soi, un espace scripturaire dominé par les sphères concentriques de la vie subjective de la personne qui écrit. Toutefois, à l'encontre de certains sous-genres autobiographiques, dans la rhétorique épistolaire, cette manifestation est non seulement destinée à peindre le sujet dans son intimité, mais aussi à communiquer avec autrui et à susciter chez ce dernier une certaine adhésion aux faits énoncés. Autrement dit, plutôt que d'exclure le regard d'autrui, de se présenter comme un discours refermé sur lui-même, l'échange épistolaire implique deux actants. Pour convaincre ou séduire, la lettre, discours de l'absence, doit utiliser les armes de la rhétorique et les prospectives du discours de l'intime :

> Laval, le 7 avril
> Rester pendant que l'autre est/reste ailleurs, que les lettres se font ombres et le téléphone rare.
> Rester pour attendre sans attendre pour (sur)vivre dans le désir de l'autre pour ce désir justement.
> Pour ce qui doit être nommé *amour*.
> AMA (50)

> Les mots se croisent les mots s'inversent se toisent ne pas confier éviter le dire-soi chercher trouver l'autre[2].

Comme l'indique l'extrait cité, sur un plan strictement énonciatif, toute correspondance donne lieu à une structure dialogique. Étant la seule forme d'écriture qui exige une réponse du lecteur/destinataire, la lettre engage les correspondants dans un jeu de séduction réciproque. Ce processus d'échange continu entre les protagonistes de l'énonciation partage avec la réalité du dialogue de nombreux traits en commun. Selon la tradition classique, la lettre a souvent été définie comme une « conversation entre des absents » (Diaz 2002 : 57). D'après le modèle conversationnel de la pratique épistolaire, ce « dialogue différé » aurait recours à

---

2. Cet extrait, qui illustre l'importance de la figure de l'altérité dans *Lettres à Cassandre*, est tiré du *Livre des ruptures* d'Anne-Marie Alonzo. Il évoque de façon analogue une certaine valorisation de l'Autre dans l'énonciation autobiographique (1988 : 109).

l'écriture pour des « raisons contingentes » : le destinataire est un interlocuteur « in absentia » (Diaz 2002 : 57). Cette sensibilité à l'égard de l'écart spatio-temporel qui sépare les deux interlocutrices est exprimée avec éloquence par Anne-Marie Alonzo, qui regrette amèrement l'Absente : « rester pendant que l'autre est/reste ailleurs ». Qu'il s'agisse d'une communication écrite (« in absentia ») ou d'une situation conversationnelle (« in presentia »), au couple je/tu appartiennent une corrélation et une transcendance qui sont essentielles au fondement linguistique de la subjectivité :

> « Je » n'emploie « je » qu'en m'adressant à quelqu'un qui sera dans mon allocution un « tu ». C'est cette condition de dialogue qui est constitutive de la « personne », car elle implique en réciprocité que je deviens « tu » dans l'allocution de celui qui à son tour se désigne par « je ». (Benveniste 1966 : 260)

Dans tout échange épistolaire, les interlocuteurs adoptent à tour de rôle les positions d'énonciation et de réception de l'énoncé. La relation intersubjective, qui naît de la sphère personnelle du dialogue épistolaire, entretient des similitudes avec l'échange conversationnel direct : même rôle réversible des épistoliers qui sont tour à tour correspondeur et correspondant, sujet écrivant et sujet lisant, mêmes fonctions communicatives dans la mesure où tout acte de langage implique un processus de communication.

Ces fonctions sont bien mises en œuvre dans la correspondance d'Anne-Marie Alonzo et de Denise Desautels, véritable instrument de communication entre deux consciences qui cherchent à dialoguer, à raconter, à expliquer, à analyser, surtout à séduire. Il est non seulement possible de repérer, dans la production scripturale de ces deux auteures, la panoplie des conventions qui régissent la structure dialogique et polyphonique de l'échange verbal, mais également celles qui sous-tendent le fonctionnement rhétorique du langage. Comme l'explique si bien Anne-Marie Alonzo, sur un certain plan, ce dialogue épistolaire permet même de dépasser l'entretien conversationnel : « T'écrire me pousse au-delà de toute conversation. Je t'écris plus qu'il me sera possible de te dire puisque réellement dire m'est interdit Lotte » (60-61).

Quelle que soit la nature des sujets traités, le ton adopté, les procédés stylistiques utilisés, les effets recherchés, conformément à toute pratique épistolaire, la représentation de l'autre joue un rôle de premier ordre dans l'entreprise épistolaire des deux écrivaines. Ce destinataire est

« structurellement indispensable » à l'activité épistolaire : il est non seulement « moteur de l'écriture – sans quoi la lettre n'adviendrait pas », mais
comme nous le constatons à la lecture des *Lettres à Cassandre*, il occupe
aussi une fonction cardinale « à la résurrection du sujet dans sa propre
parole » (Diaz 2002 : 16).

> Laval, le 27 janvier
> Tu me lis ! Et moi, toi. Comme un éternel miroir. Tu lis, me dis,
> m'écris.
> Aujourd'hui ta lettre est *désert*.
> Et m'attriste.
> À la lire, il me semble te perdre ou perdre ce moi en toi.
> AMA (94)

> Montréal, le 24 août
> Tu vois, Anna, celle qui t'écrit se sert de tes mots pour te parler
> d'elle. En ce moment, elle en est là. Elle en est à se chercher une
> voix qui parle en son nom.
> D. (72)

Le lien qui unit les deux protagonistes est de plusieurs ordres : désir
de communiquer avec autrui, de se construire une image de soi à la
lumière du regard d'autrui, désir de se dire, tout en disant l'Autre. Si
écrire une lettre c'est se parler, c'est aussi parler de l'Autre à travers soi.
Toute pratique épistolaire est fondée sur ce « rapport libidinal à l'Autre ».
Comme le suggère si pertinemment Grassi, « écrire une lettre, c'est abîmer son moi dans le miroir et y convoquer l'image de l'Autre, la convoquer à nous y rejoindre » (1998 : 172). C'est cette relation dialogique et
interactionnelle pour certains critiques, libidinale et fantasmatique pour
d'autres, qui sous-tend la dynamique de l'entretien épistolaire d'Anne-
Marie Alonzo et de Denise Desautels. La symbiose qui unit les deux
détenteurs de l'échange discursif, ce « commerce » qui se fait à travers
« l'objet scriptural spéculaire » est porteur de l'image de « l'Un et de
l'Autre » (Grassi 1992 : 172)[3]. Dans une certaine mesure, l'échange épisto-

---

3. Comme l'explique Michèle Ramon dans son étude des liens délirants qui peuvent exister dans l'écriture et la lecture de l'économie épistolaire, la lettre agit souvent comme un
   « espace spéculaire fantasmatique », une « psyché », car « écrire une lettre, c'est abîmer
   son moi dans le miroir et y convoquer l'image de l'Autre, la convoquer à nous y rejoindre : Halluciné contre la réalité qui sépare l'Un de l'Autre, ce commerce est probablement délirant. Balloté entre l'Un et l'Autre, l'objet spéculaire conjoint leurs images, il en
   opère l'union fantasmatique, les noces folles » (Ramon 1982 : 48).

laire entre Anne-Marie et Denise est régi – même si cela s'effectue à différents degrés – par les trois éléments essentiels à toute situation discursive : le logos (convaincre l'auditeur de la vérité de son argumentation) ; le pathos (le rendre sympathique en exploitant ses émotions) ; l'êthos (l'inspirer à croire à la vérité de ce qui est énoncé). De fait, cette triple persuasion sous-tend ce recueil de lettres. Dans *Lettres à Cassandre*, il y a non seulement un désir d'expliciter les liens profonds et essentiels entre l'œuvre littéraire et son support linguistique, mais aussi un effort de construire une infrastructure argumentative vouée à influencer, à persuader et à séduire.

De la jouissance de l'écriture à la causerie intimiste

Dans de nombreuses lettres où prévaut le souci de la réception, les épistoliers semblent avoir comme but de se faire comprendre, tandis que dans d'autres lettres la réception est brouillée par un jeu langagier fort complexe où règnent des sous-entendus, des lapsus, des dérapages, des ellipses, des déformations assonancées, des néologismes, des ambiguïtés, des jeux de mots de tout ordre. Cette ambiguïté de l'écriture fait même l'objet de commentaires métatextuels de la part des deux écrivaines : « (Nous) écrire nous fait indiscrètes […] Denise/Dora/Cassandra écrire devient parfois si dangereux pour nos aimé-e-s. Et cela nous porte à la censure. Inévitablement » (54). Ainsi, la lettre a deux faces : elle agit soit comme un simple outil de communication et peut donc être réduite à son strict message, soit comme un appareil rhétorique voué à séduire, à faire agir, à faire jouir. Cette poïèsis, qui caractérise toute la production littéraire des deux écrivaines, occupe dans leurs récits épistolaires une place de premier ordre. « Poétique » est ici entendu dans son sens le plus fort, car il ne s'agit pas seulement des structures par lesquelles Alonzo et Desautels ordonnent leurs connaissances littéraires et leurs procédés critiques. La poétique à l'œuvre dans *Lettres à Cassandre* est une « poétique à triple face – orientée vers la production et vers la réception, aussi bien que vers le texte lui-même » (Hutcheon 1982 : 11). La pratique langagière ne sert pas seulement à représenter ou à communiquer, mais sert aussi à accomplir des actions : « Parler c'est agir. En un sens obvie : c'est agir sur autrui » (Armengaud 1985 : 6).

Compte tenu de sa structure essentiellement dialogique, *Lettres à Cassandre* donne lieu à un véritable « échange de jeux » entre les deux épistolières, qui sont à tour de rôle sujet écrivant et sujet lisant : instance énonciatrice qui engendre le plaisir du texte et instance réceptrice sur laquelle agit l'aspect poétique de l'écriture épistolaire. Ce jeu avec le langage, actualisé par une série de stratégies narratives et discursives, est celui de deux sujets qui cherchent à transformer leur besoin de communiquer avec autrui en plaisir d'écrire et de lire. L'échange épistolaire d'Anne-Marie Alonzo et de Denise Desautels apparaît ainsi comme une façon de pratiquer, presque clandestinement, une écriture poétique : chaque confidence est parsemée de « délicates analogies » et de « vibrantes harmoniques » (Kaufmann 1990 : 24). Outre le fait de leur offrir l'occasion de se livrer au « plaisir du texte », la correspondance entre ces deux écrivaines produit une intimité tout entière au service de la poésie.

Le triangle épistolaire : le rôle du lecteur

Face a ce jeu de langage – d'une certaine ambiguïté autoréférentielle intrigante – , le lecteur ne peut que rendre les armes, car il n'arrivera jamais à saisir dans son entièreté les nuances, sous-entendus et connotations de cet échange épistolaire. D'une lettre à l'autre, l'instance lectorale participe à l'édification d'un espace textuel qu'il ne pourra que partiellement pénétrer. Parsemé de lapsus, d'ellipses, de néologismes et d'ambiguïtés, *Lettres à Cassandre* joue manifestement avec les pouvoirs poétiques du langage, voire avec une certaine poïèsis de l'écriture :

> Laval, le 18 janvier 1988
> Dire : je pars en voyage ou dire : je meurs. C'est ne plus être dans la présence de toute façon. C'est être dans la seule présence de l'esprit de l'autre.
> Si autre il y a.
> L'amour n'est pas tout.
> L'amour est tout.
> Alors on se lance dans l'écrit. Sans cesse ni arrêt pour ne pas que manque le souffle.
> AMA (88)

Tout en étant éblouis par la valeur esthétique et rhétorique de cet échange épistolaire, les lecteurs, les lectrices ont aussi l'impression agaçante et fascinante à la fois de lire quelque chose qui leur échappe. Consommateurs du texte publié, nous ne sommes toutefois pas les véritables destinataires de cette correspondance. Notre connaissance des présupposés et des données autobiographiques qui sous-tendent ce dialogue épistolaire est lacunaire et notre maîtrise des codes poétiques et linguistiques mis en oeuvre est inadéquate. Entre l'espace privé de cet échange épistolaire et l'accès à la scène publique se trouve une béance que les auteures ont cherché à maintenir et qui ne pourra qu'être partiellement comblée. Le texte de la correspondance reste donc «un tissu d'espaces blancs, d'interstices à remplir», et celle qui l'a émis (Anne-Marie et/ou Denise) prévoyait que ce tissu serait «rempli» voire qu'il a été «émis pour quelqu'un capable de l'actualiser» (Eco 1979: 63) (Anne-Marie et/ou Denise), du moins partiellement. Toutefois, que faire de ce recueil de textes épistolaires qui a été généré dans un contexte d'intimité et qui a ensuite été confié à «divers actes d'interprétation» (Eco 1979: 65) extérieurs à cet espace dialogique? Autrement dit, que fera cette autre figure d'altérité – l'instance lectorale – qui se trouve dans les marges de cet échange épistolaire? Si l'économie testamentaire qui régit ce dialogue d'Anne-Marie et de Denise est ponctuée d'ambiguïtés sémantiques et extratextuelles, c'est sans doute sur le plan métalinguistique que *Lettres à Cassandre* présente le moins de défis aux lecteurs/lectrices. Grâce à une série d'énoncés métatextuels portant sur la production de leurs textes – ceux déjà conçus ainsi autant que ceux en voie de production –, le lecteur parvient à un déchiffrement optimal de ce qu'il lit.

Discours métalinguistique et genèse de textes

S'il est vrai que tout langage peut avoir une fonction métalinguistique, ce dont il faut tenir compte, c'est que sa densité peut varier d'un contexte à l'autre. Les récits autobiographiques où on traite du discours littéraire déploient inévitablement une forte densité métalinguistique. Toutefois, comme nous le constatons à la lecture de *Lettres à Cassandre*, les opérations métalinguistiques mises en oeuvre comportent plusieurs degrés. Face à ces nombreuses réflexions portant sur les pouvoirs rhétoriques de l'écriture («nous ne cessons de dire aux autres ce qui nous plaît et leur demandons en toute candeur de nous croire» [60]), en passant par d'innombrables commentaires métatextuels («Le dire, l'écrire, c'est-à-dire travailler la langue jusqu'à ce qu'elle éclate en termes d'impossibles retraites» [65]) et parfois autoréflexifs («je me pose la question de la pertinence du texte autobiographique, de son intérêt, de sa nécessité» [57]), voués à élaborer une certaine critique de textes publiés ou en voie de production (« Écrire plus près de *Bleus de mine* ou de *L'écran*, plus près de la fiction qui, seule, permet l'élargissement et l'approfondissement de l'intimité » [58]), le lecteur est invité à élaborer une poétique de l'écriture épistolaire qui est propre à l'entreprise scripturaire des deux écrivaines. Ces correspondances d'écrivains(es) sont très souvent un espace privilégié pour dégager certains des principes (stylistiques, thématiques, narratifs) qui régissent leur production littéraire. Des différents registres métatextuels qui parsèment *Lettres à Cassandre*, il est possible de dégager, même si elle n'est que partielle, une certaine « syntaxe de la composition, de la logique et de la rythmique » (Mitterand 1993 : 203).

Ce qui s'offre au commentaire, c'est non seulement l'écriture elle-même ou l'échange épistolaire en cours, mais aussi d'autres textes déjà produits par les deux auteures. En bref, si les correspondances d'écrivains peuvent agir comme un laboratoire où les épistoliers aiguisent leur « style », elles sont aussi un lieu où les auteurs exercent leur esprit critique, notamment sur leurs propres textes. Cette correspondance peut ainsi être considérée comme une clé d'explication de l'œuvre, une interprétation possible. *Lettres à Cassandre* nous présente un exemple spectaculaire de cette transformation de la scripteure-épistolière en lectrice et critique de sa propre production : c'est aux nombreux commentaires métatextuels portant sur *Geste* d'Anne-Marie Alonzo auxquels nous faisons allusion. Tout en proposant un éclairage nouveau sur ce texte, les lettres consacrées à *Geste* expliquent, préviennent et sans doute corrigent certaines des interprétations auxquelles ce texte a été soumis depuis sa publication :

> Montréal, le 16 mai
> Écrire et je pense à *Geste* (celui que tout le monde a qualifié d'autobiographique) est mentir à soi. J'ai écrit *Geste* d'un trait d'un souffle. Neuf mois tous les jours dans l'urgence.
> Comme si l'urgence ne suffisait pas.
> Et toi qui m'as lue avant de me rencontrer et devenir l'amie essentielle toi tu as lu le doux (l'intentionnel) mensonge de la fiction.
> Je jurerais sur ce qu'il y a de plus cher : *Geste* est fiction.
> Comme *La Promeneuse*... [...]

> Nous ne cessons de nous raconter des histoires qui savent nous convenir.
> AMA (59-60)[4]
>
> Laval, le 27 mai
> SAVOIR ce qui est mensonge d'écriture. Savoir et pour soi seule ce qui est omis ajouté remanié avant la lettre [...].
> C'est cela *Geste*.
> Écrit/vécu dans l'enfer du moment.
> Après quinze longues années d'attente.
> Et gestation. [...]
> AMA (67-68)

Que nous parlions d'intentions, de commentaires métatextuels voués à exposer les présupposés épistémologiques qui ont sous-tendu la production de *Geste*, cet extrait est d'une richesse génétique indéniable[5]. D'une part, il conteste l'opinion de certains critiques qui ont voulu conférer un statut purement autobiographique, voire non fictionnel à ce texte. D'autre part, il sert de prétexte permettant à Alonzo de nous présenter sa conception de la « figure de l'auteure », qu'elle décrit comme une narratrice d'histoires, une arrangeuse, une meneuse de contes. Lorsqu'il est question d'intention, en général, c'est au rôle de l'auteur qu'on s'intéresse, au rapport entre le texte et son producteur, à la responsabilité de l'auteur quant au sens et à la signification de son oeuvre. Dans certains fragments de *Lettres à Cassandre* consacrés à une lecture critique de

---

4. Il est intéressant de noter que dans *La chambre claire*, Roland Barthes fait allusion à Cassandre dans son étude de la photographie : « [...] la photographie n'est laborieuse que lorsqu'elle triche. C'est une prophétie à l'envers : comme Cassandre, mais les yeux fixés sur le passé, elle ne ment jamais : ou plutôt elle peut mentir sur le sens de la chose, étant par nature tendancieuse, jamais sur son existence » (1980 : 135).

5. Pour exploiter la valeur de documents autobiographiques et autres dans la reconstruction de ce qu'elle nomme l'univers historico-discursif dans lequel une œuvre vit le jour, Almuth Grésillon constate : « [...] peut-on recourir à des documents autres que les manuscrits de l'auteur ? Biographie et correspondance de l'auteur, connaissance de l'œuvre dans son ensemble, témoignages de tiers, événements historiques, tout cela nous renseigne sur les conditions externes dans lesquelles se situe une genèse. Même les plus farouches adeptes du "tous les manuscrits et rien que les manuscrits" font, heureusement, cette incursion biographico-historique qui, cependant, ne permet qu'un constat, non une explication. Mais là où ce type d'investigation serait plus intéressant, c'est-à-dire dans l'évaluation de l'exogenèse et son éventuelle interférence avec le processus d'écriture proprement parlant, les outils nous font cruellement défaut » (1994 : 25).

leurs propres textes, l'intentionnalité auctoriale d'Anne-Marie Alonzo et de Denise Desautels est très tangible, car elles ne se gênent pas pour présenter des analyses pointilleuses de leur production. Comme nous le rappelle Gérard Genette, les correspondances d'écrivains peuvent être traitées comme des « épitextes » et avoir une « fonction paratextuelle » (sur son destinataire particulier) et un « effet paratextuel » (sur son public ultime) (1978 : 343). Que l'échange épistolaire soit antérieur ou postérieur à l'œuvre – c'est le cas des commentaires portant sur *Geste* –, il peut agir comme une sorte de « témoignage sur l'histoire de cette œuvre » (Diaz 2002 : 42), sur sa genèse, sa publication et son accueil. Outre les commentaires métatextuels qui nous permettent de saisir certains des enjeux autobiographiques et esthétiques qui sous-tendent la production de *Geste*, les extraits de *Lettres à Cassandre* qui lui sont consacrés ont aussi une valeur herméneutique nous permettant d'avoir accès à une critique de ce texte, à savoir à celle de Denise Desautels, qui cite et commente cette oeuvre tragique dont le but est de dire ce mal irrémédiable, ce monde immobile, cette blessure qui changera radicalement la vie d'Anne-Marie Alonzo :

> Montréal, le 16 mai
> Aujourd'hui, le double jeu ! Je poursuis la correspondance qui nous (pré)occupe depuis quelques mois, tout en m'arrêtant sur *Geste*. […]
> Tu jurais : « *Geste* est fiction. »
> Je viens tout juste d'en terminer la relecture. *Geste* est fiction. Un beau livre de douleur et d'immobilité. J'ose écrire : de *notre* douleur et de *notre* immobilité.
> Ce que tu vis de façon tragique – physique –, tu nous amènes, par ton écriture, à le percevoir en nous comme un fait, un mal irrémédiable souvent masqué […]
> « Juillet matin / Treize ans / aujourd'hui. » Juillet de la tragédie. […]
>
> *Geste*. L'histoire d'une petite fille qui a traversé le monde pour se rendre jusqu'ici. L'histoire de cette petite fille après l'événement. L'histoire de ce lent, très lent retour à la vie […].
> *Geste*. Tous ces mots perdus ou éperdus, ces brisures, ces syncopes, cette ponctuation insistante qui altère toute phrase, ces juxtapositions de faits irrévocables […].
> *Geste*. Il y a dans l'écriture de ce livre, dans le mouvement de la douleur qui y explose, une passion qui me fait croire à l'extrême

nécessité de la fiction. Anna, *Geste* est une fiction amoureuse qui éclabousse les images récurrentes de la mort.
D. (62-65)

On remarque que le métalangage qui parsème la correspondance d'Anne-Marie Alonzo et de Denise Desautels est souvent axé sur la poétique de l'écriture. De cette conception auctoriale de la production littéraire, découle une valorisation d'une des principales données de l'écriture : la rhétorique dans son sens le plus classique, à savoir comme art de la séduction. Dans *Lettres à Cassandre*, il s'agit non seulement de dire mais aussi de séduire par une forme d'érotisme textuel/sexuel voué à communiquer et à faire éprouver cette jouissance du graphisme, du rythme, des images propres à l'écriture poétique. Quelle que soit la nature de l'unité textuelle participant à l'actualisation du discours autoreprésentatif et quel que soit l'objet des remarques métalinguistiques présentées (réflexions sur le texte en voie de production, à savoir *Lettres à Cassandre*, commentaires sur la nature mensongère de l'écriture, sur la superficialité des traits canoniques de la fiction et de l'autobiographie), les pouvoirs « poétiques » et rhétoriques de l'écriture sont traités comme les principaux outils des écrivaines :

Laval, le 1er mai
Bien entendu la fiction.
Avant et au-dessus de l'autobiographie.
SE parler. De *la* mort *la* douleur.
Sans mentir mais écrire EST mentir tu le sais même à l'amie même à l'amant-e. Écrire et je pense à *Geste* (celui que tout le monde a qualifié d'autobiographique) est mentir à soi.
AMA (57)

Par sa nature métatextuelle, *Lettres à Cassandre* nous expose à une poïétique de l'écriture selon laquelle le réel nourrit l'imaginaire, le vrai se relie à la fiction, la démarche autobiographique ne prend corps que sous l'emprise de l'Autre. De façon analogue à certains documents manuscrits, la valeur de l'échange épistolaire entre Anne-Marie Alonzo et Denise Desautels provient du fait qu'il nous invite à participer à une écriture en formation et à réfléchir aux présupposés formels et esthétiques qui ont veillé à l'actualisation de cet échange et qui sous-tendent toute leur production littéraire. Les mentions d'intentions, les réflexions sur l'œuvre en cours ou sur celles déjà reproduites, les nombreux commentaires métatextuels introduits dans *Lettres à Cassandre* nous permettent d'entrevoir les conditions d'émergence du texte et sa constitution en un tout. Dans la mesure où cet échange épistolaire intériorise un commentaire sur l'écriture et la lecture, il représente pour les deux écrivaines un lieu de réflexion qui nous permet de mieux saisir les choix poétiques et rhétoriques qui sous-tendent leur écriture. Ce qu'une lecture attentive de ce recueil de lettres nous dévoile, c'est qu'il existe une symbiose entre ces deux composantes de l'écriture épistolaire. *Lettres à Cassandre* se veut à la fois un lieu pour mettre à l'épreuve les pouvoirs de l'énonciation poétique et un espace de séduction et de persuasion où se déploie tout l'art rhétorico-argumentatif des deux écrivaines. Les lecteurs et lectrices ne peuvent qu'être saisis d'admiration devant la force et la subtilité de cet échange de lettres qui énonce une passion commune à l'égard du langage, pour ce médium qui a le pouvoir d'exprimer, mais aussi de faire ressentir les plaisirs et les désirs, la douleur et la souffrance de ces écrivaines aux prises avec ce projet de se dire devant autrui et de se dire pour autrui.

Bibliographie

Alonzo, Anne-Marie et Denise Desautels (1988). *Souvenirs d'enfance et de jeunesse*, Montréal, Les Entreprises Radio-Canada.

Armengaud, Françoise (1985). *La pragmatique*, Paris, PUF.

Barthes, Roland (1973). *Le plaisir du texte*, Paris, Seuil.

_____ (1980). *La chambre claire*, Paris, Seuil.

Benveniste, Émile (1966). *Problèmes de linguistique générale*, tome 1, Paris, Gallimard.

Desautels, Denise et Francine Simonin (1986). *Écritures/ratures*, Saint-Lambert, Éditions du Noroît.

Diaz, Brigitte (2002). *L'épistolaire ou la pensée nomade*, Paris, PUF.

Dupré, Louise (2001). « D'abord l'intime. Entretien avec Denise Desautels », *Voix et images*, vol. 26, n° 2 (hiver), p. 230-234.

Eco, Umberto (1979). *Lector in fabula*, Paris, Grasset.

Genette, Gérard (1978). *Seuils*, Paris, Seuil.

Girard, Alain (1963). *Le journal intime*, Paris, PUF.

Grassi, Marie-Claire (1998). *Lire l'épistolaire*, Paris, Dunod.

Grésillon, Almuth (1994). *Éléments de critique génétique*, Paris, PUF.

Gusdorf, Georges (1991). *Lignes de vie. Les écritures du moi*, tome 1, Paris, Odile Jacob.

Hutcheon, Linda (1982). « Introduction », *Texte. Revue de critique et de théorie littéraire*, vol. 1 : « L'autoreprésentation : le texte et ses miroirs », Toronto, Paratexte, p. 9-16.

Kaufmann, Vincent (1990). *L'équivoque épistolaire*, Paris, Minuit.

Mitterand, Henri (1993). « Genèse de *La faute de l'abbé Mouret* », dans Louis Hay (dir.), *Les manuscrits des écrivains*, Paris, Hachette, p. 184-203.

Ramon, Michèle (1982). « La lettre et le lien délirant », *Écrire, publier, lire les correspondances. Problématique et économie d'un « genre littéraire »*, Nantes, Publications de l'Université de Nantes, p. 48-54.

Lettre à la Sphinxe, le 14 juillet 2002

JANINE RICOUART

> « *L'écrire trompe, fait croire aux miracles* »
> (*Immobile*, 59)

Chère Anne-Marie,

En ce mois de juillet, mois de l'anniversaire de ton accident (« un 5 juillet, dix heures[1] »), je t'écris cette lettre pour évoquer l'histoire de notre rencontre et partager avec toi plusieurs choses sur ma lecture et ma découverte de toi... C'est en toute amitié que je t'écris cette lettre, en espérant qu'elle te trouvera heureuse et bien entourée, et qu'elle ne te lassera pas trop.

Nous nous sommes rencontrées durant l'été 1996, par l'intermédiaire d'une amie commune. Cette fois-là, tu avais surtout parlé avec mon amie, et je me souviens très peu de la première impression que tu as faite sur moi. Je me souviens cependant d'une question que tu m'avais posée : « Tu n'as pas d'amie handicapée, n'est-ce pas ? » Tu avais en partie raison. J'avais eu une amie « handicapée » (aveugle) en Californie il y a plusieurs années, mais je n'avais jamais connu quelqu'une en fauteuil roulant.

Je te connaissais de nom, mais je ne savais presque rien de toi. J'avais donné un cours sur un de tes livres, *Galia qu'elle nommait amour*. Je savais aussi que tu avais beaucoup écrit et que tu étais très active dans le monde

---

1. Date mentionnée dans *L'immobile* notamment (17), mais aussi dans *Veille* : « Demain le cinq et encore juillet d'année en année ne passe » (70).

de l'édition. C'est tout ce que je savais, très peu en fait. Je ne connaissais rien de ton caractère, bien sûr : on n'apprend pas cela dans les livres et, de toute façon, on n'est pas censée trop s'occuper du personnage de l'auteure quand on lit son texte. De plus, on sait bien que l'auteur est mort aujourd'hui[2] !

D'où es-tu ? Comment te nommer ? On dit que tes origines sont égyptienne, syrienne, arabe et que tu parles français, allemand, italien, anglais, arabe. On dit aussi que tu es lesbienne, handicapée, musicienne, sportive, poète, jardinière, rêveuse. Qu'importent ces étiquettes ! Tu es une femme (même si Monique Wittig pourrait critiquer l'utilisation de ce mot[3]), métisse, tissée de plusieurs fils de soie[4]. Chaque fil est essentiel à la toile et si on tire sur un fil, la toile perd de sa force. Chacune de ces étiquettes te définit sûrement en partie. Mais aucune ne peut te représenter tout entière, n'est-ce pas ? Pourquoi limiter tes mouvements dans ces termes étroits, sclérosants ? Tu veux au contraire danser et bouger, comme Galia qui ne tient pas en place.

L'été où je t'ai rencontrée, j'ai lu *Écoute, Sultane* (1987), *Le livre des ruptures* (1988) et *L'immobile* (1990), livres que tu m'avais suggérés. J'ai été profondément touchée par ces livres : des émotions très fortes et douloureuses se bousculaient en moi. Ensuite, j'ai voulu lire tout ce que tu avais écrit. J'ai commencé par tes premiers livres, *Geste* (1979) et *Veille* (1982), et j'ai aussi découvert la poésie de ton écriture. Je me suis attardée sur l'histoire d'une vie, d'une naissance à l'écriture. Ensuite, j'ai rencontré *Bleus de mine*, et puis, peu à peu, tous tes autres livres.

---

2. Dans *Lesbian Desire in Post-1968 French Literature*, citant Susan J. Wolfe et Julia Penelope, Lucille Cairns rappelle combien il est ironique que la « mort de l'auteur » soit survenue au moment où toutes les minorités cherchent à trouver leur propre voix : « le postmodernisme s'est développé parmi les intellectuels occidentaux précisément à l'époque où ceux qui étaient "construits" comme l'Autre par les détenteurs du pouvoir cherchaient à se libérer. Au moment où les femmes, les lesbiennes, les hommes gais ainsi que les minorités raciales se rebellaient et mettaient en question leur marginalisation pour se définir en tant que sujets, l'intelligentsia masculine blanche déclarait que la subjectivité était une fiction » (2002 : 26 ; j'ai traduit toutes les citations en anglais).

3. Dans son essai « The Straight Mind », Monique Wittig a affirmé, de façon provocante et juste, que les lesbiennes ne sont pas des femmes dans le sens traditionnel et phallocentrique du terme (1992 : 32). La plupart des essais contenus dans *The Straight Mind and Other Essays* ont été écrits en anglais et n'ont pas été traduits en français à ce jour.

4. « Métisse » et « hybride » sont deux termes qui reviennent chez plusieurs critiques pour qualifier ton appartenance. Ainsi, Louise Dupré dans « Une traversée des territoires » et Lucie Lequin dans « Retrouver le rythme ».

Un jour, lors d'une de mes rares visites, tu m'as appris que tu avais écrit une thèse de doctorat sur Colette, *Lettre[s] et fiction[s] chez Colette*. C'est un texte très créatif, dans la mesure où tu as pu passer outre aux contraintes imposées par cet exercice ; tu as composé un dialogue entre la théorie et tes réactions personnelles. Chaque page est divisée en deux colonnes : dans l'une, tu cites des extraits de Colette et dans l'autre, tu commentes, parles, racontes. J'ai adoré ce texte qui m'a donné envie de relire Colette.

Au fur et à mesure de nos rencontres, j'ai découvert ton engagement féministe (comme tu en parlais déjà en 1981, dans une entrevue avec Francine Larrivée à propos de *Geste*). J'ai aussi découvert que tu as publié dans différentes revues comme *Arcade* ou *La vie en rose*[5], mais aussi que tu as créé le Festival de Trois qui a lieu tous les étés depuis 1989 (sauf pour une interruption de deux ans en 1994 et 1995), ainsi que la maison d'édition Trois que tu diriges depuis 1985 et qui compte à son actif de nombreux titres. Tu as une énergie débordante, un enthousiasme pour l'écriture et la vie qui me ravit, une passion absolument contagieuse pour les auteurs et autres artistes. Il suffit de regarder la liste de ce que tu publies et entreprends pour s'en rendre compte[6].

Au fil des années, nous nous sommes revues régulièrement, soit chez toi, soit à une soirée poésie, soit au cours d'une conférence à Montréal où je t'avais invitée à participer à une session organisée autour de tes textes[7]. Tu te souviens ? Tu y as fait une lecture magnifique de textes anciens et plus récents. Tu as ému l'auditoire, car tu parles simplement et profondément de choses qui nous concernent toutes (la vie, l'amour, le désir, la douleur, la mort). Ta voix calme et profonde contient toute l'émo-

5. Ton intérêt pour les auteur-e-s d'ailleurs est évident quand on consulte la liste des auteur-e-s d'origines diverses que Trois a publiés. De plus, les comptes rendus de lecture que tu as publiés dans *Spirale* ou *La vie en rose*, notamment, soulignent également ton ouverture à l'égard des artistes de tous horizons : je pense surtout à Naoual El Saadaoui, égyptienne, à Marvel Moreno, colombienne, à Irmtraud Morgner, allemande, à Claribel Alegria, nicaraguayenne, pour ne citer que celles-ci. Tu lis des choses très diversifiées, et tu en parles simplement et clairement. Ton travail de critique a contribué à diffuser au Québec des voix moins connues. J'aimerais analyser plus à fond ce travail de même que l'influence de ces auteures étrangères et de ces voix multinationales sur ton écriture.
6. Le programme annuel du Festival de Trois se trouve à l'adresse suivante : www.trois.ca, et on pourra bientôt y consulter le catalogue des Éditions Trois.
7. Lors du Congrès de l'ACQS (American Council of Quebec Studies), en octobre 2000, j'avais organisé une session où Lucie Lequin et Maïr Verthuy ont parlé de tes textes. (Elles ont également dirigé le dosssier de *Voix et images* consacré à ton œuvre.)

tion de ta pensée et, pour moi, ce fut le plus beau moment de lecture d'auteure que j'aie jamais vécu[8]. Je t'en remercie.

Pourquoi choisir de t'écrire une lettre ? Parce que nous nous écrivons régulièrement depuis que nous nous connaissons. Parce que tu as publié beaucoup de lettres, qu'elles soient fictives ou non, comme *Une lettre rouge orange et ocre* (1984), *L'immobile*, ou *Lettres à Cassandre* (1994). Je sais qu'*Une lettre rouge orange et ocre* n'est pas une lettre, mais une pièce de théâtre. Cependant, ce texte évoque aussi tes lettres, car il s'agit d'un dialogue (entre une mère et sa fille). Ou alors, peut-être que toutes tes lettres sont des mises en scène, comme au théâtre... Parce que ta voix dans ces lettres et dans ta thèse sur Colette me touche, me parle, comme on dit quelquefois. Parce que tu crées un dialogue, dans ta thèse ou dans tes lettres, mais aussi dans plusieurs de tes textes, comme lorsque tu collabores avec d'autres artistes[9]. Parce que tu m'as montré que la lettre peut être un vrai dialogue avec soi-même et avec l'autre. Parce que j'écris trop peu de lettres aux gens que j'aime et qu'un jour il sera trop tard.

Une lettre, donc, pour te parler de mes lectures de tes textes, de nos rencontres, par les livres ou en personne, de mes cours où j'ai enseigné tour à tour *Geste*, *L'immobile* et *Galia*. Je rêve de passer un semestre à n'enseigner que tes textes, à partager avec mes étudiants la vidéo contenant deux heures d'entrevues que tu as accordées. Tu donnes beaucoup de toi, de ton temps, de ton énergie. C'est l'une des choses qui me touche le plus chez toi. Et aujourd'hui, je t'écris cette lettre pour te dire que ton énigme reste entière. Tu m'apparais toujours sereine, tu te comportes de façon royale et tu sembles répandre paix et bonheur autour de toi, même si tu ne les ressens pas au fond de toi. Même si ta souffrance est constante, tu sembles sublimer cette souffrance pour en faire une œuvre d'art.

---

8. Fascinée par ta voix et la lecture de tes textes, D. Kimm écrit notamment : « [...] j'ai été mortellement saisie par la beauté de sa voix et la beauté de la voix dans son écriture. Une voix ancestrale » (1986 : 111).

9. Il me semble que, dans ce travail de collaboration avec des artistes, tu engages aussi un dialogue à un autre niveau, celui de la composition, de l'écriture même : notamment dans *French Conversation*, écrit avec Alain Laframboise ; *Nous en reparlerons* ; *Lettres à Cassandre* avec Denise Desautels ; *Linked Alive*, traduit par *Liens*, avec Dôre Michelut. Tu collabores avec et tu t'inspires aussi d'autres artistes, photographes, peintres ou danseurs : ainsi, dans tes livres avec des photographies : *Bleus de mine, Seul le désir, Nous en reparlerons sans doute* ; ou encore à propos des tableaux de Louise Robert, *La vitesse du regard*, ou à propos de la danse, avec des photos de Margie Gillis, *La danse des marches* ; ou ce livre avec des hiéroglyphes de Nihal Mazloum, *Esmaï*, ainsi que le livre-objet avec Azélie Zee Artand, *Blanc de thé*. Azélie a aussi illustré deux de tes poèmes publiés dans *La Nouvelle Barre du jour* : « En DEUIL et », suivi de « Regard ».

Colette souffrait aussi, de même qu'Artaud, Van Gogh, Kahlo, et d'autres, que tu nommes dans *L'immobile* (92). Eux aussi ont dépassé leurs souffrances pour créer une œuvre.

J'aimerais te parler d'abord de *L'immobile*, car c'est peut-être le texte le plus «lisible», mais aussi parce qu'il constitue une plaque tournante dans ta vie, un livre-testament, comme tu le signales à l'endos du livre. Au cours de l'émission *Lumières*, tu as dit à Élisabeth Paradis, qui t'interviewait au moment de la parution de *L'immobile*, qu'avec ce livre, tu avais atteint la fin d'un cycle commencé avec *Geste* et *Veille*. Dans une entrevue avec Louise Dupré, tu expliques que ce livre a été pour toi un «livre-charnière» (1994 : 243), alors que dans une entrevue un peu plus récente avec Annie Molin Vasseur, «À gauche Orient de cœur ; Une sculpture Je suis cela», tu expliques ce changement : «Non pas parce que je n'allais plus jamais écrire après ce livre, mais parce que je n'allais plus jamais écrire comme auparavant où revenaient la mort, le cri, le désespoir et la quête d'amour» (1995 : 86).

Dans ce livre, tu engages un dialogue avec une douzaine de personnes, dont la plupart sont ou ont été proches de toi et sont connues du public québécois. Dans la première lettre, «Cuir-et-chrome», tu t'adresses à ceux et celles qui te liront. Tu commences cette lettre par ces mots laconiques : «En parler encore !» (*Immobile*, 2). C'est le point d'exclamation qui me retient. Tu vas donc te forcer ? Lutter ? Encore et toujours dire la même chose ? Qui risques-tu de lasser le plus, toi-même ou ta lectrice ? Tu vas encore une fois parler de cela ! Tu l'as déjà fait dans *Geste* et *Veille*, mais aussi dans *Une lettre rouge orange et ocre*. Tu racontes toujours la même chose. Est-ce cela que tu veux dire dans cette première phrase ? Mais qui oserait te le reprocher ? Que celle qui n'a pas le goût de t'entendre aille (se faire) voir ailleurs ! Quant à moi, je suis toute ouïe. Mais je m'interroge. Suis-je vraiment à l'écoute ? Suis-je cette lectrice/amie privilégiée que tu souhaites au plus fort de ta douleur ? Au plus profond de ta solitude ?

N'aie pas peur de te répéter ou de toujours raconter la même histoire. Si tu étais l'exploratrice d'un continent inconnu, c'est sûrement de cela que tu parlerais. Ton continent inconnu, c'est ton propre corps, ta souffrance, ta douleur, certes, mais à mon avis, c'est aussi ton intelligence, ta sensibilité et ta sensualité. Le continent inconnu que tu me fais découvrir, c'est celui-là, c'est ton corps souffrant et ton dépassement de ces limites. Et en cela, tu es une héroïne. Ne t'affole pas, je ne te mets pas sur un piédestal, même en chrome et en cuir, et je t'assure que je ne mythifie pas non plus ta souffrance ni tes limites.

Anne-Marie Picard analyse en détail ce texte dans « L'Autre à Tu-tête : la lettre de *L'immobile* ». Elle mentionne, en particulier, la mise en scène de deux figures de l'Autre : le langage et le moi, associé au toi, *alter ego* adulés, idéalisés (1994 : 252). Cette mise en scène de l'autre me fait penser à ce que tu dis sur le fait d'écrire des choses intimes ou personnelles. Ainsi, dans l'entrevue avec Annie Molin Vasseur que j'ai mentionnée plus haut, tu précises que ce que tu écris est d'abord et avant tout fiction. Tu ajoutes qu'« à moins de faire le pacte autobiographique dont parle Philippe Lejeune, ce que je fais seulement dans certains livres [...] écrire pour moi, est fiction. Cela ne signifie pas que l'écrit ne comporte pas d'éléments autobiographiques, mais il faut avoir le plaisir de raconter » (1995 : 82).

Au moment où je t'écris cette lettre, je retrouve un livre de Régis April, *Le fauteuil roulant*, qui me fait penser à toi[10]. Est-ce le ton de ce livre qui me fait penser à toi, une sorte d'humour, de sarcasme qu'on retrouve chez plusieurs des personnes interrogées pour ce livre ? April a interviewé onze personnes handicapées, la plupart victimes d'un accident de voiture comme toi, et qui parlent de leur situation, de leur position dans la société, de leurs efforts ou de leurs conflits avec eux-mêmes et avec les autres. À la fin, dans une sorte de postface signée M.M., on lit aussi que ce livre « veut faire partager au lecteur, profane ou professionnel, des émotions intenses et enrichissantes, en plus de fournir de l'information pertinente sur ce que toute personne risque de devenir un jour : un handicapé physique » (1978 : 210). C'est cela qui m'intéresse dans le livre d'April et c'est l'une des choses que j'apprends de toi, cette connaissance personnelle de la douleur. Comme le signale Annick Andrès, « il est beaucoup question de partage et de douleur dans *L'immobile* et si le livre devait tirer sa force d'une qualité particulière, ce serait celle de réussir à élargir le champ de l'expérience intime de la douleur à celle d'une blessure universellement ressentie » (1991 : 9). Cette vérité sur toi, tu nous la révèles, comme l'énigme du sphinx.

Un sphinx, selon *Le Petit Robert*, c'est d'abord un monstre fabuleux, lion ailé à tête et buste de femme, qui tuait les voyageurs quand ils ne résolvaient pas l'énigme qu'il leur proposait. Pour moi, cette énigme parle d'abord des changements du corps de la naissance à la mort, que la plupart des gens ne savent pas ou ne veulent pas anticiper ; elle parle aussi de la violence et de la destruction. Dans l'art égyptien, que tu connais

---

10. Tu connais sans doute ce livre, publié en 1978, et réunissant les récits d'une quinzaine de personnes handicapées, âgées entre 18 et 65 ans, qu'April a rencontrées.

bien, le sphinx est une statue de lion couché, à tête d'homme, de bélier ou d'épervier, représentant une divinité. Au sens figuré, c'est une personne énigmatique, figée dans une attitude mystérieuse. Selon une autre interprétation, tirée de *Women's Encyclopedia of Myths and Secrets*, Barbara G. Walker dit que la sphinxe (au féminin ici) était la mère Hathor, la déesse à deux têtes : « une sphinxe à tête de lion qui posait une énigme aux hommes et tuait ceux qui ne pouvaient pas répondre, jusqu'à ce que le roi Œdipe résolve l'énigme et la chasse de Thèbes [...]. Déesse à deux visages, représentant la naissance et la mort, la Sphinxe regardait parfois dans deux directions opposées[11] » (1983 : 957). Cette définition me semble mieux correspondre aux mystères de la vie que tu nous révèles, car, toi aussi, tu regardes le passé et le présent, la naissance (la vie) et la mort.

Et toujours, tu cites Cixous. Parmi la vingtaine de titres que tu as publiés, elle est en exergue dans la plupart, dont *Bleus de mine*, *Le livre des ruptures*, *La vitesse du regard*, *Galia*, et *Tout au loin la lumière*. Et dans *L'immobile*, tu la cites au début de chaque lettre... Cixous n'est pas neutre pour toi. Pourquoi es-tu habitée par cette artiste ? Dans « Écrire comme vivre », Louise Dupré a suggéré « certains intérêts communs pour l'écriture des femmes » en particulier entre Cixous et toi, mais tu ne lui as pas répondu à ce sujet (1994 : 241).

Par ailleurs, Cixous a écrit une nouvelle intitulée « Le Sphinx », et ce qui domine dans sa nouvelle, c'est l'attente du Sphinx, qui « peupla le désert de millions de formes d'attente » (1979 : 81)[12]. Le Sphinx ne sait

---

11. « Mother Hathor as a lion-headed sphinx asked men her mythic riddle, and killed those who could not answer, until King Oedipus solved her riddle and cast her out of Thebes [...]. As the two-faced Goddess of birth and death, the Sphinx sometimes looked in two directions [...]. »

12. Nouvelle publiée dans *Le prénom de Dieu* (79-91), où Cixous présente une perspective différente sur le « personnage » du sphinx. Dans cette nouvelle, « Dieu créa le Sphinx pour que le désert fît partie de sa Création » (81). Le Sphinx a donc un double rôle à jouer dans le désert du monde : d'une part, peupler le désert, et d'autre part attendre de comprendre ce que Dieu veut de lui. Dieu, déguisé en vieillard, vient lui confier sa mission et lui dit d'attendre : « Toi, seul dans la solitude, muet au silence, Toi, tu m'honoreras et perpétueras mon nom, gardien de mon temple tu ne connaîtras pas la mort, ta pierre sera mon Livre illisible aux humains jusqu'à ce que vienne celui que j'aurais désigné » (90-91). Il est évident que cette attente sera de longue durée : « Dieu dans son éternité n'était pas pressé. Le Sphinx régnait au désert, et Dieu pour l'amuser lui envoyait des archéologues, mais nul ne savait déchiffrer le hiéroglyphe. Au cours des âges, le Sphinx se fit une réputation mondiale. On le reproduit dans tous les musées, et Dieu se reposait et attendait » (91). Cette attente dans la foi constitue la partie importante de

pas pourquoi il doit attendre. Il ne fait que suivre un ordre reçu d'en haut, une requête venue d'ailleurs. Chaque soir, il s'attend à recevoir la visite de Dieu, son créateur. Peu à peu, il découvre le drame et le mystère de cette attente qui se peuple de mille images personnelles. C'est parce que Dieu est fatigué, selon Cixous, que le Sphinx devra prendre sa place en attendant qu'il retrouve ses énergies. Ainsi, le rôle du Sphinx serait également divin, et c'est pourquoi je me suis attardée sur cette image.

L'immobile parle encore et toujours de la même histoire, pour ceux et celles qui veulent entendre[13]. Comme pour toutes les minorités, la visibilité est essentielle. On peut essayer de se cacher, de rester enfermé chez soi, dans son placard, ou on peut affronter le monde et lui apprendre à voir et à reconnaître ce qu'il a trop souvent tendance à rejeter par peur ou ignorance. Il est sûr que tu fais face à toutes sortes de réactions parmi les gens que tu croises : soit on te sourit, te dit bonjour, on te parle, soit on t'ignore, ou même t'insulte, comme tu le mentionnes quelque part dans *L'immobile*. Un jour, je me suis tordu le pied en entrant dans un magasin. Il y avait un fauteuil roulant que j'ai emprunté pour faire les courses et, ce jour-là, j'ai compris en partie la lourdeur de certains regards sur les personnes handicapées. J'avais l'impression que je n'étais plus la même. Je savais qu'en sortant du magasin, je reprendrais la position debout, mais quand même. Tu sais ce que je veux dire. J'avais le luxe de pouvoir me lever en fin de partie, comme l'actrice Louise Marleau qui a joué le rôle de Stéphanie Abrahms dans *Duo pour une soliste*, et à qui tu as écrit une si belle lettre dans *L'immobile* (83-93).

Toi, dans ta position assise, tu ne laisses pas indifférents ceux et celles qui s'approchent de toi. Ton écriture non plus ne nous laisse pas indifférents. Ta parole nous interpelle au plus profond de nous. Dans *L'immobile*, tu évoques le jour où « le corps a cessé de battre » (2). Ce choix de mot me frappe, car en principe, on parle du cœur qui a cessé de battre, pas du corps. C'est pour cela que tu annonces dès l'exergue : « Si j'ai été graciée de la peine de mort, j'ai écopé d'une sentence de prison à vie » et que cette phrase revient plus loin dans le texte (51). Il est vrai que le corps (tu ne dis pas « mon » corps) s'est arrêté dans ses gestes quotidiens, dans

---

la vie. Selon Cixous, le Sphinx porte la mission divine : il ne comprend pas l'énigme de Dieu, la raison de cette attente, mais il accepte d'attendre celui qui sera désigné : « Je l'attendrai » (91).

13. Plusieurs critiques ont analysé plus en détail *L'immobile* : Lequin, Picard et Verthuy, entre autres.

ce que tu connaissais. Tu nous ramènes sans cesse au corps, à sa présence, à sa souffrance. Et moi, j'essaie de m'en éloigner pour lire ton texte et c'est encore de ton corps que je parle[14].

Partout, tu évoques le corps le plaisir le geste brisés, comme celui de Frida : « tu bouges multiple mosaïque désarticulée » (*Danse*, 33), ou encore : « tu n'as de décor que ce corps impatient » (*Danse*, 35). Tu abordes aussi avec la danseuse un pas de deux aux formes multiples, complexes. Je voudrais te demander comme tu le demandes à la danseuse : « qui es-tu sous ces masques » (*Danse*, 43), et sans jamais trouver de réponse, je parcours lentement tes textes, page après page, pour comprendre, soulever le masque, le voile, et partir avec toi dans un voyage d'exploration et de découverte. Je ne suis d'ailleurs pas la seule à être fascinée par ton écriture, comme tu le sais sûrement. Ainsi, Claude Beausoleil signale que « L'écriture d'Anne-Marie Alonzo en est une singulière et secrète et si on l'écoute on entend une voix qui parle de conscience et d'alphabet, de rêve et de résignation. Inextricablement dans les pages de ces livres [les quatre premiers que tu as publiés et dont il parle ici], la vie et l'écriture se regardent et nous forcent à la réflexion » (39). Pierre Nepveu, quant à lui, affirme que tu « écri[s] toujours [...] dans l'extrême tension, selon un rythme haletant, étouffant, au bord de se briser » (7). J'aime cette vision de ton écriture, car elle évoque bien cet état de fragilité extrême que je ressens aussi en lisant tes textes.

Trois textes, *Geste*, *Veille* et *L'immobile*, présentent trois façons différentes de raconter la même histoire. Cela me fait penser à Marguerite Duras, en particulier, et à son obsession pour l'histoire qu'elle a racontée tour à tour dans *Un barrage contre le Pacifique* (1950), *L'Eden Cinéma* (1977), *L'amant* (1984) et *L'amant de la Chine du Nord* (1991)[15]. Parce que ton écri-

---

14. Francine Bordeleau évoque également cette obsession pour le corps de l'auteure et du texte : « Le seul lecteur appelé par l'œuvre d'Anne-Marie Alonzo [...] est celui qui fait corps avec le corps de l'écrit, qui désire ou consent à se laisser travailler par une écriture tout entière élaborée dans le travail acharné vers sa forme. Comme on dit "travail du rêve" ou "travail du deuil", c'est un travail d'arrachement à ce mal, cette *douleur* qui menace d'engloutir toute parole, tout langage [...]. Ré-apprendre, "apprendre à parler" » (*Geste*, 7) là où la langue se reprend, se refait en un corps, celui de l'écrit" (2000 : 15 ; en italiques dans le texte).

15. Dans une autre série de livres, que l'on pourrait appeler la trilogie indienne (*Le ravissement de Lol V. Stein* [1964], *Le vice-consul* [1965] et *India Song* [1973]), on observe le même phénomène de répétition avec la récurrence de personnages comme Anne-Marie Stretter et la mendiante indienne. J'ai analysé plus en détails les aspects répétitifs de l'œuvre de Duras dans mon livre, *Écriture féminine et violence*.

ture me fait aussi penser à elle, je t'ai demandé un texte lorsque j'ai dirigé un ouvrage collectif sur Duras en 1999. Et le mois prochain, tu as prévu une soirée Duras au Festival de Trois à laquelle je ne manquerai pas d'assister[16].

Tu mentionnes souvent Duras dans tes textes. Je me souviens notamment de « Laval Song », un pastiche écrit pour deux voix qui s'interpellent comme dans *India Song*. Dans l'entrevue avec Annie Molin Vasseur, lorsque tu parles de l'évolution de ton style comme étant la « recherche de l'économie des mots », tu expliques comment « C'est plus tard, au doctorat, lorsque j'ai travaillé sur Colette que j'ai découvert la rondeur de la phrase. *Geste* retient davantage l'abrupt, la rigueur aussi de certains écrits de Duras ou de certains poèmes d'Anne Hébert » (1995 : 80).

Mais de quelle histoire obsessive s'agit-il chez toi ? Que nous racontes-tu de ta vie ? Tu parles de l'accident et de ses suites. Mais il y a autre chose... Quand tu évoques le début de ta « nouvelle » vie, tu parles de ton corps qui ne répond plus, qui t'est devenu étranger, ainsi que des gens que tu rencontres et qui s'occupent de toi (les thérapeutes et les intervenants, de même que ta famille, ta mère surtout). Tous ces aspects de ta nouvelle vie sont douloureux. Tu me fais entrer dans tes moments de douleur, de peine atroce. Tu me fais aussi découvrir les chemins de la liberté que tu as connus grâce à l'écriture, tous les chemins que tu as parcourus depuis *Geste*, le premier texte publié. Ton écriture et ta vision de poète comptent plus que tout. C'est cela ton souffle, c'est ainsi que ton corps continue à (se) battre.

Tu dis que tu écris pour que ta respiration prenne son temps (*Immobile*, 41) ou « Pour respirer » tout simplement, « Jusqu'à ce que mort – ou folie – s'ensuive », comme tu le signales dans « Autoportraits ». Peut-être aussi pour ne pas t'affoler, devenir folle de marginalisation, d'abandon, de détresse. Car, malgré tout le monde qui tourne autour de toi, tu es toujours seule dans ton fauteuil. Il fait écran, comme dans le tableau de la Joconde, sur la couverture de *L'immobile*. Et l'écriture, c'est ta chanson de geste à toi. Chacun des mots que tu écris te coûte un effort physique réel. Tu dois prendre le temps de produire chaque lettre qui va finir par constituer un mot, avant d'aboutir à une phrase, et chaque lettre, chaque mot, chaque phrase formeront des pages et des pages dont la texture est très physique, avec des blancs ici et là, car il faut bien se reposer et reprendre son souffle.

---

16. Mise en lecture consacrée à Duras au Festival de Trois, le 19 août 2002, mise en scène et interprétation de Françoise Faucher et Jean Marchand.

En relisant *L'immobile*, je suis amenée à relire *Geste*, ce texte premier que tu as écrit très vite, dis-tu[17]. D'ailleurs, qu'est-ce que ce mot « geste » ? Dans une entrevue accordée à Suzanne Beaudet, à l'émission *Tout en douceur* (1990), tu confies que tu as intitulé ton livre *Geste* par défi, par orgueil aussi. Et dans une entrevue avec Suzette Triton, tu mentionnes que « *Geste* est l'angoisse de l'immobilité dans sa globalité, autant extérieure, physique, qu'intérieure » (1990 : 17). Le mot « geste » a deux genres et deux sens complètement différents. Au masculin, c'est un mouvement du corps, mais au féminin, c'est, selon le *Petit Robert*, l'ensemble des poèmes épiques du Moyen-Âge relatant les exploits d'un héros. Et tu joues sur les deux sens, c'est-à-dire que tes histoires sont des mises en mots et en mouvements de cet accident qui t'a coûté ton corps. L'héroïsme, c'est de pouvoir le dire, de vivre pour l'écrire. Ton histoire pourrait être la mienne, mais saurais-je, comme toi, trouver les mots pour le dire ? Tu me révèles que survivre est possible, que tu es humaine, que tu te penches sur les autres et pas seulement sur toi, tu me donnes conscience de mon corps en santé et de ton corps en douleur, que ta beauté est radieuse mais évanescente, que tu me plais, que tu me hantes. Et je suis ravie de lire ces mots de Louise Dupré, dans sa postface à *Lettres à Cassandre*, où elle dit notamment, à propos du processus d'écriture et de lecture, qu'« Il s'installe une dynamique [...] de la séduction dans laquelle l'espace de la connivence glisse vers un espace de désir que chaque lettre alimente. Et relance vers l'autre [...] un discours amoureux dont les fragments restent à retrouver, lentement, en cherchant, grattant, fouillant le sol, devenant archéologues à notre tour » (1994 : 117)[18]. Tes mots invitent à l'identification, car tu parles souvent à tu, et tu, pour moi, c'est moi.

Mais tournons-nous vers Galia, celle qui part dans le désert, à dos d'âne, pour chercher l'autre, l'amour, elle. Galia a des ailes. Elle danse, elle chante, elle adore l'italien et la musique. Toi aussi, tu aimes la musique, comme tu le signales dans *Veille* : « Impalpable la musique au-delà de geste » (85). Tu mentionnes parfois des compositeurs, Brahms ou Bellini (*Immobile*, 32), et bien sûr Pergolèse, dont le *Stabat Mater* revient dans *Une lettre* et dans *Galia*[19].

---

17. Lucie Joubert analyse aussi *Geste* dans son article « Le paratexte chez Anne-Marie Alonzo : invitation à une lecture de la complicité ».

18. Lucie Lequin t'a aussi appelée « archéologue », dans son étude « Anne-Marie Alonzo : Archeologist and Cartographer ».

19. Je remercie Roseanna Dufault de m'avoir indiqué la mention du *Stabat Mater* dans ce livre.

Tu aimes le *Stabat Mater* avec deux voix de femmes (comme il est précisé dans *Une lettre*). Moi, j'aimerais partager avec toi le *Stabat Mater* interprété par Andreas Scholl et Barbara Bonney ou encore par June Anderson et Cecilia Bartoli. Préfères-tu toujours celui interprété par Mirella Freni et Tereza Berganza ?

Revenons à Galia, à son errance, à son nomadisme, pourrait-on dire. Galia nous invite à voyager avec elle. Elle est dans l'innocence du désir pour cette autre femme qu'elle recherche, qu'elle semble avoir trouvée un moment, aussi bref soit-il. Je pense encore et encore aux orchidées noires, à la chaleur du désert, à la soif et à la fatigue de la marche dans le désert, ainsi qu'à toute la musique de *Galia,* qui aime chanter[20]. Souviens-toi que tu m'as dit que *Galia* aurait une suite. Pour le moment, elle semble s'être égarée temporairement dans le désert. Reprendra-t-elle sa marche, sa quête, son rêve ?

Toi, tu es indissociable de ton texte et tu nous entraînes avec toi dans ce périple, comme par exemple dans *La vitesse du regard* (1990), où tu fais corps avec la peinture de Louise Robert. Tu t'identifies aux taches d'huile, d'acrylique et d'encre posées sur le tableau. Tu te retrouves écartelée, crucifiée, fragmentée sur sa toile. C'est un espace fulgurant dans lequel tu nous entraînes à « devenir palette humaine » (22), parce que le tableau t'absorbe, t'engloutit toute. Mais aussi parce que tu te laisses prendre par ces tableaux. Tu regardes intensément ce qui est devant toi, ce qui devient toi. De la même manière, tu fais corps avec les pas de danse de Margie Gillis ou avec ceux de l'errance de Galia. Sur la couverture de ces deux livres, des images de jambes musclées, tendues dans l'effort du mouvement, de la marche ou du saut. Éviter de faire un pas de travers, de faire faux bond. Dans ces corps tendus à l'extrême par l'effort, le risque est constant que le ressort ne casse.

La peinture joue également un rôle majeur dans ta vie. Dans « Toiles de fond, toiles de femmes », tu as écrit un compte rendu passionnant sur un beau livre d'Ann Sutherland Harris et Linda Nochlin consacré aux femmes peintres[21]. La photographie, celle de Raymonde April en particulier, te hante, te trouble tout autant que la peinture. Certaines de ses photographies se retrouvent dans *Nous en reparlerons sans doute* (1986), dont les pages ne sont plus blanches mais noires. Ce livre tout noir évo-

---

20. On compte très peu d'études sur *Galia,* sauf celles de Lequin et de Verthuy, ainsi que celles de Dufault et de Bacholle-Boškovič dans le présent ouvrage.

21. « Toiles de fond, toiles de femmes : Compte rendu de *Femmes peintres (1550-1950)* de Ann Sutherland Harris et Linda Nochlin », *Spirale*, n° 23 (mars 1982), p. 10.

que pour moi la *camera obscura* de Barthes. Comme Claudine Potvin le signale dans « Muses et musées », à propos du rapport entre textuel et visuel dans *Nous en reparlerons sans doute*, « Le livre interroge le portrait, la lecture possible, l'équivoque de la photographie, le geste d'écrire, le travail de l'ombre et de la lumière, la description, le sens » (1994 : 285).

Dans *Bleus de mine*, pour lequel tu as reçu le prix Nelligan en 1985, je trouve encore des images en noir et blanc (avec plus de noir que de blanc) dont j'interroge le sens. Quatre photos fragmentées, quatre parties d'une même photo donc, sans compter celle de la couverture, qui est également la première reproduite dans le livre et qui représente une chaise entière, inoccupée, mais sur laquelle on a posé une sorte de triangle (instrument de musique ? écritoire ? tableau ?). Les quatre reproductions suivantes sont des fragments de cette photo initiale. C'est-à-dire la partie pour le tout[22]. Chaque fois que je regarde cette photo initiale, je me demande si la personne que j'imagine assise sur la chaise reviendra, si l'objet posé sur le siège représente celle dont le corps fragmenté ne peut plus se tenir assis.

La position de ces photos dans le livre m'interpelle aussi. La première photo, celle qui représente la chaise en entier, se trouve en bas de la page de droite, la deuxième en haut à droite, la troisième en bas à gauche, la quatrième en haut à droite et la dernière en bas à gauche. Cela me rappelle le rythme d'une strophe de poème, abcbc, un rythme croisé, comme un balancement d'un chapitre à l'autre, d'une jambe sur l'autre. Tu aimes cette image d'une lectrice se balançant autour de ton texte et dansant entre les pages ? C'est que ta poésie peut faire chavirer. N'est-ce pas ce chavirement que William Donoghue évoque dans sa préface à la traduction de *Bleus de mine*, lorsqu'il affirme que ta poésie « parle à la fois au cœur et à l'esprit, ce qui provoque une réaction viscérale tout en faisant exploser les nœuds et les codes de la langue qui définit notre compréhension[23] » (1990 : 5) ? Il ajoute plus loin que, ton écriture, « on doit la courtiser, l'implorer, la pleurer, discuter avec elle, lui donner la sérénade et la séduire[24] » (1990 : 6). C'est-à-dire que pour saisir la profon-

---

22. Renée Legris a aussi souligné l'importance de la métonymie dans ton écriture à propos d'*Écoute, Sultane* et de *Seul le désir* : « c'est plutôt avec la métonymie que travaille l'auteure » (1988 : 78).

23. « [...] speaks at once both to the heart and mind, evoking a gut-level response while exploding the knots and codes of language that binds our understanding ».

24. « [...] must be courted, besought and bemoaned, argued with, cajoled, serenaded and seduced ».

deur et la beauté des images que tu proposes, il faut parfois prendre le texte à bras-le-corps et parfois le laisser s'immiscer en nous sans y prendre garde.

Enfin, je m'interroge sur le titre de ce livre : *Bleus de mine*. Suivant la traduction anglaise, *Lead Blues*, le «lead» (plomb) serait la mine du crayon de bois, comme on dit chez moi. Mais le mot «mine» a plusieurs autres sens, tout comme le mot «geste». Tu as pu penser à la mine, celle que l'on fait quand on se regarde dans une glace, celle que l'on nous reproche quand on est fatigué ou malade (quelle mine tu as aujourd'hui ! Tu as mauvaise mine, as-tu mal dormi ?). Les bleus de la mine seraient donc la couleur bleue qui te permet d'écrire. Le «de» peut indiquer un possessif, mais aussi une provenance, comme l'encre de Chine. Les bleus proviennent-ils de la mine creusée sous terre ? L'écriture à l'encre bleue, la couleur que tu préfères, permettrait ainsi de creuser sous terre, de faire remonter les choses souterraines à la surface. Mais les bleus sont aussi ceux causés par les coups et blessures que l'on reçoit, au cours d'un accident, par exemple. La relecture de ce texte m'emmène dans toutes ces directions, toutes ces possibilités incluses en même temps.

Bleus de mine, que je relis toujours avec autant de plaisir, finit la trilogie égyptienne, abordée avec *Droite et de profil* (1984) et *Écoute, Sultane*, tout en marquant une autre étape dans ton écriture, comme tu le mentionnes dans l'entrevue avec Annie Molin Vasseur (1995 : 83). Qui étudiera un jour en détail la présence, le rôle ou l'influence de l'Égypte dans tes textes ? Plusieurs critiques l'ont déjà évoquée (Godard, Lequin et Verthuy, entre autres), mais il faudrait concentrer toute une étude là-dessus (Égypte réelle ou mythique, bien sûr). Dans son compte rendu d'*Écoute, Sultane*, Barbara Godard signale que les éléments autobiographiques y sont «présentés en une ligne tordue, dans une phrase rappelant la prose mais poétisée par des inversions et des traits d'union constants[25]» (1988 : 126). Mais elle ne parle pas davantage de l'Égypte. Elle établit également un parallèle entre la structure narrative torturée et le désir même de l'être aimée, et précise qu'à la lettre amoureuse et poétique qu'on retrouve dans *Amantes* de Nicole Brossard tu as ajouté le journal intime poétique pour faire exploser les genres en quelque chose de nouveau qu'elle nomme «un journal-récit-lettre-dialogue hybride[26]» (1988 : 126). J'aime bien cette

---

25. «[...] presented in a tortured line, a prose-like sentence, poeticized by constant inversion and hyphenization».
26. «[...] a hybrid diary-narrative-letter-dialogue».

idée d'hybridité, de métissage, qui permet de mieux souligner les origines multiples de ta lettre (ton texte) et de ton être (ta famille). À ces origines culturelles et sociales diverses se superpose l'image du tissage, qui me fait penser au *Gyn/Ecology* de Mary Daly, par exemple (qui n'a pas été traduit en français à ce jour).

Beaucoup de critiques sont d'accord pour évoquer la sensualité et le rythme de tes textes, surtout dans la «trilogie égyptienne». Toujours à propos de *Bleus de mine*, Louise Cotnoir mentionne que tu explores «ici encore les lieux de la sensation, sensation amplifiée par les mots, la voix qui les porte à leur perfection» (1986 : 76). Lucie Bourassa évoque cette même qualité de *Bleus de mine* quand elle suggère que «les passages de lyrisme et de sensualité fragmentés, angoissés, de ce livre amoureux, transcendent l'anecdote qui aurait pu en limiter la portée» (1985 : 67). Et Caroline Bayard parle de ton «écriture simple et savante» (1985 : 24).

Quant à moi, j'ai parcouru maintes et maintes fois les pages de tes livres. J'ai voyagé d'un texte à l'autre, je me suis balancée entre les rythmes lents de tes poèmes et j'ai aimé te lire et discuter avec toi. Tu m'invites à le faire parce que chacun de tes textes me parle, parce que j'y retrouve des parties de toi que j'aime, parce que je te redécouvre toute et partie dans chacun des mots que tu as tracés, tels des hiéroglyphes. Tu as survécu pour nous faire cadeau de ta vision du monde. De bien grands mots, je sais, mais tu as construit une philosophie de vie autour de l'accident qui t'est arrivé. On dit que les «accidents» ou avatars de la vie ne forment pas le caractère d'un être, mais qu'ils le révèlent. Cependant, ce que tu révèles de toi reste plein de pudeur et de mystère. Juste par ta présence, ton existence, tu me rappelles que vivre demande une force inouïe.

J'apprécie chaque jour que nous puissions te compter parmi nous. Tu fais du bien autour de toi en étant là, présente, assise, observatrice. Tu dis que tu as besoin de personnes qui t'entourent, mais je crois que celles qui t'entourent ont tout autant besoin de toi. J'espère que tu resteras encore longtemps parmi nous. Tu gardes les portes du temple et c'est à toi qu'il appartient de nous révéler les mystères de la vie, car tu as touché à la mort et tu oses la regarder en face, tout comme Hélène C., Marguerite D., et d'autres encore. Je t'embrasse bien affectueusement.

Bibliographie

[Toutes les références aux textes d'Alonzo ou sur Alonzo se trouvent dans la bibliographie à la fin de ce volume.]

April, Régis (1978). *Le fauteuil roulant*, préface du Dr Gustave Gingras, Québec, Réaction.

Brossard, Nicole (1980). *Amantes*, Montréal, Quinze, coll. Réelles.

Cairns, Lucille (2002). *Lesbian Desire in Post-1968 French Literature*, Lewiston (New York), Edwin Mellen.

Cixous, Hélène (1967). « Le Sphinx », dans *Le prénom de Dieu*, Paris, Grasset, p. 79-91.

Daly, Mary (1978). *Gyn/Ecology. The Metaethics of Radical Feminism*, Boston, Beacon Press.

Ricouart, Janine (1991). *Écriture féminine et violence : Une étude de Marguerite Duras*, Birmingham (Alabama), Summa.

_____ (dir.) (1999). *Marguerite Duras Lives On*, Lanham, University Press of America.

Walker, Barbara G. (1983) *Women's Encyclopedia of Myths and Secrets*, Edison (New Jersey), Castle Books.

Wittig, Monique (1992). « The Straight Mind », dans *The Straight Mind and Other Essays*, Hemel Hempstead, Harvester Wheatsheaf, p. 21-32.

Wolfe, Susan J. et Julia Penelope (dir.) (1993). *Sexual Practice, Textual Theory : Lesbian Cultural Criticism*, Cambridge (Massachusetts), Blackwell.

Bibliographie

Pour préparer cette bibliographie, j'ai repris les textes cités par Katarina Relja dans le numéro spécial de *Voix et images* consacré à Anne-Marie Alonzo (hiver 1994), en les présentant toutefois par ordre alphabétique plutôt que par ordre chronologique. Par ailleurs, les critiques de l'œuvre d'Alonzo sont classées ici selon le nom de l'auteur et par ordre alphabétique plutôt qu'en fonction des titres d'Alonzo. J'ai également utilisé la bibliographie qu'Anne-Marie Alonzo a elle-même compilée, ainsi que toutes les autres ressources disponibles aux chercheurs. La Bibliothèque nationale du Canada à Ottawa m'a été d'un grand secours pour vérifier notamment des informations parfois divergentes. Je remercie donc ici aussi bien Anne-Marie Alonzo que Katarina Relja et tous les membres du service de recherche de la Bibliothèque nationale. Cependant, à ce stade, les erreurs qui demeurent sont bien sûr les miennes. Je signale aussi que plusieurs boîtes contenant des manuscrits d'Anne-Marie Alonzo se trouvent maintenant à la Bibliothèque nationale du Canada à Ottawa.

Janine Ricouart

1. Livres

Blanc de thé (livre-objet), d'après une réalisation et une conception graphique d'Azélie Zee Artand, Montréal, Les Zéditions élastiques, 1983.

Bleus de mine (fiction), Saint-Lambert, Le Noroît, 1985.

Droite et de profil (fiction), Montréal, Lèvres urbaines, n° 7, 1984.

Écoute, Sultane, Montréal, L'Hexagone, 1987.

Esmaï (fiction), avec une traduction en hiéroglyphes de Nihal Mazloum, Outremont, NBJ, 1987.

…et la nuit, Laval, Trois, 2001.

French Conversation, en collaboration avec Alain Laframboise, Laval, Trois, 1986.

Galia qu'elle nommait amour (récit), Laval, Trois, 1992.

Galia qui marchait pour toutes, Laval, Trois, coll. Topaze, 1998.

Geste (fiction), Paris, des femmes, 1979. Réédition avec postface de Denise Desautels, Laval, Trois, 1997.

L'immobile (lettres), Montréal, L'Hexagone, 1990.

Lead Blues (traduction anglaise de *Bleus de mine*, par William Donoghue), Montréal, Guernica, 1990.

Liens (poésie), avec Dôre Michelut, Dôre Michelut et Ayanna Black, traduction de l'anglais, *Linked Alive*, Laval, Trois, 1999, p. 93-112.

Lettres à Cassandre (lettres), en collaboration avec Denise Desautels, postface de Louise Dupré, «Un texte, deux voix», Laval, Trois, 1994.

Le livre des ruptures (poésie), Montréal, L'Hexagone, 1988.

Margie Gillis. La danse des marches (poésie et photographies), Saint-Lambert, Le Noroît, 1993.

Nous en reparlerons sans doute (textes et photographies), en collaboration avec Raymonde April et Denise Desautels, Laval, Trois, 1986.

Seul le désir (photographies de Marie-Christine Simard), Outremont, NBJ, 1987.

Tout au loin la lumière (poésie), Saint-Lambert, Le Noroît, 1994.

Une lettre rouge orange et ocre, Montréal, Pleine lune, 1984.

Veille (fiction), Paris, des femmes, 1982. Réédition avec postface de Hugues Corriveau, «Haute surveillance», Laval, Trois, 2000.

La vitesse du regard (essai/fiction, Autour de quatre tableaux de Louise Robert), Laval, Trois, 1990.

2. Mémoire et thèse

Problèmes pratiques de l'adaptation du roman au théâtre: Adaptation pour la scène de Ravages *de Violette Leduc*, mémoire de maîtrise ès arts, Études françaises, Université de Montréal, 1978.

Lettre[s] et fiction[s] chez Colette, thèse de doctorat ès arts, Études françaises, Université de Montréal, 1986.

3. Préfaces et postfaces

«Écrire dit-elle», préface à *Marguerite Duras Lives On*, Janine Ricouart (dir.), Lanham, University Press of America, 1999, p. i-iii.

« Ma chère Clémence », postface à *J'haï écrire*, de Clémence Desrochers, Laval, Trois, 1986, p. 113-114.

« Mystère que ce métier », préface à *La passion du jeu*, livre-théâtre écrit par 54 comédien-ne-s, Laval, Trois, 1989.

« Un soir de décembre 1986 », préface à *Textes. Écrits et témoignages*, Suzanne Lamy, Montréal, L'Hexagone, 1990, p. 115-116.

4. Textes parus dans des ouvrages collectifs

« Alice au pays » (inédit), *Les adieux du Québec à Alice Parizeau*, collectif, Montréal, Guérin, 1991, p. 9-11.

« and yet such a small word », *Pushing the Limits : Disabled Dykes Produce Culture*, Shelley Tremain (dir.), Toronto, Women's Press, 1996, 132-134.

« Bleus de mine » (extrait), *Noroît 1971-1986*, Célyne Fortin et René Bonenfant, Saint Lambert, Le Noroît, 1986, p. 9.

« Bleus de mine » (extrait), *Vagabondages* (Paris) (spécial Poésie québécoise), André Roy et Gilles Vigneault, n° 66 (janvier-février-mars 1987), p. 58.

« Bleus de mine » (extrait), *Introduction à la poésie québécoise* (Les poètes et les œuvres des origines à nos jours), Jean Royer, Montréal, Bibliothèque québécoise, 1989, p. 132-133, 222 et 229.

« Bleus de mine » (extrait) ; « Écoute, Sultane » (extrait) ; « ... et la nuit » (extrait) *Anthologie de la poésie des femmes au Québec*, 2e édition, Nicole Brossard et Lisette Girouard, Montréal, Éditions du remue-ménage, 2003, p. 324-327.

« Différente » (inédit), *Lectures plurielles*, Norma Lopez-Therrien, Montréal, Logiques, 1991, 15-16.

« Frileuse et seule », *Les femmes et les mots : Une anthologie/Women and Words : An Anthology*, West Coast Editorial Collective, Madeira Park, Harbour Publ., 1984, p. 163.

« La mort d'Héliane », *Jamais de la vie. Écrits et images sur les pertes et les deuils*, Montréal, Éditions du passage, 2001, p. 139-145.

« La subversion créatrice » (inédit), *La littérature et la vie au collégial*, collectif, Montréal, Modulo, 1991, p. 1-2.

« Laval Song » (pastiche d'*India Song* de Marguerite Duras), *Qui a peur de ?... Une idée de La vie en rose*, collectif, Montréal, VLB, 1987, p. 59-67.

« Letter of Entente » (inédit), *Inversions*, Betsy Warland, Vancouver, Press Gang Publishers, 1991, p. 139.

« L'infirme » (inédit), *Itinérance et marginalité*, Montréal, Martin Pichette, 1994.

« Ritual », traduction de Susanne de Lotbinière-Harwood, *Collaboration in the Feminine. Writings on Women and Culture from* Tessera, Barbara Godard (dir.), Toronto, Second Story Press, 1994, p. 78-80.

« Twenty-Seven Hours », *Enfances et jeunesses*, préface de Claude Godin, collectif, Montréal, Société Radio-Canada, 1988, p. 11-19.

« Veille » (extrait), *La poésie québécoise : Anthologie* (1986), Laurent Mailhot et Pierre Nepveu, Montréal, L'Hexagone, coll. Typo, 1990, p. 543-545.

« Veille » (1982) et « Bleus de mine » (1985), *Le Québec en poésie*, Jean Royer, Paris, Folio Junior, 1987, p. 114.

« Veille » et « Bleus de mine », *La poésie québécoise contemporaine*, Jean Royer, Paris / Montréal, La Découverte/L'Hexagone, 1987, p. 203-204.

« Veille » et « Écoute, Sultane », *Anthologie des écrivains lavallois d'aujourd'hui*, Patrick Coppens, Laval, SLL, 1988, p. 11-15.

5. Textes de fiction parus dans des revues ou journaux

publiés au Québec, sauf indication
(Les textes précédés de * ne sont pas parus.)

« Ainsi vivre ou faire semblant », *Possible(s)* (spécial « Le mal du siècle »), vol. 10, n° 1 (automne 1985), p. 63-65.

« À même le souffle » (extrait de *Bleus de mine*), *La nouvelle barre du jour* (spécial « Et pourquoi pas l'amour »), vol. 7, n° 3 (mai 1983), p. 4.

« À même le souffle » (extrait de *Bleus de mine*), *Fruits* (Paris), n° 4 (1968), p. 3.

« Autoportraits », *Lettres québécoises*, n° 66 (été 1992), p. 5.

« Bleus de mine » (extrait), *Canadian Women's Studies/Les Cahiers de la femme* (spécial « La femme en herbe »), vol. 4, n° 1 (automne 1982), p. 66.

« Bleus de mine » (extrait), *Lèvres urbaines*, n° 1 (mai 1983), p. 4.

« Brune orchidée noire » (extrait de *Le livre des ruptures*), *Lèvres urbaines*, n° 17 (automne 1987), p. 12.

« Brune orchidée noire » (extrait), *Estuaire* (spécial « L'ailleurs amoureux »), n° 46 (automne 1987), p. 55-56.

« C'est comme si… » (à partir d'une photo de Stieglietz sur Georgia O'Keeffe), *Trois*, vol. 1, n° 2 (hiver 1986), p. 32.

« Comme cœur d'Isis » (extrait de « Brune orchidée noire »), *La parole métèque* (dossier Anne-Marie Alonzo), n° 3 (automne 1987), p. 8.

« Comme sec pays désert » (extrait d'*Écoute, Sultane*), *Moebius* (spécial « L'exil »), n° 29 (été 1986), p. 45-49.

« De A à Z et autrement [sur la modernité] », *Possible(s)* (spécial « Créer au Québec 1984 »), vol. 8, n° 3 (mai 1984), p. 115-116.

« De désert assombrie » (extrait d'*Écoute, Sultane*), *Estuaire* (spécial « L'art poétique »), n° 40-41 (1986), p. 11-13.

« Déjeuner sur l'herbe » (extrait), *Estuaire* (spécial « La séduction du romanesque »), n° 37 (automne 1985), p. 41-43.

« Des regards, des poses », texte présentant des dessins de Marie-Claire Blais, *Trois*, vol. 13, n° 1 (hiver 1998), p. 51.

« D'étage en palais » (extrait de *Bleus de mine*), (spécial « Les restes de table »), *La nouvelle barre du jour*, n° 115 (juin 1982), p. 35-44.

« De toi j'ai besoin » (neuf extraits de *Bleus de mine*), *VWA* (Suisse) (spécial « Nouvelle poésie du Québec »), n° 5 (hiver 1984-1985), p. 39.

« De vue comme de visou » (extrait de *Bleus de mine*), *Dérives*, n° 34 (décembre 1982), p. 13-17.

« Du plus petit nom de fleur », *2ᵉ Gala de Laval en fleurs*, Laval, 1987, p. 1.

« EN DEUIL et » (extrait de *Veille*), suivi de « Regard », *La nouvelle barre du jour*, n° 88 (mars 1980), p. 23-35.

« … et la nuit » (extrait), *Voix et images*, n° 56 (hiver 1994), p. 235-237.

« … et la nuit » (extrait), *Estuaire* (mars 1996).

« … et la nuit » (extrait), *Entrelacs*, n° 3 (1997).

« … et la nuit » (extrait), *LittéRéalité*, vol. 9, n° 2 (automne-hiver 1997), p. 84-85.

« Études » (extrait de *Geste*), *La nouvelle barre du jour*, n° 76 (mars 1979), p. 34-37.

« Exprès » (extrait d'*Écoute, Sultane*), *L'arbre à paroles* (Belgique) (spécial « Poètes du Québec »), n° 55 (septembre 1985), p. 2.

« Feutre noir cheveux roses », *Urgences* (spécial « Appellation contrôlée »), n° 20 (mai 1988), p. 18-19. (Sous le pseudonyme de Nouvelle élément).

« Fragile ou frêle » (extrait de *Le livre des ruptures*), *Le littéraire de Laval*, vol. 3, n° 6 (mai-juin 1988), p. 11.

« Galia qu'elle nommait amour » (extrait de « Livre des commencements et livre des mortes »), *La parole métèque*, n° 13 (mars 1990), p. 26.

« Galia s'était cloîtrée », *Vice versa*, n° 53 (automne 1996), p. 36-37.

« Galia vit la terre », *Arcade*, n° 38 (janvier 1997), p. 33-34.

« Héliodora », *Féminin pluriel*, vol. 1, n° 3 (novembre 1981), p. 33-35.

« Il lui disait déjà… », *Trois*, vol. 3, n° 2 (hiver 1987-1988), p. 74. (Sous le pseudonyme de France Bain).

« Il y a sur la plage quelques flaques d'eau… », Hommage à Barbara (1930-1997), *Trois*, vol. 13, n° 1 (hiver 1998), p. 191-193.

« Je tu me » (poème), *Liberté,* vol. 34, n° 2 (avril 1992), p. 39-40.

« La main » (extrait de *Le livre des ruptures*), *Le sabord,* n° 16 (automne 1987), p. 14.

« L'amère des rêves » (extrait de *Veille*), *La nouvelle barre du jour* (spécial « La mer-mour »), n° 87 (février 1980), p. 13-18.

« La terre promise », *Humanitas* (spécial « Montréal cosmopolite »), n° 22-23 (1988), p. 28-30.

« Le livre premier et livre des mortes » (extrait), *Le littéraire de Laval,* vol. 5, n° 1 (septembre-octobre 1989), p. 10.

« Le livre premier ou livre des mortes » (extrait), *Trois,* vol. 5, n° 1-2 (automne 1989), p. 115-116.

« Le septième jour Galia vit », *Le sabord* (avril 1998).

« *Les femmes du Québec dans les années 80 : un portrait,* collectif », *La vie en rose,* n° 17 (mai 1984), p. 52.

« Letter to go » (extrait de *Le livre des ruptures*), *Possible(s)* (spécial « Le Québec des différences : Culture d'ici »), vol. 12, n° 3 (été 1988), p. 59-66.

« Lettre à Louise [Louise Marleau]. Autour de la pièce *Duo pour une soliste* » (extrait de *L'immobile*), *Femmes de lettres. Première ligne,* préparé par Denise Desautels, *La nouvelle barre du jour,* n° 218-219 (mars 1989), p. 65-75.

« Liaisons », *Arcade,* n° 39 (mars 1997), p. 21-26.

« Love, pain and the fading of orchids for N », *(f)lip* (Vancouver), vol. 2, n° 3 (décembre 1988), p. 9-12.

« Love, pain and the fading of orchids », *Trois,* vol. 3, n° 2 (hiver 1987-1988), p. 55-57.

« Mésanges et parapluies », (spécial Poésie 1980), *La nouvelle barre du jour,* n° 92 (juin 1980), p. 11-14.

« Ne parle plus… », en collaboration avec Denyse Dumas, *La nouvelle barre du jour* (spécial « Installations/Fictions »), n° 189-190 (décembre 1986) (n.p.).

« N'être de dans » (extrait de *Le livre des ruptures*), *Arcade* (spécial « Paysages inté-rieurs »), n° 15 (février 1988), p. 6-7.

« Nous en reparlerons sans doute » (extrait), en collaboration avec Denise Desau-tels, *La nouvelle barre du jour* (spécial « Double signature »), n° 163 (novembre 1985), p. 35-39.

« Pâques au Sacré-Cœur », *La vie en rose,* n° 19 (septembre 1984), p. 42-43.

« Partir » (extrait de *Le livre des ruptures*), *Le littéraire de Laval,* vol. 2, n° 1 (automne 1987), p. 7.

« Pénombre », *Estuaire,* n° 80-81 (mars 1996), p. 17.

« Petites nouvelles d'un jour », *Voix et images,* n° 19 (hiver 1994), p. 294-296.

« Peu de violence ou franchement retenue », *Moebius* (spécial « Autour de la théorie des femmes »), n° 22 (septembre 1984), p. 83-84.

« Portrait de l'auteure comme on dit l'artiste assise et en attente : (sic) », *La nouvelle barre du jour* (spécial « Sortie/Exit »), n° 140 (juin 1984), p. 13.

« Pour moi comme avec » (extrait de *Bleus de mine*), *La nouvelle barre du jour* (spécial « Écritures 83 »), n° 122-123 (février 1983), p. 7-11.

« Prisons et paradis » (extrait de « *L'immobile* »), *Tessera* (Toronto) (spécial « Vers une narratologie féministe »), n° 7 (automne 1989), p. 30-33.

« Quelque part en mer, le 20 mai », *Moebius*, n° 35 (hiver 1988), p. 49-50.

« Rien d'autre » (extrait de *Le livre des ruptures*), *La parole métèque*, n° 1 (printemps 1987), p. 11.

« Route I » (extrait d'*Écoute, Sultane*), *Lèvres urbaines*, n° 11 (automne 1985), p. 13.

« Route II » (extrait d'*Écoute, Sultane*), *La nouvelle barre du jour* (spécial « Prose/ Opéra »), n° 164 (décembre 1985), p. 25-30.

« Route III » (extrait d'*Écoute, Sultane*), *Moebius* (spécial « Poésie en quinconce »), n° 27 (septembre 1984), p. 23-26.

« Route IV » (extrait d'*Écoute, Sultane*), *Dérives* (spécial « Et puis écrire et puis »), n° 50 (hiver 1986), p. 49-52.

« Sable fou de dunes », *La nouvelle barre du jour* (spécial « La complicité »), n° 112 (mars 1981), p. 49-54.

Sans titre, *Trois*, vol. 12, n° 1 (mars 1997), p. 232.

« Self-portrait as a self-impersonator », *Estuaire* (spécial « Le plus mauvais poème du monde »), n° 45 (été 1987), p. 33.

« Seul le désir (variation sur un même thème) », recueil de poèmes illustré de photographies de Marie-Christine Simard, extraits et textes, *La nouvelle barre du jour* (spécial « Puzzle : Face A »), n° 178 (mai-juin 1986), p. 27-33.

« Simple litanie » (extrait de *Le livre des ruptures*), *La parole métèque* (dossier « Journal intime »), n° 6 (été 1988), p. 8.

« Simple litanie » (extrait du *Livre des ruptures*), Patrick Dubost (dir.), *Matières* (Lyon), n° 17 (printemps 1989), p. 15-17.

« Souris sultane », *Urgences* (spécial « Épigraphiques »), n° 15 (octobre 1986), p. 23.

« Sous regard turquoise » (extrait d'*Écoute, Sultane*), *Estuaire* (spécial « La lettre d'amour »), n° 42 (automne 1986), p. 7-8.

« Sur tout par endroits » (extrait), *Terminus*, vol. 1, n° 1 (février 1984), p. 7-10.

« Sur tout par endroits » (extrait), *Estuaire* (spécial « Poésie 84 »), n° 32-33 (été-automne 1984), p. 7-8.

« Sur tout par endroits » (extrait), *Humanitas* (spécial « Les jeunes et la création »), n° 10 (avril-mai 1985), p. 40-41.

« Une île ; pour Jean-Ghamain », *Lettres québécoises*, n° 98 (été 2000), p. 11.

« Veille » (extrait), *Possibles* (spécial « Des luttes et des femmes »), vol. 4, n° 1 (novembre 1979), p. 57-59. Également paru dans *Des femmes en mouvement hebdo* (Paris), vol. 1, n° 3 (novembre 1979), p. 2.

6. Articles

« Alliage ou la lettre à Clarice » (sur Clarice Lispector), *La parole métèque*, n° 11 (automne 1989), p. 20-21. En collaboration avec Lise Harou.

« Angélique Ionatos : L'autre enfant du Pirée », *La vie en rose*, n° 25 (avril 1985), p. 52. En collaboration avec Françoise Guénette à partir d'une entrevue avec l'artiste.

« Cuir-et-chrome », dossier sur les femmes handicapées, *La vie en rose*, n° 23 (février 1985), p. 25-26.

« Cuir-et-chrome », repris dans *RFR/DRF (Documentation sur la recherche féministe/ Resources for Feminist Research)*, Toronto, Ontario Institute for Studies in Education, vol. 14, n° 1 (mars 1985), p. 34-35.

« De A à Z et autrement [sur la modernité] », *Possible(s)* (spécial « Créer au Québec 1984 »), vol. 8, n° 3 (mai 1984), p. 115-116.

« De palabres et d'exotisme » (sur les poètes québécois masculins), *La vie en rose*, n° 31 (novembre 1985), p. 51.

« Des œuvres de joaillière » (sur Colette), *La vie en rose*, n° 18 (juillet 1984), p. 51. En collaboration avec Jovette Marchessault.

« Jovette Marchessault », biographie, *The Oxford Companion to Canadian Theatre*, Guelph, Oxford University Press, 1989, p. 31. Traduit du français.

« L'art meurtrier de Sylvia Plath », *La vie en rose*, n° 25 (avril 1985), p. 48-49.

« *La saga des poules mouillées* » (de Jovette Marchessault), commentaire, *The Oxford Companion to Canadian Theatre*, Guelph, Oxford University Press, 1989, p. 182. Traduit du français.

« L'érotisme selon elles », en collaboration avec Françoise Guénette, Francine Pelletier et Marie-Claire Girard, *La vie en rose*, n° 28 (juillet-août 1985), p. 52-54.

« *Les femmes du Québec dans les années 80 : un portrait*, collectif », *La vie en rose*, n° 17 (mai 1984), p. 52.

« Marie-Claire Blais », biographie, *The Oxford Companion to Canadian Theatre*, Guelph, Oxford University Press, 1989, p. 13.

« Métamorphose » (Monique Leyrac chante et dit Nelligan, au café de la Place, du 4 sept. au 9 nov. 1985), *La vie en rose*, n° 31 (novembre 1985), p. 57.

« Naoual l'Égyptienne » (sur Naoual El-Saadaoui), *La vie en rose*, n° 35 (avril 1986), p. 47.

« Pâques au Sacré-cœur » (Journal intime et politique), *La vie en rose*, n° 19 (septembre 1984), p. 42-43.

« Vivre au Nouveau-Québec », *Madame au foyer* (Toronto) (octobre 1984), p. 30-36.

7. Comptes rendus

« À conte d'auteures » (*Chamanes*, d'Agathe Génois et Céline Grenier, et *Mots silencieux*, de Geneviève Castres), *La vie en rose*, n° 20 (octobre 1984), p. 58.

« Alexandrie en 1930 » (*Les coïncidences terrestres*, de Yolande Villemaire), *La vie en rose*, n° 15 (janvier-février 1984), p. 63.

« À lire ? » (*Cinq amoureuses*, d'Ihara Saikaku ; *Au cœur de l'instant*, de Célyne Fortin ; *Où étais-tu parti pendant la nuit ?* de Clarice Lispector ; *Fumée*, de Djuna Barnes ; *Fenitchka*, de Lou Andreas Salomé), *La vie en rose*, n° 43 (février 1987), p. 56.

« À ma mère, à ma mère, à ma mère, à ma voisine » (commentaire/fiction sur la pièce de Pol Pelletier), *La nouvelle barre du jour*, n° 71 (novembre 1978) , p. 17-22.

« Ambitieuses Émilies… », *La vie en rose*, n° 20 (octobre 1984), p. 56.

« Amours dangereuses » (*La passion de Giulia*, de Gemma Salem), *La vie en rose*, n° 20 (octobre 1984), p. 58.

« Angélique en exil » (sur le spectacle d'Angélique Ionatos à la salle Maisonneuve, Place des Arts, Montréal, du 25 au 29 juillet 1984), *La vie en rose*, n° 20 (octobre 1984), p. 60.

« *À propos de Maude*, de Lise Harou », *La vie en rose*, n° 44 (mars 1987), p. 58.

« Au fil d'Éros », *La vie en rose* (spécial sur l'érotisme), n° 28 (juillet-août 1985), p. 53-54.

« Calme luxe… » (sur deux albums de Sempé), *Trois*, vol. 3, n° 2 (hiver 1988), p. 68.

« Cambodge tragique » (*L'histoire terrible mais inachevée de Norodom Sihanouk, roi du Cambodge*, d'Hélène Cixoux), *La vie en rose*, n° 37 (juillet-août 1986), p. 56.

« *Cette tache dans la vie d'une femme comme il faut* » (de Marvel Moreno), *Spirale*, n° 41 (mars 1984), p. 4.

« *Chambres* » (de Louise Dupré), *Estuaire*, n° 43 (hiver 1986-1987), p. 75.

« *Chambres* » (de Louise Dupré), *La vie en rose*, n° 43 (février 1987), p. 52.

« Chef d'œuvre obscur » (*Film d'amour et de dépendance, chef d'œuvre obscur*, de France Daigle), *La vie en rose*, n° 24 (mars 1985), p. 60-61.

« Cotnoir, scribe et témoin » (*Plusieures* et *Les rendez-vous par correspondance/Les prénoms*, de Louise Cotnoir), *La vie en rose*, n° 25 (avril 1985), p. 53-54.

« D'Acadie » (*Sans jamais parler du vent*, de France Daigle), *La vie en rose*, n° 19 (septembre 1984), p. 56.

« Déjouer le théâtre » (*La manœuvre*, de John Lewis Carlino, théâtre avec Andrée Lachapelle et Jean-René Ouellet, au Café de la Place, Place des Arts, Montréal), *La vie en rose*, n° 24 (mars 1985), p. 66-67.

« De l'insoutenable beauté » (*L'amant*, de Marguerite Duras), *La vie en rose*, n° 21 (novembre 1984), p. 52.

« De l'or en spray » (*Quartz et Mica*, de Yolande Villemaire), *La vie en rose*, n° 33 (février 1986), p. 56.

« Denise Boucher : épistolière » (*Lettres d'Italie*, de Denise Boucher), *Trois*, vol. 3, n° 2 (hiver 1988), p. 64.

« Désir d'un jour » (*Une journée particulière*, d'Ettore Scola), *La vie en rose*, n° 26 (mai 1985), p. 55-56.

« Des œuvres de joaillière » (sur Colette), *La vie en rose*, n° 18 (juillet 1984), p. 51.

« Du bout des doigts » (*Une extrême attention*, de Mireille Best), *La vie en rose*, n° 29 (septembre 1985), p. 56.

« Du Moyen-Âge à mai 68 » (*Vie et aventures de la trobairitz Béatrice*, d'Irmtraud Morgner), *La vie en rose*, n° 19 (septembre 1984), p. 58.

« D'une insoutenable beauté » (*L'amant*, de Marguerite Duras), *La vie en rose*, n° 20 (novembre 1984), p. 52.

« Écrire pivoine et penser fleur » (sur *Limonade tout était si infini*, d'Hélène Cixous), *La nouvelle barre du jour*, n° 125 (avril 1983), p. 77-80.

« *Édouard*, de Madame de Duras », *Spirale*, n° 50 (mars 1985), p. 11.

« *Elvis et moi*, de Priscilla Beaulieu Presley », *La vie en rose*, n° 40 (novembre 1986), p. 62.

« Encre de Chine » (*Œuvres poétiques complètes*, de Li Qingzhao), *La vie en rose*, n° 25 (avril 1985), p. 56.

« *Entre l'écriture*, d'Hélène Cixous », *La vie en rose*, n° 45 (mai 1987), p. 59.

« Entre-vues » (*À micro ouvert*, de G.-M. Boivin), *Trois*, vol. 4, n° 2 (hiver 1989), p. 78.

« France Théoret trois fois » (*Transit*, le spectacle et *Transit*, le livre ; *Intérieurs*), *La vie en rose*, n° 22 (janvier 1985), p. 61.

« Francine Vézina : *Slingshot ou la petite Gargantua* », *La gazette des femmes*, vol. 2, n° 2 (mai 1980), p. 4-5.

« Germaine Beaulieu : *Sortie d'elle(s) mutante* et Jovette Marchessault : *La mère des herbes* », *La gazette des femmes*, vol. 2, n° 3 (juillet-août 1980), p. 4.

« Humour et amour à Curaçao » (*Picture Theory*, de Nicole Brossard), *La vie en rose*, n° 16 (mars 1984), p. 55.

« Ici les Amazones » (*Archives distraites*, de Germaine Beaulieu), *La vie en rose*, n° 25 (avril 1985), p. 54-55.

« Idole des "sixties" : Joan Baez », *La vie en rose*, n° 25 (avril 1985), p. 59.

« Jeanne-Mance Delisle : *Un reel ben beau ben triste* ; Denise Guénette : *La vie... des fois* ; et Louise Maheux-Forcier : *En toutes lettres* », *La gazette des femmes*, vol. 2, n° 7 (février 1981), p. 4.

« Jean-Paul Daoust : *Taxi* », *Estuaire*, n° 34 (hiver 1985), p. 76-77.

« *Jets de riz*, de Louise de Gonzague Pelletier », *La vie en rose*, n° 42 (janvier 1987), p. 52.

« La course insolente » (*Station transit*, de Geneviève Letarte), *La vie en rose*, n° 16 (mars 1984), p. 60.

« La dépression et l'euphorie » (*Je t'embrasse Sylvia*, de Rose Leiman Goldemberg), *La vie en rose*, n° 27 (juin 1985), p. 58.

« La femme/dieu » (*Pensées du poème*, de Madeleine Gagnon), *La vie en rose*, n° 16 (mars 1984), p. 56.

« La haine blanche : *Hôpital Silence*, de Nicole Malinconi », *La vie en rose*, n° 33 (février 1986), p. 52-53.

« La mort du père » (*La place*, d'Annie Ernaux, prix Renaudot 1984), *La vie en rose*, n° 23 (février 1985), p. 54.

« Lamy, critique et subversive » (*Quand je lis, je m'invente* et *Féminité, subversion, écriture*, de Suzanne Lamy), *La vie en rose*, n° 23 (février 1985), p. 54-55.

« *L'anti-fatigue*, de Geneviève Doucet et Marie-Françoise Padioleau », *La vie en rose*, n° 40 (novembre 1986), p. 62.

« *La roue du feu secret*, de Janou Saint-Denis », *La vie en rose*, n° 44 (mars 1987), p. 61.

« La tisseuse d'Oran » (commentaire sur *Illa*, d'Hélène Cixous), *La nouvelle barre du jour*, n° 98 (janvier 1981), p. 75-76.

« La transparence des sexes » (*À vouloir vaincre l'absence*, de Julie Stanton), *La vie en rose*, n° 27 (juin 1985), p. 54.

« La vague de mars » (*Arcades 8/9* ; *Vlasta 3* ; *Possibles 9.2*), *La vie en rose*, n° 27 (juin 1985), p. 55.

« Le livre peint » (*Portrait peint par Minerve*, de Monique Bosco), *La nouvelle barre du jour*, n° 120 (septembre 1982), p. 90-91.

« *L'enfant de Fortune*, de Yuko Tsushima », *La vie en rose*, n° 43 (février 1987), p. 53.

« Les corps épris » (*Droit de regards*, de Marie-Francoise Plissart), *La vie en rose*, n° 28 (juillet-août 1985), p. 51.

« Les filles d'Ève » (*Ève Ruggieri raconte*, d'Ève Ruggieri), *La vie en rose*, n° 37 (septembre 1986), p. 54.

« *Les îles nouvelles*, de Maria Luisa Bombal », *La vie en rose*, n° 42 (janvier 1987), p. 52.

« *Les images*, de Louise Bouchard », *La vie en rose*, n° 45 (mai 1987), p. 60.

« Les pages longues de blanc » (*Rachel* et *Le caméraman*, d'Hélène Merlin), *La nouvelle barre du jour*, n° 129 (septembre 1983), p. 113-115.

« *Les verbes seuls*, de Louise Desjardins », *La vie en rose*, n° 41 (décembre 1986), p. 57.

« Les voix des femmes » (textes sur cassettes, Éditions des femmes, coll. Écrire/entendre), *Spirale*, n° 17 (mars 1981), p. 2.

« Le tremblement des gestes » (*Hors champ*, d'Hélène Dorion), *La vie en rose*, n° 34 (mars 1986), p. 53-54.

« *Lily Briscoe : un autoportrait*, de Mary Meigs », *La vie en rose*, n° 24 (mars 1985), p. 60.

« L'infatigable Duras » (*La musica deuxième* et *La douleur*, de Marguerite Duras), *La vie en rose*, n° 30 (octobre 1985), p. 54.

« L'intimité démasquée » (*Journal intime*, de Nicole Brossard), *La vie en rose*, n° 21 (novembre 1984), p. 53.

« Littérature québécoise 1984 : variations sur un sondage », *Nuit blanche*, n° 17 (février-mars 1985), p. 37.

« Loin de la mer » (*Le long des paupières brunes*, de Rolande Ross), *La vie en rose*, n° 14 (novembre-décembre 1983), p. 60.

« Louis Jacob : *Sur le fond de l'air* », *Estuaire*, n° 34 (hiver 1985), p. 75.

« Louky Bersianik : *Le pique-nique sur l'Acropole* », *La gazette des femmes*, vol. 2, n° 1 (1980), p. 4.

« *Madeleine de janvier à septembre*, de Louise Warren », *La vie en rose*, n° 43 (février 1987), p. 51.

« Madeleine Ouellette-Michalska : *La femme de sable* et *Le plat de lentilles* », *La gazette des femmes*, vol. 2, n° 5 (1980), p. 4.

« Marie Cardinal : *Au pays de mes racines* », *La gazette des femmes*, vol. 2, n° 7 (février 1981), p. 4.

« Marie Savard : *Bien à moi* », *La gazette des femmes*, vol. 2, n° 1 (1980), p. 4-5.

« *Martina*, de Martina Navratilova », *La vie en rose*, n° 43 (février 1987), p. 58.

« Mauvaise corrida » (*Riche et légère*, de Florance Delay, prix Fémina 1983), *La vie en rose*, n° 19 (septembre 1984), p. 59.

«Métamorphose» (Monique Leyrac chante et dit Nelligan au café de la Place des Arts, du 4 septembre au 9 novembre 1985), *La vie en rose*, n° 31 (novembre 1985) , p. 57.

«Mort en couple» (*La convention*, de Suzanne Lamy), *La vie en rose*, n° 35 (avril 1986), p. 52.

«Naoual l'Égyptienne» (*Douze femmes dans Kanater*, de Naoual El Saadaoui), *La vie en rose*, n° 35 (avril 1986), p. 47.

«Nicole Brossard: *Le sens apparent*; Suzanne Meloche: *Les aurores fulminantes*; Assia Djebar: *Femmes d'Alger dans leur appartement*, et Hélène Cixous: *Illa*», *La gazette des femmes*, vol. 2, n° 5 (1980), p. 4-5.

«Notes de chevet» (*Langue secrète*; *D'autres sourires de stars* et *Découverte des heures*, de Claude Beausoleil), *Estuaire*, n° 39 (printemps 1986), p. 49-50.

«Nouvelles de Désirée» (*Les filets*, de Désirée Szucsany), *La vie en rose*, n° 20 (décembre 1984), p. 57.

«Œuvre de chair» (*Anaïs, dans la queue de la comète*, de Jovette Marchessault), *La vie en rose*, n° 33 (février 1986), p. 52.

«*Ou l'art de l'innocence*» (d'Hélène Cixous), *La nouvelle barre du jour*, n° 109 (janvier 1982), p. 89-91.

«Par le feu» (*Lecture en vélocipède*, d'Huguette Gaulin), *La vie en rose*, n° 25 (avril 1985), p. 54.

«*Petit pays*: Compte rendu du livre de Claribel Alegria», *Spirale*, n° 48 (décembre 1984), p. 22.

«Pleurer et rire» (*L'heure de l'étoile*, de Clarice Lispector), *La vie en rose*, n° 33 (février 1986), p. 55-56.

«Poésie vibrante» (*La peau familière* de Louise Dupré), *La vie en rose*, n° 14 (novembre-décembre 1983), p. 60.

«Polaroid: *Sur les ailes du réel*, suivi de *Oscillations et instants de vérité*, de Denise Neveu», *La vie en rose*, n° 35 (avril 1986), p. 55.

«*Portrait d'intérieur*» (Jean-Paul Daoust), *La nouvelle barre du jour*, n° 109 (janvier 1982), p. 87-88.

«Portrait sexagénaire» (*Lily Briscoe: un autoportrait*, de Mary Meigs), *La vie en rose*, n° 24 (mars 1985), p. 60.

«Rykiel» (avec des textes de Madeleine Chapsal, Hélène Cixous et Sonia Rykiel), *La vie en rose*, n° 42 (janvier 1987), p. 51.

«Sans titre comme ses boîtes» (commentaire sur l'exposition d'Alain Laframboise à la galerie Jolliet, Montréal), *La nouvelle barre du jour*, n° 135 (février 1984), p. 82-85.

«Sa plus belle histoire d'amour» (*Barbara*, de Marie Chaix), *Trois*, vol. 2, n° 2 (hiver 1986), p. 49.

« Septième jour » (*Dimanche*, de Denise Desautels), *La vie en rose*, n° 29 (septembre 1985), p. 56.

« TEF [Théâtre expérimental des femmes] : *À ma mère, à ma mère, à ma mère, à ma voisine*, de Dominique Gagnon, Nicole Lecavalier, Pol Pelletier et Louise Laprade ; *Non maman non*, de Verity Bargate ; et *Le navire night…*, de Marguerite Duras », *La gazette des femmes*, vol. 2, n° 6 (1980), p. 4.

« *Terroristes d'amour*, suivi de *Journal d'une fiction*, de Carole David », *La vie en rose*, n° 44 (mars 1987), p. 61.

« *Textures en textes* » (sur le livre de Germaine Beaulieu), *Estuaire*, n° 44 (printemps 1987), p. 79.

« Toiles de fond, toiles de femmes : Compte rendu de *Femmes peintres (1550-1950)* de Ann Sutherland Harris et Linda Nochlin », *Spirale*, n° 23 (mars 1982), p. 10. Repris dans *Des femmes en mouvement hebdo* (Paris), vol. 3, n° 92 (14-21 mai 1982), p. 33.

« Toujours Gabrielle » (*De quoi t'ennuies-tu Évelyne ?…* de Gabrielle Roy), *La vie en rose*, n° 20 (octobre 1984), p. 56.

« Trois dans une » (*Vlasta, Fruits, La NBJ*), *La vie en rose*, n° 19 (septembre 1984), p. 60.

« Une autre dimension » (*Axes et eau*, de Louky Bersianik), *La vie en rose*, n° 28 (juillet-août 1985), p. 55.

« Un buisson de feu » (*Le livre de Promethea*, d'Hélène Cixous), *La vie en rose*, n° 18 (juillet-août 1984), p. 59.

« Une épopée de la démesure » (*Le livre des nuits*, de Sylvie Germain), *La vie en rose*, n° 32 (décembre 1985), p. 54-55.

« Une fillette rêveuse » (*Mon enfance à Rosemont*, de Monique Leyrac), *La vie en rose*, n° 14 (novembre-décembre 1983), p. 58.

« Une plaque tournante » (*La lettre aérienne*, de Nicole Brossard), *La vie en rose*, n° 32 (décembre 1985), p. 52.

« Une provençale huitcentenaire » (*Vie et aventures de la trobairitz Béatrice*, d'Irmtraud Morgner), *Spirale*, n° 42 (avril 1984), p. 13.

« Une voix en enfer » (*Ferdaous, Une voix en enfer*, d'Anoual el Saadaoui), *Spirale*, n° 24 (avril 1982), p. 9.

« Un portrait flou » (*Les femmes du Québec dans les années 80 : Un portrait*), *La vie en rose*, n° 36 (mai 1986), p. 52.

« Un "soap" caustique » (*Quelle douleur !* de Monique Larouche-Thibault), *La vie en rose*, n° 22 (décembre-janvier 1985), p. 60-61.

« Vengeance à Kyoto » (*Tristesse et beauté*, de Yasunari Kawabata), *La vie en rose*, n° 39 (octobre 1986), p. 54.

«Voir la mer» (*Amina*, de Françoise Gange), *La vie en rose*, n° 28 (juillet-août 1985), p. 56.

«Vacances libanaises» (*La maison sans racines*, d'Andrée Chedid), *La vie en rose*, n° 34 (mars 1986), p. 52-53.

8. Entrevues

A. Accordées par Anne-Marie Alonzo

• Presse écrite

«Il faut élever nos enfants dans la langue que nous parlons», entrevue avec Anne-Marie Alonzo, *Humanitas*, n° 20-21 (1987), p. 93-98.

Cadorette, Johanne. «Taking care of the beauty of the written word. Interview with Anne-Marie Alonzo», http://fugues.com/english/interview/interview01.html

Domingue, Claudette. «Les normes et critères de compétence est-ce une réalité pour le bénéficiaire?», entrevue avec Anne-Marie Alonzo, *Nursing Québec*, vol. 5, n° 3 (mars-avril 1985), p. 14-17.

Dupré, Louise. «Écrire comme vivre: dans l'hybridité. Entretien avec Anne-Marie Alonzo», *Voix et images*, n° 56 (hiver 1994), p. 238-249.

Larrivée, Francine. «Je n'ai pas écrit pour, j'ai écrit point», entrevue avec Anne-Marie Alonzo sur son livre *Geste*, sur son métier d'écrivain et sur son engagement féministe, *La gazette des femmes*, vol. 3, n° 1 (juin 1981), p. 14-15.

Sanchez, Ernesto. «Deux questions à Anne-Marie Alonzo», dans E. Sanchez (dir.), *La littérature et la vie au collégial*, Mont-Royal, Modulo, 1991, p. 1-2.

Triton, Suzette. «Cuir-et-chrome. Rencontre avec Anne-Marie Alonzo, écrivaine, éditrice, productrice», *Lesbia magazine*, n° 89 (décembre 1990), p. 17-21.

Vasseur, Annie Molin. «À gauche Orient de cœur; Une sculpture Je suis cela. Entretien avec Anne-Marie Alonzo», *Arcade*, n° 34 (automne 1995), p. 77-89.

• Radio

«Antenne 5», entrevue de 10 min avec Suzanne Giguère, juin 1981, CBF-690 (Radio-Canada), Montréal.

«Brave New Waves», entrevue de 2 h (coinvités Yolande Villemaire et Jean-Paul Daoust) avec Kathryn O'Hara, le 15 janvier 1985 à CBF-FM (Radio-Canada anglais), Montréal.

«Documents», entrevue de 30 min avec Claude Beausoleil, le 8 mai 1986 à CBF-FM (Radio-Canada), Montréal. Sur modernité et féminisme.

« En toutes lettres », entrevue de 10 min avec Réjane Bougé, le 17 septembre 1985 à CBF-FM (Radio-Canada), Montréal.

« En toutes lettres », entrevue de 15 min avec Christine Champagne, le 7 février 1989 à CBF-FM (Radio-Canada), Montréal. Sur *Le livre des ruptures*.

« France-Culture », entrevue de 45 min avec Antoine Livio, février 1981, Paris.

« Ici comme ailleurs », entrevue de 35 min avec Christiane Charette, le 12 juillet 1990 à CBF-690 (Radio-Canada), Montréal. Autour du Festival de Trois.

« Ici comme ailleurs », entrevue de 35 min avec Christiane Charette, le 12 octobre 1990.

Reprise de l'entrevue du 12 juillet 1990, augmentée de commentaires de C. Charette sur *L'immobile*.

« Il fait toujours beau quelque part », entrevue de 10 min avec Françoise Guénette, le 19 février 1987 à CBF-690 (Radio-Canada), Montréal. Sur *Rencontres avec des clochards*.

« Le Carroussel », entrevue de 5 min avec Francine Marchand, le 26 janvier 1985 à CBF-690 (Radio-Canada), Montréal.

« Le carroussel du samedi », entrevue de 5 min, le 1er juillet 1989 à CBF-690 (Radio-Canada), Montréal. Autour du Festival de Trois.

« Le carroussel du samedi », entrevue de 5 min, le 30 juin 1990 à CBF-690 (Radio-Canada), Montréal. Autour du Festival de Trois.

« Le grand carroussel », entrevue de 30 min avec Francine Marchand, le 13 août 1983, à CBF-690 (Radio-Canada), Montréal.

« La vie quotidienne », entrevue de 16 min avec Lizette Gervais, le 24 janvier 1980 à CBF-690 (Radio-Canada), Montréal. Reprise en février 1980.

« Les belles heures », entrevue de 8 min avec Suzanne Giguère, le 13 septembre 1985 à CBF-690 (Radio-Canada), Montréal.

« Les belles heures », reprise de l'entrevue du 13 septembre à la suite de l'obtention du prix Émile-Nelligan 1985, le 10 avril 1986.

« Les belles heures », entrevue de 12 min avec Suzanne Giguère, le 25 avril 1989 à CBF-690 (Radio-Canada), Montréal.

« Les belles heures », entrevue de 10 min avec Winston McWade, le 17 novembre 1989 à CBF-690 (Radio-Canada), Montréal.

« Litterature actuelle », entrevue d'une heure avec Suzanne Giguère, novembre 1990 à CBF-FM (Radio-Canada), Montréal.

« Littérature au pluriel », entrevue de 28 min avec Jean Royer, le 27 août 1980 à CBF-FM (Radio-Canada), Montréal.

« Littérature au pluriel », entrevue de 8 min avec Wilfrid Lemoine, le 6 septembre 1983 à CBF-FM (Radio-Canada), Montréal.

«Poètes sur paroles», entrevue de 30 min avec Jean Royer, le 5 septembre 1985 à CBF-FM (Radio-Canada), Montréal. Avec des extraits de textes lus par Dyne Mousso.

«Présent», entrevue de 6 min avec Michel Desgagnés (au sujet de *Cuir-et-chrome* et Sommet à part... égale), le 28 février 1985 à CBF-690 (Radio-Canada), Montréal.

«Québec-Express», entrevue de 5 min avec Madeleine Gaudreau-Labrecque, le 22 octobre 1990 à Radio-Canada, Québec. Autour de *L'immobile*.

«Question de vie», entrevue de 10 min avec Louise Deschatelets, le 4 octobre 1990 à CJMS, Montréal. Autour de *L'immobile*.

«Radart», entrevue de 7 min avec Rose-Aline Leblanc, le 2 octobre 1990 à CBF-690 (Radio-Canada), Montréal. Autour de *L'immobile*.

«Une heure chez Lise», entrevue de 20 min avec Lise Payette, le 7 janvier 1982 à CJMS-Radio Mutuel, Montréal.

- Télévision

Beaudet, Suzanne. «*L'immobile*», *Tout en douceur,* CMCL-TV. Laval, semaine du 17 septembre 1990. Avec l'aimable autorisation de Françoise Faucher.

Paradis, Élisabeth. «*L'immobile*», *Lumières*, Radio-Québec. Montréal, 2 et 5 octobre 1990.

B. Publiées par Anne-Marie Alonzo

«France Castel: Telle qu'en elle-même», *Madame au foyer,* Toronto (été 1990), p. 22.

«John Stanzel: Un homme unique, un talent multiple», *L'envol de la danse* (GBC), vol. 3, n° 1 (janvier-mars 1975), p. 9.

«Marie-Claire Blais et Mary Meigs: Autoportraits à la plume», *Sortie*, vol. 1, n° 4 (février 1983), p. 15-16, 33 et p. de couverture. Traduit en anglais dans *Pink Ink*, Toronto, 1983.

«La passion selon Phyllis Lambert [directrice du Centre canadien d'architecture]», en collaboration avec Françoise Guénette, *La vie en rose*, n° 24 (mars 1985), p. 17-18, 59.

«Mon tête-à-tête avec Andrée Lachapelle», *La vie en rose*, n° 30 (octobre 1985), p. 44-46.

«Nina Berberova: C'est moi qui souligne», *La parole métèque*, n° 11 (automne 1989), p. 42-43.

«Un amoureux de la vie, par la danse: Maurice Lemay», *L'envol de la danse* (GBC), vol. 2, n° 4 (octobre-novembre 1974), p. 10. Traduit en anglais par Eva Ludvig, p. 8.

9. Débats publics - Personnes handicapées (par ordre chronologique)

Institut de réadaptation de Montréal, le 13 janvier 1981. Concernant l'Année internationale des personnes handicapées.

AFÉAS, Laval, le 15 mai 1981.

Association Couple-Famille, Laval, le 15 mai 1981.

Centre des loisirs de Saint-Laurent, Montréal, le 14 septembre 1981 : Projection de deux films *L'autre versant de la montagne,* suivi d'une discussion animée par Anne-Marie Alonzo. Le 16 septembre 1981 : Table ronde sur le thème « Les personnes handicapées ont-elles les mêmes besoins que les personnes non-handicapées ? » Participants à la table ronde animée par Germaine Beaulieu : le maire suppléant M. Rousseau, le père Émile Legault, Mme Paul Dagenais, Anne-Marie Alonzo, Arthur Le Beuf, Françoise Nantais.

Ordre des infirmières et infirmiers du Québec, Montréal, le 16 décembre 1981. Deux conférences.

Cinémathèque québécoise, Montréal, le 17 mai 1983. Débat public à la suite de la projection du film *L'amour handicapé,* d'après l'entrevue de Françoise Faucher et Anne-Marie Alonzo.

Sommet mondial sur les femmes…, Montréal, le 5 juin 1991. Conférencière à l'atelier « Pouvoir et femmes handicapées » animé par Marie Lemieux, autres participantes : Danièle Bas, Italie ; France Picard, Québec ; Maria Christiansen, Autriche.

10. Débats publics (par ordre chronologique)

Conférence sur l'œuvre de Louise Maheux-Forcier – cours de traduction. Éducation permanente, Université de Montréal, mai 1979.

Table ronde « Où s'en va la littérature québécoise? », animée par Gilles Hénault, le 19 mars 1980 au cégep du Bois-de-Boulogne, invités : Anne-Marie Alonzo, Louky Bersianik, Nicole Brossard, Paul Chamberland, Lucien Francœur. Vidéo.

Conférence sur *Geste* aux étudiants de terminale, cours de poésie du professeur : Jacquelin Lebeuf, collège Saint-Laurent. Vidéo.

Rencontre au sujet de *Veille* avec Paul Zumthor, Les Belles Soirées, Université de Montréal, 29 mars 1984.

Conférence intitulée « Écrire l'immobile » et lecture de « Cuir-et-chrome », Société d'études et de conférences, place Ville-Marie, le 12 février 1985.

«Création et critique féministe», rencontre organisée par le collectif Les femmes et les mots, le 19 avril 1986 au Café des arts déco, participantes : Louise Cotnoir, Erin Mouré et Libby Scheier.

Rencontres au sujet de l'écriture avec des élèves de l'école primaire Saint-Paul à Laval, le 19 avril 1986 et le 29 avril 1986.

Rencontre avec des étudiants du cégep Édouard-Montpetit dans le cours de création de Jean-Paul Daoust, le 18 novembre 1986. Sujet : Création et poésie.

Rencontre avec des étudiantes de l'Institut Simone-de-Beauvoir de l'université Concordia dans le cours de littérature féminine de Lucie Lequin, le 1er novembre 1988. Sujet : Autour de *Écoute, Sultane* et *Seul, le désir*.

Rencontre avec des étudiantes en études féministes de l'Université du Québec à Montréal dans le cours de Louise Dupré, le 7 novembre 1989. Sujet : Autour de l'écriture au féminin.

11. Traductions et adaptations

Traduction de textes pour la revue *Trois*.

Adaptation française de *La rose et l'anneau*, film d'animation de Lotte Reinigger, d'après le roman de William H. Thackerey. Une production Gordon Martin. Diffusé le 1er janvier 1980 sur les ondes de la télévision de Radio-Canada. Lectrice : Françoise Faucher.

Traduction (anglais / français) pour *Québec-Quads*, projet pilote pour handicapés physiques (été 1974).

Traduction (anglais / français) de *Like you like me/Comme toi comme moi*, de Bente Clod, danoise), pour *Trois*, vol. 5, n° 1 (automne 1989).

12. Direction de collection et de publication

Brossard, Nicole. *Picture Theory*, Montréal, Nouvelle Optique, coll. Fiction, dirigée par Anne-Marie Alonzo, 1982.

Marchessault, Jovette. *Lettres de Californie*, Montréal, Nouvelle Optique, coll. Fiction, dirigée par Anne-Marie Alonzo, 1982.

«Livraison spéciale», numéro spécial de *La nouvelle barre du jour*, n° 132 (1983). Comprenant des textes de Francis Ponge, Clarice Lispector, Jovette Marchessault, Bernard Noël, Suzanne Jacob, Michel Butor, Madeleine Ouellette-Michalska, Monique Bosco, Anne Cauquelin, Hélène Merlin, Marie-Claire Blais et Hélène Cixous. Avec des encres de Mary Meigs, des tableaux de Louise Robert et des photos de Kéro et de A. E. Hotchner.

«Rina Lasnier ou le langage des sources», premier ouvrage de la collection «Références directes», Trois-Rivières, *Estuaire*/Écrits des Forges, avril 1988. Comprenant des études de Jean Royer, Monique Bosco, André Brochu, Richard Boutin, Jean-Pierre Issenhuth, Paul Chanel-Malenfant et Lucie Bourrassa.

13. Film et télévision

Arnold, Danièle. «*Veille*», *Bon dimanche*, CFTM Montréal, le 21 mars 1982.

Film sur *Veille* avec commentaires de Danièle Ouimet, *Bon dimanche*, 28 mars 1982.

Tardif, Jeannette. *L'amour handicapé* (version film de l'émission enregistrée pour *Femme d'aujourd'hui)*, Office national du film, Montréal. Court métrage documentaire.

14. Cassette audio

Lettres à Cassandre, Laval, Productions AMA, 1990. En collaboration avec Denise Desautels.

15. Comptes rendus de textes d'Anne-Marie Alonzo

Andrès, Annick. «*L'immobile* d'Anne-Marie Alonzo», *Spirale*, n° 103 (février 1991), p. 9.

[Anonyme]. «Anne-Marie Alonzo: Prix Émile-Nelligan», *La Presse*, 8 avril 1986, p. B-5.

— «Le Prix Émile-Nelligan à Anne-Marie Alonzo», *Le Journal de Montréal*, 11 avril 1986, p. 37.

— «Le Prix Émile-Nelligan à Anne-Marie Alonzo», *La Tribune*, 12 avril 1986, p. A-18.

Bayard, Caroline. «Du raffinement de la diction des mages» (commentaire sur deux recueils de poésie québécoise: *Bleus de mine*, d'Anne-Marie Alonzo et *Les verbes seuls*, de Louise Desjardins), *Lettres québécoises*, n° 40 (hiver 1985-1986), p. 24-25.

Beausoleil, Claude. «Anne-Marie Alonzo: La parole comme un geste», *Les livres parlent*, Trois-Rivières, Écrits des Forges, 1984, p. 38-39.

Bélanger, Jocelyne et Jean Schmidt. «Anne-Marie Alonzo, auteure, journaliste, et critique…», *Dynamo*, vol. 2, n° 7 (automne 1983), p. 8.

Benson, Mark. «Maniques dépressifs», *Canadian Literature*, n° 112 (printemps 1987), p. 138-141.

Blanchard, Louise. «Le Théâtre expérimental des femmes, si... vous n'avez pas la couche du petit à changer», *Journal de Montréal*, vendredi 19 juin 1981, p. 46.

Boisseau, Nathalie. «Une parole du soleil», *Le goéland*, n° 6 (printemps 1988), p. 16.

Bonenfant, Réjean. «Anne-Marie Alonzo : *Une lettre rouge orange et ocre*», *Le sabord*, n° 5 (décembre 1984), p. 20.

Bordron, Gisèle. «*Seul le désir*», *Treize*, vol. 4, n° 3 (janvier 1988), p. 23.

_____ «*Le livre des ruptures*», *Treize*, vol. 5, n° 5 (juin 1989), p. 30.

Bourassa, Lucie. «Entre l'histoire et le corps. *Bleus de mine* d'Anne-Marie Alonzo», *Estuaire*, n° 39 (printemps 1986), p. 67.

Boutin, Richard. «À quelle adresse ?» (sur *Veille*), *La nouvelle barre du jour*, n° 129 (septembre 1983), p. 117-127.

Brochu, André. «François Charron, etc... » (critique de recueils de poèmes, dont *Veille* d'Anne-Marie Alonzo, 150), *Voix et images*, vol. 9, n° 2 (hiver 1984), p. 145-154.

_____ «Le lisible et ses ombres» (présentation de recueils de poèmes publiés en 1985 par des auteurs québécois), *Voix et images*, vol. 11, n° 3 (printemps 1986), p. 555-563.

_____ «*Seul le désir, Le livre des ruptures*», *Voix et images* (spécial Gabrielle Roy), n° 42 (printemps 1989), p. 519-520.

Bruchési, Louise. «Anne-Marie Alonzo se mérite le prix Émile-Nelligan», *L'hebdo Laval*, 5 mai 1986, p. 1.

Brunet, Monique. «*French Conversation* d'Anne-Marie Alonzo et Alain Laframboise», *Arcade*, n° 12 (octobre 1986), p. 68-69.

Coppens, Patrick. «Choix de lectures (*Geste*)», (extraits de fiches parus dans la revue *Choix* de la Centrale des bibliothèques), *Le Devoir*, 27 septembre 1980, p. 26.

_____ «*Bleus de mine*», *Moebius*, n° 28 (printemps 1986), p. 126.

Corrivault, Martine R. «Spectacle étrange et beau, ce *Veille*, d'Anne-Marie Alonzo», *Le Soleil*, 15 avril 1982.

Corriveau, Hugues. «L'intelligence du lieu : compte-rendu de *Galia qu'elle nommait amour*, etc. », *Lettres québécoises*, n° 68 (hiver 1992), p. 24-25.

_____ «Les ailes de la danse : compte-rendu de *La danse des marches*, etc. », *Lettres québécoises*, n° 71 (automne 1993), p. 35-37.

Côté, Lucie. «Pour clore le cycle de l'immobilité» (autour de *L'immobile*), *La Presse*, 21 octobre 1990, p. C-7.

Cotnoir, Louise. « Le geste, la parole : *Bleus de mine* », *Spirale*, n° 9 (mai 1980), p. 2, 7.

_____ « Garder l'amour vivant : *Veille* d'Anne-Marie Alonzo », *Spirale*, n° 35 (juin 1983), p. 12.

_____ « *Bleus de mine* », *Arcade*, n° 11 (février 1986), p. 76.

Croft, Esther. « *Une lettre rouge orange et ocre* », *Québec français*, n° 58 (mai 1985), p. 12.

D'Alfonso, Antonio. « *Bleus de mine* », *Nos livres*, vol. 17 (août-septembre 1986), p. 27-28.

_____ « Écoute, Sultane », *Nos livres*, vol. 19, n° 3 (avril 1988), p. 32-33.

Dassylva, Martial. « Anne-Marie Alonzo. L'immobilité vaincue par la parole et l'écriture », *La Presse*, 13 juin 1981, p. C-12.

_____ « Au Théâtre expérimental des femmes : un beau récital poétique dramatisé », *La Presse*, 16 juin 1981, p. A-19.

David, Gilbert. « Le théâtre des femmes et l'avenir du drame », *Nuit blanche*, n° 17 (février-mars 1985), p. 14-15.

Déry-Mochon, Jacqueline. « *Esmaï* (Lire-Écrire) », *Le littéraire de Laval*, n° 6 (mai-juin 1988), p. 5.

Desautels, Denise. « Discours de remise du Prix Émile-Nelligan 85 », inédit.

_____ « *Droite et de profil* », *Estuaire*, n° 34 (hiver 1985), p. 75.

_____ « Lettres à Cassandre », *La parole métèque* (spécial Anne-Marie Alonzo), n° 3 (automne 1987), p. 9.

Donoghue, William. Préface à *Lead Blues*, trad. en anglais de *Bleus de mine*, Montréal, Guernica, 1990, p. 5-10.

Drouin, Serge. « *Veille* un spectacle à voir avec... réserve », *Journal de Québec*, 16 avril 1982, p. 36.

Dumont, Martine. « Le corps vécu » (*Veille*), *Spirale*, n° 21 (septembre 1981), p. 15.

Dupré, Louise. « Poetry Returns to Love », *Ellipse*, n° 39 (1988), p. 11-19.

_____ « *Geste* d'Anne-Marie Alonzo », *Spirale*, n° 90 (septembre 1989), p. 9.

_____ « Un texte, deux voix », postface à *Lettres à Cassandre*, Laval, Trois, 1994, p. 107-119.

Escomel, Gloria. « *Geste* », *Journal de Renaud-Bray*, vol. 1, n° 3 (février 1980), p. 4.

_____ « La *Geste* », *La nouvelle barre du jour*, n° 90-91 (mai 1980), p. 204-206.

_____ « *Geste* », *Le berdache*, n° 11 (juin 1980), p. 33-34.

_____ « Une lettre de sang », *La vie en rose*, n° 30 (octobre 1985), p. 57.

Favretto, Françoise. « *Droite et de profil* », *Mensuel* (France), n° 25 (octobre 1984), p. 16-17.

Felx, Jocelyne. « *Bleus de mine* », *Le sabord*, n° 9 (hiver 1985-1986), p. 23.

Fournier, Cassandre. «*Une lettre rouge orange et ocre* à Berlin : témoignage», *Jeu*, n° 57 (décembre 1990), p. 96-97.

Giguère, Richard. «La tentation du romanesque : comptes rendus de livres de poésie : *La voix de Carla* d'Élise Turcotte ; *Écoute, Sultane*, d'Anne-Marie Alonzo ; et *Effets personnels* de Pierre Morency», *Lettres québécoises*, n° 47 (automne 1987), p. 37-39.

Godard, Barbara. «Feminine Plural», *Canadian Literature*, n° 119 (hiver 1988), p. 123-128.

Grenier, J.C. «Anne-Marie Alonzo remporte le Prix Émile-Nelligan», *Courrier Laval*, 13 avril 1986.

Harou, Lise. «*Écoute, Sultane* : Chant d'exil et chant d'amour», *La parole métèque*, n° 3 (automne 1987), p. 11.

Hogue, Jacqueline. «Alonzo, Anne-Marie. *Veille*», *Nos livres*, vol. 15 (février 1984), p. 22.

_____ «Alonzo, Anne-Marie. *Droite et de profil*», *Nos livres*, vol. 15 (août-septembre 1984), p. 16-17.

Hubert, J.J. «Le monde d'Anne-Marie Alonzo. *Laval* (bulletin d'information), mai 1986.

Kern, Anne-Brigitte. «*Geste*», *Vendredi* (Paris), vol. 1, n° 4 (semaine du 7 décembre 1979), p. 1.

_____ «Lecture de *Geste*», *Des femmes en mouvement hebdo* (Paris), vol. 1, n° 9 (mai 1980), p. 2.

_____ «Lectures de *Geste*», *Des femmes en mouvement hebdo* (Paris), vol. 1, n° 3 (novembre 1980), p. 25.

Kimm, D. «Anne-Marie Alonzo : *French Conversation*», *Moebius*, n° 28 (printemps 1986), p. 111-112.

Labonté, Francine. «Anne-Marie Alonzo», *Mémoarts*, mai 1986.

Laframboise, Alain. «Vigile», *La nouvelle barre du jour*, n° 109 (janvier 1982), p. 39-42.

La Palme Reyes, Marie. «*Geste*», *Canadian Women's Studies/Les Cahiers de la femme*, vol. 3, n° 2 (1981), p. 116.

Lareau, Danielle. «*Geste*», *La gazette des femmes*, vol. 2, n° 4 (avril 1980), p. 5-6.

Larue-Langlois, Jacques. «*Veille* à la Grande Réplique. Tant de talents réunis pour dire si bien si peu de choses», *Le Devoir*, 2 avril 1982, p. 9.

Latif-Ghattas, Mona. «À la recherche du geste-image dans la mise en scène de *Veille* d'Anne-Marie Alonzo», *Pratiques théâtrales*, n° 13 (automne 1981), p. 27-31.

Legris, Renée. «*Écoute, Sultane ; Seul le désir*», *Estuaire*, n° 49 (été 1988), p. 77-78.

Lépine, Stéphane. « Écrire dans les deux langues », *Le Devoir* 28 juin 1986 , p. C-3.

Marchessault, Jovette. « La passion immobile », *La vie en rose,* n° 17 (mai 1984), p. 60.

_____ « Se frayant seule un chemin dans la forêt hiéroglyphique », *La parole métèque* (dossier Anne-Marie Alonzo), n° 3 (automne 1987), p. 10.

Marcotte, Gilles. « Trois complaintes du mal de vivre » (Anne-Marie Alonzo : *Geste ;* Marie-Claire Blais : *Le sourd dans la ville* et Robert Marteau : *Ce qui vient*), *L'Actualité,* vol. 5, n° 4 (avril 1980), p. 94.

Martel, Réginald. « Anne-Marie Alonzo : Prix Émile-Nelligan », *La Presse,* 8 avril 1986.

Meadwell, Kenneth W. « Aigu et sombre », *Canadian Literature,* n° 102 (automne 1984), p. 95-98.

Michaud, Ginette. « *Veille :* Anne-Marie Alonzo », *Jeu,* vol. 4, n° 21 (hiver 1981), p. 189-193.

Nabahi, Férechté. « *Une lettre rouge orange et ocre* », *Canadian Women's Studies/Les Cahiers de la femme,* vol. 6, n° 3 (1985), p. 115.

Nepveu, Pierre. « Mouvement et immobilité » (commentaire sur deux recueils de poésie : *S'inscrit sous le ciel gris en graphiques de feu,* de Claude Beausoleil et *Bleus de mine,* d'Anne-Marie Alonzo), *Spirale,* n° 57 (décembre 1985), p. 7.

Orenstein, Gloria. « *Geste,* by Anne-Marie Alonzo », *13th Moon* (New York), vol. 5, n° 1-2 (automne 1981), p. 145-146.

Ouellette-Michalska, Madeleine. « Recréer le geste premier », *Le Devoir,* 12 janvier 1980, p. 17.

_____ « De quoi alourdir vos bagages », *Châtelaine* (juillet 1980), p. 8.

_____ « *Veille* ou le choc de la simplicité », *Le Devoir,* 17 juin 1981, p. 18.

Peterson, Maureen. « Author Fights Handicap Level », *The Gazette,* 12 juin 1981, p. 21.

_____ « *Veille* Beats with a Powerful Pulse », *The Gazette,* 13 juin 1981, p. 75.

Prévost, Francine. « À la recherche de l'imaginaire féminin », *Féminin pluriel,* vol. 2, n° 3 (juin 1982), p. 38-39.

Rioux, Hélène. « Le cri d'amour d'Anne-Marie Alonzo », *Le journal d'Outremont* (juin 1986), p. 51.

Roy, Monique. « Hors d'Égypte » (sur *Bleus de mine* et *French Conversation*), *La vie en rose* (septembre 1986), p. 56.

Royer, Jean. « Anne-Marie Alonzo : l'état de veille », *Le Devoir,* 20 mars 1982.

_____ « *Veille,* une forte leçon de création », *Le Devoir,* 11 juin 1983, p. 19.

_____ « Le Prix Nelligan à Anne-Marie Alonzo », *Le Devoir,* 8 avril 1986.

Saint-Amour, Stéphane. « Le Prix Émile-Nelligan décerné à la Lavalloise Anne-MarieAlonzo », *Courrier Laval*, 13 avril 1986.

Stanton, Julie. « Le théâtre : *Veille* d'Anne-Marie Alonzo », *La gazette des femmes*, vol. 3, n° 4 (novembre 1981), p. 4.

Toupin, Gilles. « Poésie d'ailleurs : Villemaire et Alonzo », *La Presse*, 15 décembre 1984, p. E-4.

_____ « Autour du *Livre des ruptures* », *La Presse*, 17 juin 1989.

Tylbor, Eleanor. « A talent to create and express », *The Suburban*, 7 mai 1986.

16. Essais critiques

Bordeleau, Francine. « Anne-Marie Alonzo et la poésie du mouvement », *Lettres québécoises*, n° 98 (été 2000), p. 12-14.

Boutin, Richard. « À quelle adresse ? », analyse de *Veille*. *La nouvelle barre du jour*, n° 129 (septembre 1983), p. 117-27.

Chamberland, Paul. « Confier sa douleur à la lettre », *Lettres québécoises*, n° 98 (été 2000) , p. 15-16.

Dupré, Louise. « La prose métisse du poème : Sur Anne-Marie Alonzo », *Québec Studies*, n° 15 (automne 1992-hiver 1993), p. 51-56.

_____ « Une traversée des territoires », *L'étranger dans tous ses états. Enjeux culturels et littéraires*, Montréal, XYZ, 1992, p. 53-60.

Fournier, Cassandre. « *Une lettre rouge, orange et ocre* à Berlin, témoignage », *Cahiers de théâtre Jeu*, n° 57 (décembre 1990), p. 96-97.

Joubert, Lucie. « Le paratexte chez Anne-Marie Alonzo : Invitation à une lecture de la complicité », *Voix et images*, n° 56 (hiver 1994), p. 297-308.

Lamar, Celita. « Defining Marginal Spaces : Three Plays by Anne-Marie Alonzo, Abla Farhoud and Pol Pelletier », dans Michael Bishop (dir.), *Thirty Voices in the Feminine*, Amsterdam, Rodopi, 1996, p. 190-198.

Latif-Ghattas, Mona. « À la recherche du geste-image dans la mise en scène de *Veille*, d'Anne-Marie Alonzo », *Pratiques théâtrales*, n° 15 (1982), p. 29.

Lequin, Lucie (traduit par Rachelle Renaud). « Anne-Marie Alonzo : Archaeologist and Cartographer », dans Roseanna Lewis Dufault (dir.), *Women by Women : The Treatment of Female Characters by Women Writers of Fiction in Quebec since 1980*, Cranbury, Associated University Press, 1997, p. 169-180.

_____ « Du mot surgit l'écriture : Anne-Marie Alonzo, au pays des merveilles », *Voix et images*, n° 56 (hiver 1994), p. 309-317.

_____ « Retrouver le rythme : les écrivaines migrantes écrivent la rupture et le métissage », *Dalhousie French Studies*, n° 23 (automne-hiver 1992), p. 115-121.

Moss, Jane. « Women's Theater in Quebec : Choruses, Monologues and Dialogues », *Québec Studies*, n° 1 (1983), p. 276-285.

_____ « Women's Theater in Quebec », *Traditionalism, Nationalism, and Feminism : Women Writers of Quebec*, Paula Gilbert Lewis (dir.), Westport, Greenwood Press, 1985.

_____ « Filial (Im)pitiés : Mothers and Daughters in Quebec Women's Theatre », *ARCS*, vol. 19, n° 2 (1989), p. 177-186.

Picard, Anne-Marie. « L'Autre à *Tu*-tête : La lettre de *L'immobile* », *Voix et images*, n° 56 (hiver 1994), p. 250-267.

Potvin, Claudine. « Muses et musées : L'effet "tableau" de l'écriture », *Voix et images*, n° 56 (hiver 1994), p. 279-293.

Relja, Katarina. « Bibliographie d'Anne-Marie Alonzo », *Voix et images*, n° 56 (hiver 1994), p. 318-340.

Verthuy, Maïr. « Aujourd'hui Schéhérazade a appris à écrire : Anne-Marie Alonzo et l'entreprise de vivre », *Voix et images*, n° 56 (hiver 1994), p. 268-278.

17. Traductions des textes d'Anne-Marie Alonzo

Bleus de mine/Lead Blues, trad. en anglais par William Donoghue, Montréal, Guernica, 1990.

Bleus de mine (extrait), trad. en italien par Biagia Marniti, Jean-Yves Collette et Nicole Deschamps (dir.), *Brise-lames/Antemurale. Anthologie de la poésie moderne du Québec*, Rome, Bulzoni, 1990, p. 23-25.

« … et la nuit/…and the night », trad. par Dôre Michelut, en collaboration avec l'auteure.

Geste (extraits), trad. par Sarah Cornell.

« Lettre d'entente/Letter of Entente » (extrait de *Galia*), trad. par Marlene Wildeman, *Inversions*, anthologie d'auteures lesbiennes du Québec, du Canada et des USA, Betsy Warland, Vancouver, Press Gang Publishers, 1991, p. 139.

« Rituel/Ritual » (extrait d'*Écoute, Sultane*), trad. par Susanne de Lotbinière-Harwood, *Canadian Fiction Magazine* (Toronto), n° 57 (automne 1986), p. 47-52.

« Sables fous des dunes » (extraits d'*Écoute, Sultane*), trad. par Lou Nelson, *Resurgent,* anthologie d'auteures féministes du Québec, Canada, USA, Camille Norton, Carbondale, Illinois University Press, 1992, p. 49-52.

« Seul le désir » (extraits), trad. par Douglas G. Jones, *Ellipse* (Sherbrooke), n° 39 (1988), p. 4-23.

Une lettre rouge orange et ocre/Ein Brief rot orange und ocher, aussi traduit par *Der ungeschriebene Brief*, trad. en allemand par Traude Buhrmann, Bremen, Xenia, 1990,

18. Adaptations musicales à partir des œuvres d'Anne-Marie Alonzo

Alonzo, Anne-Marie et Jean-Pierre Alonzo. « D'amour mon sang coule », chanson tirée de *Bleus de mine* et chantée par France Castel lors de son spectacle du 2 juillet 1990 au Festival de Trois, Laval.

Alonzo, Jean-Pierre. « De l'automne à novembre », chanson inspirée de *Geste* et chantée par Louise Forestier sur le disque *Forestier* (1983) et par France Castel en spectacle (1990).

Notebaert, Éric. Deux opéras (12 et 4 min), inspirés du recueil *Veille*, inédits.

Richard, Monique. « Carry Me », chanson tirée du *Livre des ruptures* et chantée par Monique Richard en spectacle, en novembre 1989.

Notes biographiques

Née en 1951 à Alexandrie, en Égypte, **Anne-Marie Alonzo** vit au Québec depuis 1963. Titulaire d'un doctorat en études françaises de l'Université de Montréal, elle est à la fois dramaturge, romancière et poète. Aujourd'hui directrice des Éditions Trois dont elle fut l'une des fondatrices, elle est également la directrice-fondatrice du Festival de Trois, un festival annuel consacré à la littérature qui a lieu à Laval. Collaboratrice à plusieurs revues, dont *La Nouvelle Barre du jour, La Gazette des femmes, Spirale, Possibles, Dérives, Lèvres urbaines* de même qu'à des revues européennes telles que *Des femmes en mouvement*, [VWA] (*Voies*) et *Fruits*, elle a aussi signé plusieurs textes pour la radio et donné plusieurs conférences sur la littérature ou sur les personnes handicapées. En 1986, elle obtient le prix Émile-Nelligan pour *Bleus de mine* puis, en 1992, le Grand Prix d'excellence artistique de Laval pour *Galia qu'elle nommait amour*. En novembre 1996, elle est reçue membre de l'Ordre du Canada, et, en avril 1997, la société Arts-Sciences-Lettres de Paris lui décerne la médaille de bronze. La même année, elle reçoit la médaille civique de la Ville de Laval. *Voix et images* lui consacre un dossier en 1994, tout comme *Lettres québécoises* à l'été 2000. Tous genres confondus, Anne-Marie Alonzo a publié une vingtaine d'ouvrages ; … *et la nuit* (Trois, 2001) est son plus récent titre paru.

Michèle Bacholle-Boškovič est professeure à la Eastern Connecticut State University. Ses intérêts en matière de recherche portent principalement sur les écrits de femmes contemporaines (surtout de France, d'Algérie et du Vietnam) et sur les représentations du Vietnam au cinéma. Parmi ses publications les plus récentes figurent son livre, *Un passé contraignant. Double bind et transculturation* (Rodopi, 2000), sur Annie Ernaux, Agota Kristof et Farida Belghoul, et les articles suivants : «La guerre d'Algérie expliquée à nos enfants», «Confessions d'une femme pudique : Annie Ernaux», «The Exiled Woman's Burden : Father Figures in Lan Cao's and Linda Lê's Works», «Camille et Mùi ou Du Vietnam dans *Indochine* et *L'odeur de la papaye verte*» et «Écrits sur le sable : le désert chez Malika Mokeddem».

André Brochu a été professeur au Département d'études françaises de l'Université de Montréal de 1963 jusqu'à sa retraite, en 1997. Cofondateur de la revue *Parti pris*, il a également collaboré aux revues *Voix et images, Livres et auteurs* et *Lettres québécoises*. Il a publié des monographies sur Victor Hugo, André Langevin, Gabrielle Roy, Anne Hébert, Michel Tremblay, et des études sur Sartre, Flaubert, Huysmans, Roussel et Perec. Laure Conan, Yves Thériault, Félix-Antoine Savard, Roland Giguère et de nombreux autres auteurs québécois ont fait l'objet d'analyses approfondies de sa part au cours des quarante dernières années. Quatre prix importants ont récompensé son travail d'écrivain : le prix Gabrielle-Roy pour *La visée critique*, essais autobiographiques et littéraires (1989), le prix du Gouverneur général pour *La croix du Nord*, roman (1991), le Grand Prix du Journal de Montréal pour *La vie aux trousses*, roman (1994) et le Grand Prix du Festival international de poésie de Trois-Rivières pour *Delà* (1995).

Depuis la publication de *Dedans*, qui a reçu le prix Médicis en 1969, **Hélène Cixous** a publié plus de trente textes de fiction poétique, sept livres de textes critiques et théoriques, dont *La jeune née* et *La venue à l'écriture*, et depuis 1984, elle travaille à plusieurs productions dirigées par Ariane Mnouchkine avec le Théâtre du Soleil à Vincennes. Elle a écrit onze pièces de théâtre ou textes dramatiques, dont *L'histoire terrible mais inachevée de Norodom Sihanouk, roi du Cambodge* et *L'Indiade*. Elle a reçu le Prix des critiques pour la meilleure création théâtrale (1994) et pour le meilleur spectacle théâtral (2000). Ses publications les plus récentes comprennent *Les rêveries de la femme sauvage* (2000), *Le jour où je n'étais pas là* (2000), *Benjamin à Montaigne* (2001), *Portrait de Jacques Derrida en jeune saint juif* (2001), *Manhattan, lettres de la préhistoire* (2002), *Rêve je te dis, L'amour du loup et autres remords* (2003), et la pièce de théâtre, *Rouen, dernière nuit de mai 31* (2001).

Roseanna Dufault est professeure de français et directrice du Département de langues modernes à la Ohio Northern University où elle enseigne la littérature québécoise et francophone. Elle est l'auteure de *Metaphors of Identity : The Treatment of Childhood in Selected Québécois Novels*, directrice de l'ouvrage collectif *Women By Women : The Treatment of Female Characters by Women Writers of Fiction in Québec since 1980* et codirectrice de *Doing Gender : Franco-Canadian Women Writers of the 1990s*. Elle a de plus publié plusieurs articles sur Anne Hébert, Marie-Claire Blais, Gabrielle Roy, Louise Maheux-Forcier, Ying Chen, et Anne-Marie Alonzo, notamment dans *Espace et sexuation dans la littérature québécoise* (2002), *Frontières flottantes/Shifting Boundaries* (2001), *The Art and Genius of Anne Hébert* (2001), *Continental, Latin-American and Francophone Women Writers* (1997), *Présence et influence de l'Ouest français* (1996), et *L'autre lecture, la critique au féminin et les textes québécois* (1992). Elle a été présidente de l'American Council of Quebec Studies (ACQS) de 2001 à 2003.

Louise Forsyth est professeure émérite de l'Université de la Saskatchewan, où elle a enseigné dans les domaines de la littérature et la culture québécoises, et des études sur les femmes et le genre. Elle y a été doyenne des études supérieures et de la recherche (1991-1996). Elle avait enseigné auparavant à l'Université Western Ontario, où elle a été directrice du Département de français (1984-1989). Récemment, elle a été présidente de la Fédération des sciences humaines du Canada (1998-2000). Ses recherches portent sur l'œuvre de Nicole Brossard, Marie Savard, Anne-Marie Alonzo, de même que sur les créatrices de l'Ouest canadien, et le théâtre au féminin. L'ouvrage collectif qu'elle a dirigé sur l'œuvre de Nicole Brossard paraîtra en 2004 chez Guernica. Elle prépare actuellement un livre qui combine une réflexion théorique sur la théâtralité et une étude de l'écriture dramatique contemporaine des femmes au Québec.

Titulaire d'un doctorat du City University Graduate Center de New York, **Cara Gargano** est directrice du Département de théâtre, cinéma et danse de la constituante C.W. Post de l'Université de Long Island. Elle a notamment publié « L'endroit qui parle : l'utopie du topos théâtral et la scène mythique de Marie Laberge » dans *Réécritures des mythes : l'utopie au féminin*, sous la direction de Joëlle Cauville et Metka Zupancic, « L'être et le devenir : le mythe d'Orphée comme métaphore pour la nouvelle alliance scientifique » dans *Reliologiques* et « Défier la réalité : l'esthétique de la mémoire chez Madeleine Monette » dans *Relectures de Madeleine Monette* sous la direction de Janine Ricouart. Chorégraphe et metteure en scène, elle a suivi une formation professionnelle à la New York School of Ballet et est actuellement présidente du Congrès sur la recherche sur la danse (CORD).

Lucie Joubert est professeure agrégée à l'Université d'Ottawa. Elle a publié *L'humour du sexe : le rire des filles* chez Triptyque (2002) ; elle a aussi fait paraître *Le carquois de velours : l'ironie au féminin dans la littérature québécoise* à L'Hexagone (1998). Elle a dirigé deux collectifs, *Trajectoires au féminin dans la littérature québécoise (1960-1990)* et *La vieille fille : lectures d'un personnage*. Elle travaille actuellement à l'édition de la correspondance entre Madeleine Ferron, Jacques Ferron et Robert Cliche et poursuit ses recherches sur l'écriture des femmes. Elle dirige l'équipe de la CLEF (« Comment l'esprit vint aux femmes »), groupe qui s'intéresse aux formes humoristiques de la littérature au féminin d'expression française.

Celita Lamar est professeure de français au Département de langues et littératures étrangères de l'Université de Miami à Coral Gables, en Floride. Elle s'intéresse surtout aux femmes dramaturges francophones et son premier livre, *Our Voices, Ourselves : Women Writing for the French Theatre*, a été publié en 1991. Depuis 1994, ses recherches et ses publications portent sur des dramaturges québécoises comme Anne-Marie Alonzo, Jovette Marchessault, Pol Pelletier, Abla Farhoud, Michelle Allen, Denise Boucher, Marie Laberge, Carole Fréchette. Elle écrit aussi des comptes rendus pour *Québec Studies* et *The French Review*.

Julie LeBlanc est professeure agrégée au Département d'études françaises à l'Université de Toronto. Elle enseigne également au Centre de littérature comparée de l'Université de Toronto. Ses recherches et son enseignement portent sur la littérature québécoise contemporaine, l'écriture autobiographique, l'étude de manuscrits, les rapports texte/image, la littérature québécoise, les théories féministes et canoniques de l'autobiographie, les théories de l'énonciation, la narratologie et la sémiotique visuelle. Elle est l'auteure de *Les masques de Gilbert La Rocque* (1998) et d'*Énonciation et inscription du sujet : textes et avant-textes de Gilbert La Rocque* (2000). Elle achève présentement un ouvrage intitulé *Textes et avant-textes autobiographiques au féminin*. Elle a été la rédactrice invitée de plusieurs numéros des revues *Texte*, *Voix et images* et *Recherches sémiotiques/Semiotic Inquiry*. Elle prépare actuellement un numéro thématique de la revue *Voix et images* sur «Le manuscrit littéraire». Elle a publié de nombreux articles aux États-Unis, en France, en Belgique et au Canada.

Spécialiste de la littérature québécoise au féminin, auteure de nombreux articles, **Lucie Lequin** enseigne au Département d'études françaises de l'Université Concordia. Ses recherches actuelles portent sur la rencontre des cultures et sur les liens entre l'éthique et la littérature. Elle prépare un livre sur l'écriture des femmes migrantes au Québec. En collaboration avec Maïr Verthuy, elle a publié *Multi-culture, multi-écriture. La voix migrante au féminin en France et au Canada* (1996). Ensemble, elles ont aussi préparé *Féminin pluriel*, une anthologie de textes de femmes migrantes qui paraîtra sous peu chez Nota Bene. Avec Catherine Mavrikakis, elle a dirigé un recueil d'articles, *La francophonie sans frontière : une nouvelle cartographie de l'imaginaire au féminin* (2001). Elle est aussi directrice de son département.

Catherine Mavrikakis est professeure agrégée au Département d'études françaises de l'Université de Montréal. Elle travaille depuis de nombreuses années sur l'articulation de la santé et de la maladie dans la modernité littéraire et tout particulièrement dans les écrits du sida gais et lesbiens. Elle a publié un essai *La mauvaise langue* (1996), deux romans *Deuils cannibales et mélancoliques* (2000) et *Ça va aller* (2002) où elle traite de la question du deuil dans la constitution du sujet ou de l'identité, et un récit–fiction, *Ventriloquies* (2003), écrit en collaboration avec Martine Delvaux. Elle a codirigé un livre avec sa collègue Lucie Lequin *La francophonie sans frontière : une nouvelle cartographie de l'imaginaire au féminin* (2001). En ce moment, elle prépare un essai sur la folie meurtrière et la loi.

Janine Ricouart est professeure de français à l'Université George Mason, où elle enseigne la littérature francophone du XXe siècle, le cinéma, et les études sur les femmes. Elle a publié *Écriture féminine et violence : Une étude de Marguerite Duras* et dirigé deux ouvrages collectifs parus en 1999 : *Marguerite Duras Lives On* et *Relectures de Madeleine Monette*. Elle a également publié plusieurs articles sur des écrivaines francophones, dont Mireille Best, Marie-Claire Blais, Marguerite Duras,

Jovette Marchessault et Madeleine Monette. Elle a traduit «Keys to Dora», un chapitre de *The Daughter's Seduction* de Jane Gallop pour la revue *Trois* (été 1998). Un extrait de sa traduction de la nouvelle de Mireille Best, «Le livre de Stéphanie», a été publié dans *The Vintage Book of International Lesbian Fiction*, dirigé par Joan Nestle et Naomi Holloch (1999). Elle prépare actuellement une étude traitant des rapports de classe et de genre dans la littérature lesbienne francophone.

Carlos Seguin est titulaire d'un doctorat en littérature comparée de l'Université de Montréal. Il est actuellement chargé de cours à l'Université de Montréal. Il s'intéresse principalement à la notion de corps souffrant et à la conceptualisation de la souffrance physique, émotionnelle/psychologique et artistique dans les pratiques culturelles contemporaines. Il s'intéresse également à la question des identités sexuelles (gaies, lesbiennes, bisexuelles, travesties, transsexuelles et transgenre), à la littérature du sida et aux théories *queer*.

Professeure à l'Université St. Lawrence, aux États-Unis, **Roseline Tremblay** enseigne la littérature française et québécoise. Elle dirige aussi un programme d'études à Québec en partenariat avec l'Université Laval. Spécialiste du roman québécois contemporain, ses recherches portent sur la place de l'écrivain dans le discours littéraire français et québécois du XIXe et du XXe siècles. Elle vient de publier *L'écrivain imaginaire: essai sur le roman québécois (1960-1995)*. Elle a fait paraître récemment «*La Québécoite* di Régine Robin : viaggio nella memoria della donna migrante» dans *Linguæ et : Rivista di lingue e culture moderne*. Elle a publié plusieurs articles sur Michel Tremblay, Hubert Aquin, Marie-Claire Blais et Robert Lalonde, notamment dans les revues *Littérature* et *Études littéraires*. Elle a collaboré au *Dizionario dei personaggi letterari* et au *Dictionnaire des œuvres littéraires du Québec*. Elle travaille actuellement à une étude portant sur la figure de l'intellectuel dans la littérature française «fin de siècle» (Zola, Bourget, Barrès, Proust), fruit de ses recherches postdoctorales à l'Université Columbia.

Distribution en librairie (Québec et Canada) :
    Diffusion Dimedia
    Tél. : (514) 336-3941/Téléc. : (514) 331-3916 ou 1-800-667-3941

Distribution à l'étranger :
    Exportlivre
    Tél. : (450) 671-3888/Téléc. : (450) 671-2121
    exportlivre@cyberglobe.net

Diffusion en Europe :
    La Librairie du Québec à Paris/Distribution du Nouveau Monde
    Tél. : 01 43 54 49 02/Téléc. : 01 43 54 39 15
    liquebec@noos.fr

MEMBRE DE SCABRINI MEDIA

Québec, Canada
2004